Auslandseinsätze der Bundeswehr

W0192395

Wegweiser zur Geschichte

Herausgegeben vom
Militärgeschichtlichen Forschungsamt

Wegweiser zur Geschichte
Auslandseinsätze der Bundeswehr

Im Auftrag des
Militärgeschichtlichen Forschungsamtes
herausgegeben von
Bernhard Chiari
und
Magnus Pahl

FERDINAND SCHÖNINGH 2010
Paderborn • München • Wien • Zürich

*Umschlagabbildung: Fußpatrouille der Bundeswehr auf der Hauptstraße von
Feyzabad (Bundeswehr/Stollberg)*

Bibliografische Information der Deutschen Nationalbibliothek

Die Deutsche Nationalbibliothek verzeichnet diese Publikation
in der Deutschen Nationalbibliografie; detaillierte bibliografische
Daten sind im Internet über http://dnb.d-nb.de abrufbar.

Gedruckt auf umweltfreundlichem, chlorfrei gebleichtem
und alterungsbeständigem Papier ISO ⊛ 9706

© 2010 Ferdinand Schöningh, Paderborn
(Verlag Ferdinand Schöningh GmbH & Co. KG,
Jühenplatz 1, D-33098 Paderborn)

Internet: www.schoeningh.de

Redaktion und Projektkoordination: Militärgeschichtliches Forschungsamt, Potsdam, Schriftleitung
    Satz: Carola Klinke
    Karten und Grafiken: Daniela Heinicke
    Layout: Maurice Woynoski
    Bildrechte: Marina Sandig
    Lektorat: Roland G. Foerster, Kenzingen

Druck: SKN Druck und Verlag GmbH & Co., Norden

Printed in Germany

ISBN 978-3-506-76914-5

Inhalt

II. Militär, Politik und Gesellschaft

Grußwort

Seit dem Jahr 2005 erarbeitet das Militärgeschichtliche Forschungsamt (MGFA) mit seiner Reihe »Wegweiser zur Geschichte« historische und landeskundliche Ausbildungshilfen für die Einsatzvorbereitung und -unterstützung. Im Laufe der Zeit konnten die verantwortlichen Wissenschaftler des MGFA ein umfangreiches Netzwerk aufbauen, das sie mit zivilen Forschungseinrichtungen und Fachleuten im In- und Ausland sowie mit unterschiedlichen Dienststellen der Bundeswehr verbindet. Dieses Netzwerk ermöglicht den raschen, unkomplizierten Zugriff auf historisch-politische Fachinformationen zu jenen Krisenregionen, in denen die Soldatinnen und Soldaten der Bundeswehr im Einsatz stehen. Die hohe Qualität der Publikationen wird durch einen aus Fachwissenschaftlern verschiedener Disziplinen zusammengesetzten »Wissenschaftlichen Beirat Einsatzunterstützung« sichergestellt, der die entsprechenden Projekte inhaltlich und konzeptionell begleitet.

Die Reihe ist nicht zuletzt deshalb eine Erfolgsgeschichte, weil erstmals eine Ausbildungshilfe der Bundeswehr im Buchhandel so positiv aufgenommen worden ist und sich in der Praxis hervorragend bewährt hat. Ein wesentlicher Bestandteil des Konzeptes ist die Veröffentlichung kritischer und teils kontroverser Thesen. Sie spiegeln die komplexe Einsatzrealität wider, mit der sich Soldaten und politische Entscheidungsträger beim Umgang mit aktuellen Konflikten immer häufiger konfrontiert sehen. Die »Wegweiser« genießen das Vertrauen ihrer Leser, weil sie kritisch informieren und dabei auch problematische Aspekte des internationalen Engagements in Krisengebieten nicht ausklammern.

Dem MGFA gratuliere ich zum mittlerweile zehnten »Wegweiser zur Geschichte«, der die Auslandseinsätze der Bundeswehr insgesamt behandelt. Das Buch beschreibt den zentralen Auftrag der Streitkräfte im Wandel und die damit verbundenen Herausforderungen für deren Struktur und Inneres Gefüge. Schließlich sind die Auslandseinsätze mittlerweile selbst Teil der mehr als 50-jährigen Geschichte der Bundeswehr und bilden so einen wichtigen Beitrag für das Selbstverständnis unserer Soldatinnen und Soldaten.

Mein besonderer Dank für die Reihe »Wegweiser zur Geschichte« und damit für eine wichtige Dienstleistung, die an der Schnittstelle zwischen Fachwissenschaft, Politik, Öffentlichkeit und der Einsatzarmee Bundeswehr erbracht wird, gilt dem scheidenden Amtschef des MGFA, Oberst Dr. Hans Ehlert. Seinem Weitblick und seiner Initiative ist es zu verdanken, dass seit 2005 die breite Palette von Unterstützungsleistungen der Streitkräftebasis um eine Komponente erweitert werden konnte. Den »Wegweisern zur Geschichte« und dem MGFA insgesamt wünsche ich weiterhin Erfolg für ihre über die Bundeswehr hinaus wichtige Arbeit.

Vizeadmiral Wolfram Kühn
Stellvertreter des Generalinspekteurs der Bundeswehr
und Inspekteur der Streitkräftebasis

Vorwort

Der nun vorliegende zehnte »Wegweiser zur Geschichte« beschäftigt sich mit den Auslandseinsätzen der Bundeswehr insgesamt. Das Buch gibt einen Überblick über die Entwicklung, die die Streitkräfte seit der Wiedervereinigung Deutschlands von einer Armee zur unmittelbaren Landesverteidigung hin zu einer weltweit operierenden Armee im Einsatz durchlaufen haben. Neben Verlauf und Qualität ausgewählter Auslandseinsätze schildern die Autoren auch jenen Wandel, dem nationale politische Entscheidungsgremien sowie inter- und supranationale Organisationen, aber auch die deutsche Gesellschaft mit Blick auf das Verständnis von Interventionen in Konfliktgebieten unterlagen. Und was in einer Veröffentlichung des Militärgeschichtlichen Forschungsamtes kaum verwundert: Die Beiträge vermitteln ferner einen Eindruck davon, dass die Gründe für den zurückhaltenden Umgang mit militärischem Engagement im Ausland weit länger in die Vergangenheit zurückreichen als die Geschichte der deutschen Teilung.

In seiner Gesamtheit behandelt dieser »Wegweiser« auch ein wesentliches Stück Geschichte der Bundeswehr und erhellt Aspekte militärischen Selbstverständnisses wie des deutschen Nationalbewusstseins gleichermaßen. Dessen Besonderheiten und Brüche äußern sich beispielsweise in der öffentlichen Auseinandersetzung um die »Normalität« bewaffneter Krisenintervention wie in Afghanistan oder um die Erfordernisse des weltweiten Kampfes gegen den internationalen Terrorismus. Insbesondere Soldaten, aber auch allen anderen sicherheitspolitisch interessierten Lesern soll der »Wegweiser« darüber hinaus die Möglichkeiten und Grenzen internationaler Konfliktlösung aufzeigen, in die die Parlamentsarmee Bundeswehr eingebunden ist. Die Gefährdung, der deutsche Soldaten im Rahmen ihrer Missionen unterliegen, verlangt dabei eine unvoreingenommene Diskussion. Der laufende Einsatz in Afghanistan, dessen Erfolg acht Jahre nach Vertreibung der Taliban und dem Petersberger Abkommen weiterhin aussteht, bringt in aller Deutlichkeit die Schwierigkeiten ans Licht, ganzheitliche, zivil-militärische Strategien zur Konfliktlösung und Stabilisierung zu entwickeln und zu implementieren.

Die »Wegweiser« bilden eine Hilfe, um das Gespräch hierüber aufrichtig, ergebnisoffen und ohne Tabus zu führen.

Der im März 2010 scheidende Amtschef des MGFA, Oberst Dr. Hans Ehlert, hat 2005 mit dem ihm eigenen Gespür die Einsatzunterstützung als neue Aufgabe für unser Haus erkannt und hierfür die notwendigen Rahmenbedingungen geschaffen. Das beauftragte Projektteam konnte sich stets seiner Unterstützung sicher sein, wenn es darum ging, inhaltliche Positionen nach außen hin zu vertreten, gerade wenn diese nicht immer Zustimmung hervorriefen. Als Wissenschaftler und militärischer Dienststellenleiter hat Hans Ehlert mit Herz und Verstand ein neuartiges Produkt an der Schnittstelle zwischen Bundeswehr, Fachwissenschaft und Öffentlichkeit etabliert, das sich mittlerweile hoher Wertschätzung erfreut. Den zehnten »Wegweiser zur Geschichte«, der in gewisser Weise auch eine Zusammenfassung der Reihe bietet und daneben den Blick auf mögliche zukünftige Forschungsfelder im Zusammenhang mit der »Einsatzarmee Bundeswehr« richtet, überreichen wir ihm zum Abschied aus dem MGFA, verbunden mit den besten Wünschen für den bevorstehenden Ruhestand.

Für das Zustandekommen des Buches danke ich zunächst den beiden Herausgebern. Dr. Bernhard Chiari leitet seit 2005 das Modul Einsatzunterstützung (MEU). Auf seinen Schultern ruhten Konzeption und Erstellung des vorliegenden Bandes. Hauptmann Magnus Pahl M.A. hat sich als zweiter Herausgeber gleichfalls ebenso kreativ wie tatkräftig in das Projekt mit eingebracht. In der Schriftleitung des MGFA betreute Michael Thomae das Manuskript bis zur Druckreife, Oberst a.D. Dr. Roland G. Foerster (Kenzingen) übernahm das Lektorat. Dipl. Ing. Bernd Nogli und Daniela Heinicke bearbeiteten die Karten, Maurice Woynoski trug für die grafische Gestaltung des »Wegweisers« Sorge. Den Satz übernahm Carola Klinke, Dipl. Phil. Marina Sandig die Recherche der Bildrechte. Vor allem aber gilt mein Dank den Autorinnen und Autoren, die in ihren Beiträgen die vielschichtige Problematik der Auslandseinsätze greifbar machen.

Dr. Hans-Hubertus Mack
Oberst i.G. und stellvertretender Amtschef

Einleitung

Am 9. November 1990 fiel die Berliner Mauer. Ein knappes Jahr später folgte der Beitritt der DDR zum Geltungsbereich des Grundgesetzes. Die Wiederherstellung der staatlichen Einheit Deutschlands brachte auch für die militärische Seite einen gewaltigen Umbruch und ebensolche Herausforderungen mit sich. Am 3. Oktober 1990 übernahm Bundesverteidigungsminister Gerhard Stoltenberg in Strausberg vom früheren DDR-Minister für Abrüstung und Verteidigung, Rainer Eppelmann, die Befehlsgewalt über die vormalige NVA. Die Bundeswehr umfasste von diesem Tag an 585 000 Soldaten – ca. 90 000 davon ehemalige Angehörige der NVA – und mehr als 230 000 Zivilbedienstete. Im Zwei-plus-Vier-Vertrag regelten die beiden deutschen Staaten sowie die vier ehemaligen Alliierten des Zweiten Weltkriegs die Bedingungen für die Wiedervereinigung. Im Laufe der folgenden Jahre verschmolzen zwei Bündnisarmeen zu gesamtdeutschen Streitkräften von zunächst 370 000 Mann.

Die Wende machte einen tief greifenden Wandel hinsichtlich Umfang, Struktur und Ausrüstung der Bundeswehr erforderlich. Gewaltige Mengen an Waffen, Gerät und Munition aus NVA-Beständen mussten zerstört bzw. verwertet werden oder blieben für eine Übergangsphase weiter in Gebrauch. Daneben veränderte sich nach Auflösung der Sowjetunion und dem Ende des Blocksystems in Europa aber vor allem der Auftrag der Streitkräfte grundlegend. Hatten Bundeswehr und NVA bis 1989 ganz überwiegend Aufgaben im Rahmen der auf Europa konzentrierten Bündnisverteidigung der NATO bzw. des Warschauer Paktes wahrgenommen, entstand in den zwei folgenden Jahrzehnten eine Armee neuen Typs. Die Bundeswehr bestritt weltweit Friedens- und Stabilisierungseinsätze im Rahmen der neu ausgerichteten NATO und der Vereinten Nationen. Schließlich gewann auch die Europäische Union (EU) zunehmend an außen- und sicherheitspolitischem Profil.

Im Oktober 2009 standen fast 7600 Soldatinnen und Soldaten weltweit im Auslandseinsatz, davon alleine knapp 4300 im Rahmen der International Security Assistance Force (ISAF) in Afghanistan und mehr als 2100 beim seit 1999 laufenden Einsatz im Kosovo (KFOR). Die Bundeswehr umfasst insgesamt eine Friedensstärke von etwa 250 000 Soldaten und 75 000 zivilen Mitarbeitern und weist ein neues Auftragsspektrum und Fähigkeitsprofil auf.

Der militärische Wandlungs- oder Modernisierungsprozess, für die Bundeswehr zusammengefasst unter dem Begriff der »Transformation«, trat in Wechselwirkung mit einer umfassenden Diskussion des Sicherheitsbegriffes durch Politik und Gesellschaft. Die außenpolitisch veränderte Rolle Deutschlands nach Ende des Kalten Krieges berührte Kernpunkte des Selbstverständnisses der »alten« Bundesrepublik und machte es notwendig, mit jahrzehntelang bestehenden Grundsätzen und Tabus zu brechen. Die Haltung der Bundesregierung zum Einsatz deutscher Streitkräfte wandelte sich. Unter Bundeskanzler Helmut Kohl (1982–1998) bestand ein gesellschaftlicher Konsens darüber, die Bundeswehr nicht an Orten einzusetzen, an denen die Wehrmacht gewütet hatte. In den 1990er-Jahren entwickelte sich unter dem Eindruck der Ereignisse auf dem Balkan eine neue Sichtweise. Die aus der Geschichte des »Dritten Reiches« herrührende besondere Verantwortung Deutschlands wurde nun zunehmend als Verpflichtung gedeutet, gerade dort zu intervenieren, wo Völkermord drohe oder bereits im Gange sei. Erste Einsätze in den Jahren nach der Wiedervereinigung – so etwa die deutsche Beteiligung an der Mission der Vereinten Nationen in Somalia von 1992 bis 1994 (UNOSOM) – fanden in einem Klima innenpolitischer Verunsicherung über die zukünftige sicherheitspolitische Rolle Deutschlands und unter ungeklärten rechtlichen Rahmenbedingungen statt. Erst ein Urteil des Bundesverfassungsgerichts vom 12. Juli 1994 stellte klar, dass die Bundeswehr sich an Maßnahmen kollektiver Friedenssicherung beteiligen könne, wenn der Deutsche Bundestag dem zustimme.

Fünf Jahre später polarisierten der nach Bosnien-Herzegowina zweite Einsatz auf dem Balkan und damit eine neue Qualität militärischer Intervention die Öffentlichkeit. Die NATO führte 1999 Krieg gegen die Bundesrepublik Jugoslawien, um Übergriffe gegen die albanische Bevölkerung in der Provinz Kosovo zu beenden. Dies bewerten in der Rückschau nicht alle Juristen als angemessen. Eine immer wieder vertretene wissenschaftliche

Meinung tendiert eher zur Völkerrechtswidrigkeit, da ein Mandat der Vereinten Nationen nicht vorgelegen habe. Und schließlich begann mit der Beteiligung an der International Security Assistance Force (ISAF), nach den Anschlägen vom 11. September 2001 den Vereinigten Staaten von Amerika als Akt der Solidarität zugesagt, ein deutscher Einsatz, der endgültig alle Vorstellungen von der Rolle deutscher Streitkräfte aus der Zeit des Kalten Krieges sprengte. Unter UN-Mandat (Resolution 1386 vom 20. Dezember 2001) und geführt von der NATO, wandelte sich ISAF im Lauf von mittlerweile acht Jahren von einer Stabilisierungs- zu einer kriegsähnlichen Operation gegen einen zusammenhängend operierenden, militanten Gegner. Im Herbst 2009 standen 67 000 ISAF-Soldaten aus 42 Staaten sowie 35 000 Kräfte der Anti-Terror-Operation ENDURING FREEDOM (OEF) in Afghanistan.

Die überaus komplexe Thematik Auslandseinsätze macht einen breit angelegten, multiperspektivischen Zugang notwendig. Der Wandel der Bundeswehr von der reinen Bündnis- und Verteidigungs- zur Einsatzarmee berührt unterschiedliche Bereiche wie Militärpolitik, Strategieentwicklung und Operationsführung ebenso wie personelle, organisatorische, institutionelle, kommunikative und strukturelle Veränderungen des Militärs. Die Notwendigkeit, verstärkt innerhalb supranationaler Organisationen und Institutionen zu agieren, erforderte eine neue Spitzengliederung. Die Bundeswehr war mit einem gewandelten Kriegsbild und zunehmend asymmetrischen Bedrohungen konfrontiert. Statische Vorstellungen von einer Verteidigung gegen einen konventionell weit überlegenen Gegner an der innerdeutschen Grenze rückten hingegen rasch in weite Ferne. Insgesamt erreichten die in 20 Jahren zurückgelegten Entwicklungen eine Dimension, die als historisch zu bezeichnen ist. Sie bilden mittlerweile einen wesentlichen Beitrag zum Selbstverständnis und für die Tradition deutscher Streitkräfte.

Der vollzogene Wandel greift weit über den militärischen Bereich hinaus. Die Veränderung der sicherheitspolitischen Bedrohungslage seit dem Ende des Kalten Krieges verschaffte dem Primat des Politischen über das Militärische einen neuen Gehalt. Die von der Verfassung vorgeschriebene Billigung sämtlicher Einsätze durch den Deutschen Bundestag verlieh dem Begriff »Parlamentsarmee« zusätzliches Gewicht. Neue Wege entstanden in der Medien- und Parteiendemokratie bezüglich der politischen Entscheidungsbildung oder mit Blick auf die zivile und militärische Kooperation (CIMIC, Zusammenarbeit mit nichtstaatlichen und staatlichen Organisationen). Die völker- und staatsrechtlichen Grundlagen mussten angeglichen werden. Das Konzept der »Inneren Führung«, welches zum Ziel hat, die Streitkräfte dauerhaft in die Zivilgesellschaft zu integrieren, war den veränderten politischen und gesellschaftlichen Rahmenbedingungen anzupassen. Einsatzerfordernisse und -strukturen schlugen sich auf die Rekrutierung von militärischem Nachwuchs nieder und warfen die Frage auf, ob die aktuelle Wehrform der allgemeinen Wehrpflicht – insbesondere unter den Gesichtspunkten notwendiger Professionalität sowie der Wehrgerechtigkeit – noch zeitgemäß sei. Quer durch alle Dienstgradgruppen vollzog sich ein Generationswechsel von Angehörigen der »alten« Bundeswehr und der NVA hin zu Soldaten, die schon überwiegend unter den Bedingungen der Auslandseinsätze ausgebildet worden waren. Die Beweggründe, den Soldatenberuf zu ergreifen oder Wehrdienst zu leisten, veränderten sich grundlegend.

Die deutsche Gesellschaft begleitete die »Staatsbürger in Uniform« auf ihrem Weg teils mit freundlichem Desinteresse, teils mit kritischen Nachfragen nach der möglichen Militarisierung der deutschen Außen- und Sicherheitspolitik. Die Wahrnehmung der »neuen« Bundeswehr kam in Diskussionen über Totengedenken, Heldenkult, Motivation oder Einsatzfolgen (z.B. Posttraumatische Belastungsstörung, PTBS), aber auch über geschlechterspezifische Rollen in den Streitkräften zum Ausdruck.

Schließlich hatte die Transformation immer auch eine ökonomische Dimension: Der allmähliche Umbau der Bundeswehr hin zu einer weltweit einsetzbaren Streitmacht und die damit verbundenen Vorhaben in den Bereichen Rüstung, Infrastruktur oder Forschung wurden größtenteils durch die Umverteilung von Mitteln des Verteidigungshaushaltes oder des Einzelplans 14 gewährleistet. Deutschland musste sich auf dem internationalen Parkett die Frage gefallen lassen, ob der selbstbewusst vorgebrachte Anspruch der europäischen Mittelmacht auf einen ständigen Sitz im Sicherheitsrat seine Entsprechung auch in angemessenen Investitionen finde.

Die im Folgenden abgedruckten 23 Beiträge vermitteln eine Vorstellung von der Dimension des skizzierten Wandels. In einem ersten Abschnitt, überschrieben mit »Auslandseinsätze im Wandel«, werden beispielhaft neun Auslandseinsätze zwischen klassischem Peacekeeping der Vereinten Nationen und einer militärischen Intervention der NATO analysiert, wobei neben den Ansätzen und Akteuren bei der Konfliktlösung stets auch die jeweils zugrunde liegenden höchst unterschiedlichen Konfliktszenarien Betrachtung finden. Bernhard Chiari beschreibt zunächst die Geschichte humanitärer Auslandseinsätze, wie sie schon in der Zeit des Kalten Krieges für die Bundeswehr (und ebenso für die NVA) zum Tagesgeschäft gehörten. Im Rahmen der Katastrophenhilfe erwiesen sich die deutschen Streitkräfte bereits in der Frühphase ihres Bestehens als professionelle Partner, die in einem internationalen Umfeld und getragen von breiter innenpolitischer Zustimmung das Bild der Deutschen als den finanzkräftigen, humanitär ausgerichteten, unaufdringlichen Helfern weitgehend ohne sicherheits- und militärpolitische Ambitionen festigten. Die Mission der Vereinten Nationen in Kambodscha (UNAMIC/UNTAC) stellt Peter Hazdra vor. Zunächst weitgehend unbemerkt von der deutschen Öffentlichkeit, sicherten dort nach der Unterzeichnung eines Friedensabkommens am 23. Oktober 1991 (Zweite Pariser Kambodschakonferenz) fast 16 000 Blauhelmsoldaten, 3600 Polizisten und rund 2500 zivile Beamte den Friedensprozess in einem durch Bürgerkrieg verwüsteten Land, unterstützt durch den Bundesgrenzschutz und ein Bundeswehrkontingent von insgesamt fast 450 Sanitätssoldaten.

Eine neue Form der sicherheitspolitischen Herausforderung, noch dazu vor der Haustüre Europas, brachte der Krieg in Jugoslawien 1991 bis 1995, an dessen Ende das Abkommen von Dayton und die Schaffung eines selbstständigen, gemeinsam von Bosniaken, bosnischen Kroaten und bosnischen Serben bewohnten Staates Bosnien-Herzegowina standen. Dessen Aufbau unter der Kontrolle eines zivilen »Hohen Repräsentanten« sowie die Ausgestaltung zweier Teilstaaten (Föderation Bosnien-Herzegowina und Republika Srpska) sicherten bedeutende militärische Kontingente der UNPROFOR, später IFOR, SFOR und schließlich seit 2004 der europäisch geführten EUFOR, jeweils unter substanzieller deutscher Beteiligung. Der Implementierung einer Nachkriegsordnung für Bosnien geht Agilolf Keßelring nach, um sich dann in einem weiteren Aufsatz der Intervention der NATO im Kosovo 1999 zuzuwenden. In dieser jugoslawischen Provinz beendete das Bündnis ab 1998 durch massive Luftschläge offen sichtbare, massenhafte Übergriffe serbischer Sicherheitskräfte gegen die kosovo-albanische Bevölkerung. Nach dem folgenden Einmarsch von Bodentruppen der NATO in das Kosovo mussten neuerlich viele Menschen aus ihrer Heimat fliehen, denn nun richtete sich der angestaute Hass der Kosovo-Albaner und der radikalisierten »Befreiungsarmee Kosovo« (UÇK) gegen Vertreter des serbisch dominierten Gesamtstaates und »einfache« serbische Nachbarn gleichermaßen. Die Intervention zog langjährige, zunächst ergebnislose Versuche der Internationalen Gemeinschaft nach sich, Kosovo eine stabile Ordnung und den dort lebenden Menschen gedeihliche Zukunftsperspektiven zu geben. Die NATO-geführte Kosovo Force (KFOR) und die United Nations Interim Administration Mission in Kosovo (UNMIK) arbeiteten beinahe zehn Jahre lang daran, eine funktionierende multiethnische Verwaltung und Exekutive aufzubauen, bevor Kosovo schließlich am 17. Februar 2008 seine Unabhängigkeit erklärte.

Thomas Breitwieser zeichnet die Aktivitäten der Vereinten Nationen im Nahen Osten nach, die bis in die Zeit der Staatsgründung Israels 1948 zurückreichen: Mit der United Nations Truce Supervision Organization (UNTSO) begann in diesem Jahr die Geschichte der Waffenstillstandsbeobachtermissionen. Verschiedene Peacekeeping-Einsätze bis hin zur seit 1978 aktiven United Nations Interim Force in Lebanon (UNIFIL) waren darauf angelegt, in einem ebenso hoch komplexen wie emotional aufgeladenen Konflikt zu vermitteln – seit 2006 auch unter deutscher Beteiligung am Marinekontingent der UNIFIL vor der Küste Libanons.

Mit UNOSOM II und dem deutschen Marineeinsatz am Horn von Afrika illustriert Bernhard Chiari den Wandel deutscher Seestreitkräfte von der für den Einsatz in Nord- und Ostsee ausgelegten »Escort Navy« des Kalten Krieges zur weltweit operierenden »Expeditionary Navy«. Im Vordergrund stehen die seit den 1990er-Jahren grundlegend veränderten Einsatz- und Führungsstrukturen sowie tief greifende Änderungen bei der Ausrüstung der Flotte: Einen ersten Meilenstein auf diesem Weg bildete die Operation Sᴏᴜᴛʜᴇʀɴ Cʀᴏss 1994, als ein Einsatzverband deutsche Heereskräfte evakuierte, die im Rahmen der UNOSOM in Somalia verwendet worden waren.

Magnus Pahl legt den Fokus auf internationale Entscheidungs- und Führungsstrukturen. Mit der EUFOR RD Congo vollzieht er einen zeitlich begrenzten Unterstützungseinsatz nach, mit dem die Europäische Union im Sommer 2006 der seit November 1999 im Lande befindlichen Mission de l'Organisation des Nations Unies en République Démocratique du Congo (MONUC) zu Hilfe kam. EUFOR sicherte in der Hauptstadt Kinshasa die anstehenden Parlaments- und Präsidentenwahlen ab. Während des – von einem Operation Headquarters in Potsdam aus geführten – Einsatzes erprobte die Union ihre Fähigkeiten, in Zentralafrika ausschließlich unter Rückgriff auf eigene Mittel (und mit Deutschland als zweitgrößtem Truppensteller) zu operieren, stieß hierbei allerdings sowohl bei der »Force Generation« als auch bezüglich notwendiger Verlegekapazitäten und Logistik rasch an ihre Grenzen.

Mit den Beobachtermissionen der UN stellt Armin Wagner eine weitere Form internationalen militärischen Engagements vor. Im März 2005 mandatierten die Vereinten Nationen ihre United Nations Mission in Sudan (UNMIS), um das von ethnischen, religiösen und ökonomischen Konflikten zerrissene afrikanische Land zu stabilisieren und einen zwischen der Regierung in Khartum und der Südsudanesischen Volksbefreiungsbewegung (SPLA/M) geschlossenen Friedensvertrag zu überwachen. Der Bundestag stimmte 2005 erstmalig der Entsendung von bis zu 75 Soldatinnen und Soldaten zu und schuf damit die Voraussetzungen für den größten nationalen Einzelbeitrag zur Militärbeobachterkomponente der UNMIS. Die African Union Mission in Sudan (AMIS) in der westsudanesischen Provinz Darfur und deren Nachfolgemission UNAMID, eine Hybridmission der Vereinten Nationen und der Afrikanischen Union, verstärkte Deutschland u.a. durch Lufttransportkapazitäten, Einzelpersonal in Stäben und Hauptquartieren sowie durch Ausrüstungshilfe. Schließlich standen deutsche Soldaten auf dem Gebiet der früheren Sowjetunion im Einsatz: Die 1993 eingerichtete United Nations Observer Mission in Georgia (UNOMIG) überwachte bis zum Sommer

2009, mit einem deutschen Anteil von Militärbeobachtern und Sanitätspersonal, bis Juni 2009 die zwischen Georgien und Abchasien bestehende Sicherheitszone. Nach wie vor unterstützt wird eine OSZE-Mission in Georgien, die 2008 nach dem Ende des bewaffneten Konflikts zwischen Russland und Georgien um die Zukunft der abtrünnigen georgischen Gebiete Abchasien und Südossetien zustande kam.

Am Ende des ersten Abschnittes wendet sich Bernhard Chiari mit der International Security Assistance Force (ISAF) in Afghanistan jener Mission zu, die seit 2001 wohl am eindringlichsten die Möglichkeiten und Grenzen internationaler Konfliktlösung verkörpert. Der Beitrag legt den Schwerpunkt weniger auf die militärischen Strukturen von ISAF sowie der parallel laufenden Anti-Terror-Operation ENDURING FREEDOM. Am Beispiel Afghanistans und der pakistanischen Grenzgebiete wird vielmehr die Komplexität von Konflikt- und Bedrohungsszenarien veranschaulicht, denen sich die Internationale Gemeinschaft bei ihren Versuchen gegenüber sieht, angemessene Formen von Stabilisierung und Peacekeeping zu entwickeln. Für das Land am Hindukusch, so der Befund, liegen dauerhafte Friedenslösungen noch in weiter Ferne. Die vielfältigen Implikationen des Begriffs »Sicherheit« macht der Aufsatz ebenso deutlich wie den Teufelskreis zwischen Gewalt, militärischen Reaktionen und dem Wegbrechen ziviler Anstrengungen für den Wiederaufbau.

Der zweite Abschnitt des Buches trägt die Überschrift »Militär, Politik und Gesellschaft«. 14 querschnittliche Betrachtungen kreisen um das Thema der Auslandseinsätze. Thomas Breitwieser fragt eingangs nach den verfassungs- und völkerrechtlichen Aspekten neuer Formen des Peacekeeping. Die Entwicklung der Auslandseinsätze schildert er vor dem Hintergrund der juristischen Rahmenbedingungen, die dem Rechtsstaat seit Gründung der Bundesrepublik 1949 beim Einsatz seines Militärs – vor allem nach der Erfahrung des Nationalsozialismus – enge Grenzen auferlegten. Die Rolle des Deutschen Bundestags in der kontrovers geführten Auseinandersetzung um die Auslandseinsätze erläutert Winfried Nachtwei. Er führt aus, wie sehr politische Entscheidungen für oder gegen die Übernahme neuer Verantwortung verflochten sind mit innenpolitischer Profilierung, der Suche nach Mehrheiten und dem Kampf um Wählerstimmen.

Bilden die westlichen Demokratien einerseits die größtmögliche Sicherheit gegen den unüberlegten oder missbräuchlichen Einsatz von Streitkräften, erschweren ihre Strukturen andererseits die Beschlussfassung. Angestrebte ganzheitliche Strategien bei der Konfliktlösung unterliegen ebenso wie die Bereitstellung der dafür notwendigen Mittel nationalen Vorbehalten.

Die Entscheidungsfindung in internationalen Bündnissen analysiert Jörg Hillmann am Beispiel der Europäischen Union (EU). In idealtypischer Weise vollzieht er die Prozesse des politischen und militärischen »Decision-Making« sowie der Operationsplanung nach und gibt Einblick in die Möglichkeiten und Grenzen der Gemeinschaft und ihrer mittlerweile 27 Mitgliedstaaten, im Rahmen friedensschaffender oder -erhaltender Maßnahmen tätig zu werden. Komplexe Mechanismen der Beschlussfassung und »Force Generation« veranschaulicht Frank Hagemann im Folgenden am konkreten Beispiel des EU-Engagements in Zentralafrika. Eine Mission im Tschad und in der Zentralafrikanischen Republik (EUFOR Tchad/RCA) überbrückte zwischen März 2007 und März 2008 die Übergangsphase bis zum Anlaufen der UN-Mission MINURCAT in beiden Ländern. EUFOR Tchad/RCA, in deren Rahmen etwa 3700 Soldaten aus 14 europäischen Staaten dienten, wurde vom Operational Headquarters (OHQ) der EU in Mont Valérien bei Paris vom irischen Operation Commander Generalleutnant Patrick Nash geführt. Ihr Auftrag war die Verbesserung des Umfeldes insbesondere für Flüchtlinge, aber auch für Personal, das humanitäre Hilfe leistete. Hagemann zeichnet den mühsamen Weg nach, den das Bündnis vor dem Operationsbeginn zurücklegen musste.

Die folgenden Aufsätze behandeln fünf spezielle Konfliktformen und damit die Bandbreite von Herausforderungen für die Internationale Gemeinschaft. Volker Matthies beschreibt die Renaissance der gewaltsamen Problemlösung in Afrika. Dort bildeten sich seit dem Ende des Kalten Krieges rechtsfreie Räume, in denen militärische Mittel den Kampf um Macht und Rohstoffe entscheiden. Während sich eine globale Informations- und »Weltgesellschaft« entwickelt, herrschen hier archaische Formen der Auseinandersetzung vor. Regionale Konflikte werden andererseits zunehmend in ihren globalen Auswirkungen wahrgenommen, und ihre dauerhafte Stabilisierung muss ausländisches

Engagement mit örtlichen Initiativen und Fähigkeiten verbinden. Conrad Schetter analysiert den Begriff der »humanitären Intervention« und wendet sich insbesondere dem Spannungsgefüge zu, das durch die gegenseitige Abhängigkeit zwischen militärischen Aufgaben – vor allem der Schaffung eines sicheren Umfeldes – und dem zivilen Wiederaufbau entsteht. Die Verantwortung für humanitäres Handeln und seine Entwicklung geht eine Verbindung mit handfesten Sicherheitsinteressen ein und lässt eine neue Interventionskultur entstehen. Diese findet ihren Ausdruck in Begriffen wie »Human Security«, »humanitäre Intervention« und »Zivil-Militärische Zusammenarbeit« (Civil-Military Cooperation, CIMIC). Die angesprochene Problematik reduzieren Katja Mielke und Conrad Schetter dann auf die Praxis der Entwicklungshilfe und die Rahmenbedingungen, unter denen sich die Aufbauarbeit von Regierungs- und Nichtregierungsorganisationen vollzieht. Am fiktiven Beispiel des Entwicklungshelfers Franz Hohmann in Afghanistan veranschaulichen sie die Situation der Helfer vor Ort und erläutern, nach welchen Regeln und Gesetzmäßigkeiten Projektarbeit stattfindet.

L. Daniel Hosseus beleuchtet den Zusammenhang zwischen Seehandel und Piraterie und damit ein vitales Sicherheitsinteresse europäischer Industrieländer. Mit den militärischen Bemühungen, die Seeräuberei entlang der zentralen Handelsrouten einzudämmen, benennt er eine maritime Herausforderung, mit der sich seefahrende Nationen seit der Antike auseinanderzusetzen haben. Christian Freuding ergänzt diesen Aufsatz um seine Überlegungen zum deutschen militärischer Beitrag im Kampf gegen den internationalen Terrorismus und damit gegen eine Erscheinung, die vor dem 11. September 2001 in Mitteleuropa eine eher abstrakte Bedrohung bildete.

Rudolf J. Schlaffer analysiert zusammenfassend die veränderten Anforderungen an die Bundeswehr, die sich seit den 1990er-Jahren in Out-of-area-Einsätzen befindet. Für die Bundeswehr bedeutete vor allem das Engagement im ehemaligen Jugoslawien die »Ankunft in der Wirklichkeit«. Der grausame Bürgerkrieg im europäischen »Hinterhof« zog die Entwicklung neuer strategischer, operativer und taktischer Konzepte nach sich. Klaus Storkmann stellt die Frage, welches Erbe der Nationalen Volksarmee die Bundeswehr seit 1990 auf diesem Weg mit sich führte. Im

Rahmen des Warschauer Paktes und im Wettstreit der sozialistischen und kapitalistischen Systeme vermied die DDR-Führung eine direkte Beteiligung von Soldaten oder ganzer Einheiten der Volksarmee an militärischen Konflikten. Dennoch leistete diese – etwa in den Ländern Schwarzafrikas – vielfältige Militärhilfe, deren Spuren bis heute nachwirken.

Die beiden folgenden Aufsätze widmen sich dem inneren Gefüge der Armee im Einsatz. Maren Tomforde behandelt mit Interkultureller Kompetenz eine Kernfähigkeit der »neuen« Bundeswehr. Deren Angehörigen wird in der Konfrontation mit anderen Kulturen und Religionen entschlossenes und handlungssicheres Auftreten abverlangt, verbunden mit ethischem Verantwortungsbewusstsein und sozialem Fingerspitzengefühl. Analog gilt dies für die zunehmende kulturelle und religiöse Vielfalt innerhalb der Streitkräfte selbst sowie für die multinationale Zusammenarbeit mit Verbündeten und Partnern. Interkulturelle Kompetenz bedeutet vor diesem Hintergrund die Fähigkeit und Bereitschaft, sich mit unterschiedlichen Kulturen, Lebenswelten und deren Besonderheiten angemessen auseinanderzusetzen sowie Aufträge in fremdem Umfeld zu erfüllen. Tomforde beschreibt die Vermittlung dieser Fähigkeit als bundeswehrgemeinsame Aufgabe, für die zur Zeit ein einheitliches Gesamtkonzept entsteht.

Ausgehend vom »Ehrenmal« im Berliner Bendlerblock, eingeweiht am 8. September 2009, setzt sich Loretana de Libero mit den kontrovers diskutierten Versuchen der Bundeswehr auseinander, eine allgemein akzeptierte Form des Gedenkens an ihre Toten zu finden. Ein zentrales Dank- und Erinnerungszeichen hatte es für die »Staatsbürger in Uniform« bisher nicht gegeben. Eine Übersicht über den Brauch kleinerer Erinnerungsorte, zumeist ebenfalls »Ehrenmale« genannt, der seit den 1990er-Jahren auch in den deutschen Feldlagern an Einsatzorten im Ausland gepflegt wird, verbindet de Libero mit Betrachtungen zu bundeswehrspezifischen und deutschen Formen des Gedenkens generell.

Abschließend weist Andreas Kunz auf jene Auswirkungen hin, welche die »Transformation« und die revolutionären Veränderungen der IT-Technik auf die historische Überlieferung der Bundeswehr haben. Wurden Schriftstücke in den Streitkräften bis in die 1990er-Jahre hinein vorwiegend in Papierform erstellt, erfolgt dies im Zeitalter der Auslandseinsätze zunehmend elektronisch und papierlos. Die Sicherung, Erfassung und dauerhafte Speicherung einschlägiger Datenbestände bringt erhebliche konzeptionelle, organisatorische, rechtliche und inhaltliche Anforderungen mit sich. Kunz zeigt, dass der Bundeswehr ein Verlust ihres institutionellen Gedächtnisses droht, wenn für die Sammlung und Konservierung elektronischer »Akten« keine befriedigenden Lösungen gefunden werden.

Ein dritter Abschnitt fasst die im Buch angebotenen Informationen in leicht zugänglicher Form zusammen und macht sie über ein ausführliches Register zugänglich. Ein Zeitstrahl vermittelt in chronologischer Abfolge Basisdaten über die Auslandseinsätze der Bundeswehr seit ihrer Gründung. Die Übersichtskarte am Ende des Bandes präsentiert diese auf einen Blick und ermöglicht so die geografische Verortung. Ausgewählte Literatur- und Filmtipps sollen Wege für das vertiefende Studium aufzeigen. Ständig aktualisierte Internettipps sowie alle Textbeiträge der Reihe »Wegweiser zur Geschichte« im PDF-Format finden Sie auf der Seite <http://www.mgfa.de/html/einsatzunterstuetzung/>.

Die Herausgeber freuen sich über Anregungen und Kritik, die wir im Rahmen möglicher Neuauflagen aufgreifen. Die Kontaktdaten des MGFA entnehmen Sie bitte der letzten Umschlagseite.

Bernhard Chiari

Zentrales Fotolabor/Bundeswehr/Steve Urbanczyk

In der Nacht vom 29. Februar auf den 1. März 1960 erschütterte ein gewaltiges Erdbeben die marokkanische Küstenstadt Agadir und machte große Teile dem Erdboden gleich. Zwischen 10 000 und 15 000 Menschen starben. Innerhalb kürzester Zeit lief eine europäische Hilfsaktion an. Die Bundesrepublik entsandte eine Sanitätseinheit nach Marokko, die dort ein Feldlazarett betrieb.

Der erste Einsatz der jungen Bundeswehr im Ausland fand zu einem Zeitpunkt statt, zu dem sich die 1955 aus der Taufe gehobene Armee in ihrer Aufbau- und Konsolidierungsphase befand. Die Hilfeleistung in Marokko, von Politik und Bundeswehrführung als »Übung« deklariert, stand am Anfang einer großen Zahl vergleichbarer humanitärer Einsätze. Auf allen Kontinenten verteilte die Bundeswehr Hilfsgüter, half nach Erdbeben oder bei Dürrekatastrophen, schützte bei Hochwasser und bekämpfte Waldbrände. Die Öffentlichkeit unterschied solche Einsätze stets streng von ihrer Hauptaufgabe, Deutschland im Verbund der NATO gegen einen möglichen Angriff des Warschauer Paktes zu verteidigen. Die Bundesregierung sah in der humanitären Hilfe ein »spezifisches Instrument«, das »unter strikter Beachtung des Grundsatzes der Nichteinmischung und ohne Rücksicht auf den ideologischen Standort der betroffenen Regierung« eingesetzt werden sollte. Dieses Instrument nutzte die Bonner Republik mitunter auch dort, wo eine formalisierte Zusammenarbeit mit den betroffenen Regierungen aufgrund des Ost-West-Konfliktes ausschied.

■ Agadir 1960:
Der Erdbebeneinsatz in Marokko

In außenpolitischen Fragen übte die Bonner Republik Diskretion und Zurückhaltung. Einfluss in Europa und in der übrigen Welt nahm Westdeutschland lediglich im Rahmen der festen Integration in die westliche Staatenwelt – vor allem in das Nordatlantische Bündnis oder in die Europäische Gemeinschaft –, aber nicht im Alleingang. Ihre Wirtschaftsleistung, Finanzkraft und die Bereitschaft zur Unterstützung Notleidender jenseits nationaler Eigeninteressen trugen wesentlich zur positiven Wahrnehmung der Bundesrepublik in Europa bei. Als Erbin des »Dritten Reiches« von ihren Nachbarn vielfach ungeliebt, war sie dennoch gern gesehen, weil sie sich friedlich und ambitionslos gab, nationale Interessen scheinbar hintanstellte und als verlässliche Partnerin galt. Konrad Adenauer verlieh diesem Konzept die Bezeichnung »Souveränität durch Integration«. Die junge Bundesrepublik grenzte sich strikt von der Politik des Nationalsozialismus ab und orientierte sich ebenso konsequent nach Westen. Gegenüber bewaffneter Macht und militärischen Machtmitteln in der Außenpolitik zeigten weite Teile der Öffentlichkeit und des parlamentarisch-politischen Raumes eine tief liegende Skepsis. Bis in die 1990er-Jahre blieb es für wechselnde Regierungen ein wesentlicher Antrieb, humanitäre Hilfe zu leisten, das Ansehen Westdeutschlands in der Welt zu mehren und deren Vertrauen in ein geläutertes Deutschland zu gewinnen.

Der erste Einsatz deutscher Soldaten im Ausland 1960 traf die Streitkräfte in einer frühen Phase der Aufstellung und Konsolidierung. Vier Jahre zuvor, am 20. Januar 1956, hatte Bundeskanzler Konrad Adenauer in Andernach die ersten freiwilligen Soldaten der Bundeswehr begrüßt. Quer durch alle gesellschaftlichen und sozialen Gruppen waren heftige Debatten um die Gestalt eines zukünftigen Verteidigungsbeitrags geführt worden. Diese standen unter dem Eindruck der noch frischen Erinnerung an das katastrophale Kriegsende und verliefen vor dem Hintergrund des aktuellen Ost-West-Konfliktes in Europa. In der nach einer Zisterzienser-Abtei in der Eifel benannten »Himmeroder Denkschrift« hatten Experten im Oktober 1950 der Bundesregierung Empfehlungen für die Struktur der künftigen Streitkräfte gegeben. Dabei legten sie den Schwerpunkt ganz auf die Ausplanung eines »deutschen Kontingentes« als Beitrag zu gesamteuropäischen Verteidigungskräften. Noch unter dem Eindruck der Dominanz des Militärs vor 1945 suchte man nach einer möglichst europäischen und »zivilen« Organisationsform für die Bundeswehr. Diese sollte eine Bündnisarmee ohne eigenen Generalstab mit nationalen operativen Befugnissen sein, außerdem durch die Wehrpflicht an der Entwicklung zum »Staat im Staat« gehindert werden. Ein ziviler Minister stand einer Parlamentsarmee vor, und auch möglichen Selbstständigkeitsbestrebungen der Teilstreitkräfte schob man einen Riegel vor.

Aus der Dienststelle Blank war im November 1955 ein Ministerium aufgewachsen, das zunächst in elf gleichrangige Fachabteilungen gegliedert war. Die vier militärischen Abteilungen Heer, Luftwaffe und Marine sowie Streitkräfte unterstanden wie die zivilen Abteilungen unmittelbar der politischen Leitung. Das aber warf erhebliche Koordinierungsprobleme im Bereich der Streitkräfte auf. Erst im Februar 1957 erhielt der Leiter Abteilung Streitkräfte die Amtsbezeichnung Generalinspekteur. Dieser war gegenüber den Teilstreitkräften weisungsbefugt für Organisation, Führung, Ausbildung und Ausrüstung, erhielt jedoch weder den Oberbefehl über die Bundeswehr im Verteidigungsfall, noch führte er eine nationale Kommandobehörde oder stand einem Generalstab der Streitkräfte vor. Dieser Funktionszuschnitt war in der deutschen Militärgeschichte ohne Vorbild. Im Oktober 1956 löste Franz Josef Strauß seinen Amtsvorgänger und ersten Bundesminister der Verteidigung, Theodor Blank, ab und stand bis 1963 an der Spitze dieses Ressorts. Gemäß der

Protest gegen die Wiederbewaffnung, um 1956.

Heeresstruktur 2 strebte die Bundesrepublik unter Strauß die Aufstellung von zwölf panzerstarken Heeresdivisionen und deren Unterstellung unter die NATO an, doch war die Masse der Verbände um 1960 nur bedingt einsatzfähig. In dieser Lage hatte die Bundeswehr ihre erste Bewährungsprobe im Ausland zu bestehen. Betroffen war hauptsächlich der Sanitätsdienst, der sich erst seit 1956/57 im Aufbau befand.

Die Erdbebenkatastrophe in Marokko 1960

Das frühere Protektorat Marokko war 1956 von Frankreich und Spanien in die Unabhängigkeit entlassen worden. Neben Frankreich und Spanien unterhielten auch die Vereinigten Staaten von Amerika Stützpunkte auf marokkanischem Territorium. In der Nacht vom 29. Februar auf den 1. März 1960 erschütterte ein Erdbeben der Stärke 5,7 auf der Richterskala die etwa 50 000 Einwohner zählende Stadt Agadir, ca. 500 km südwestlich der Hauptstadt Rabat an der Atlantikküste gelegen. Bis zu 15 000 Menschen starben unter den Trümmern. Jeder dritte Einwohner wurde verletzt, 90 Prozent der Bebauung zerstört. Eine durch das Beben ausgelöste Flutwelle verursachte zusätzliche Schäden. Die Katastrophe, auf die die marokkanischen Behörden in keiner Weise vorbereitet waren, setzte eine groß angelegte Hilfsaktion in Gang. Vor allem die ehemaligen Kolonialmächte Frankreich und Spanien, aber auch die USA kamen mit Truppen zu Hilfe. Angesichts des Ausmaßes der Zerstörung fasste die Bundesregierung am 1. März den Entschluss, ebenfalls Soldaten in das Unglücksgebiet zu entsenden.

Erst von der Mitte der 1960er-Jahre an verfügte die Bundeswehr in München über eine Sanitätskompanie, die als Teil der NATO-assignierten AMF (Allied Command Europe Mobile Force, ACE Mobile Force) Einsatzerfahrung an der Süd- und Nordflanke des Bündnisgebietes gesammelt hatte. Entsprechend erhielt die Einheit aus München spezielle Ausrüstung und Ausbildung. Zum Zeitpunkt der Katastrophe in Marokko hingegen standen für die Krisenreaktion lediglich »normale« Sanitätsverbände bereit, die für den Einsatz im Rahmen der Bündnisverteidigung an der innerdeutschen Grenze vorgesehen waren. Am

picture-alliance/dpa (Ausschnitt)

1. März um 21.00 Uhr – am Faschingsdienstag – wurde das Sanitätsbataillon 5 in Brannenburg-Degerndorf alarmiert, das der 1956 in Grafenwöhr aufgestellten 5. Panzerdivision mit Stab in Wetzlar und Koblenz unterstand. Bereits am Aschermittwoch, dem 2. März, verlegte die 3. Kompanie des Bataillons auf den Flugplatz Wahn, um dort um 10.30 Uhr mit drei Maschinen vom Typ Noratlas des Lufttransportgeschwaders 62 in Richtung Agadir zu starten. Die Maschinen gehörten zu jenen Transportern, die ab Ende 1957 von Frankreich beschafft und danach in Lizenzbau gefertigt wurden. Lkw transportierten das notwendige Material für den Hauptverbandplatz, Medikamente aus den Sanitätsdepots und Einsatzverpflegung wurden auf getrenntem Wege zugeführt. Feldbetten und Decken stellte das Rote Kreuz bereit. Der Kompaniechef stieß erst auf dem Flugfeld zu seiner Einheit, da er von einem Lehrgang direkt nach Wahn befohlen worden war. Manche Familien erfuhren vom Einsatz in Afrika zu einem Zeitpunkt, als sich ihre Angehörigen bereits in Marokko befanden. Zudem verdient der Umstand besondere Erwähnung, dass auch Grundwehrdienstleistende in Marsch gesetzt wurden, ohne um ihre Zustimmung zu einer Verwendung im Ausland befragt worden zu sein.

Der Auftrag der 3. Kompanie lautete, in Agadir einen Hauptverbandplatz aufzubauen und zu betreiben, um die Versorgung vor allem von Schwer- und Schwerstverletzten sicherzustellen. Die ersten Sanitäter trafen am 3. März in Marokko ein und mussten – nach einer zeitaufwendigen Zwischenlandung in Spanien – zunächst in Casablanca viele Stunden auf den Weiterflug warten. Das völlig überlastete Flugfeld in Agadir ließ es zunächst nicht zu, weitere Maschinen abzufertigen. Auf die Entsendung eines Vorkommandos hatte man aus Zeitgründen verzichtet. Für den Betrieb des Hauptverbandplatzes standen fünf Ärzte, ein Apotheker sowie 45 Sanitätssoldaten zur Verfügung. Insgesamt umfasste das deutsche Kontingent am 7. März 103 Soldaten.

Der Schwerpunkt der Hilfeleistung lag nicht wie ursprünglich geplant bei der operativen Behandlung von Verletzten. Französische und amerikanische Einheiten hatten vor Ort einen Großteil der operativen Erstversorgung übernommen. Die Deutschen stellten mit einer Kapazität von 70 Betten die Folgeversorgung sicher. Mit zunehmender Stehzeit übernahmen sie auch Aufgaben bei der Seuchenbekämpfung und betreuten einige der zahlreichen Flüchtlingslager. 20 schwere sowie 60 leichtere Operationen wurden durchgeführt, 100 Verletzte stationär aufgenommen und mehr als 1000 Patienten ambulant behandelt. Am 10. März wurde die Umwandlung des Feldlazaretts in ein ortsfestes Feldlazarett angeordnet, und 13 Tage später befahl der Bundesminister der Verteidigung die Beendigung des Hilfseinsatzes. Am 5. April erreichte das Frachtschiff »Möwe« Agadir, und eine gute Woche danach trafen die Sanitätssoldaten in Bremen ein, während ihr Lazarett die marokkanischen Behörden übernahmen.

Die Bundeswehr stand im Verlauf des Einsatzes vor erheblichen logistischen Herausforderungen, die sie insgesamt effektiv und flexibel bewältigte. Die Verbindung mit der Führung musste das Kontingent zunächst mit Hilfe schriftlicher Nachrichten aufrechterhalten, welche die zwischen Einsatz- und Heimatland pendelnden NORATLAS-Maschinen mitführten. Am 5. März brachte dann ein US-Transportflugzeug eine auf Lkw verlastete Funkstelle nach Marokko, die leistungsstark genug für die Verbindung mit Deutschland war.

Das Lufttransportgeschwader 62 stellte mit durchschnittlich zwei Maschinen pro Tag die Versorgung zwischen Deutschland und Marokko sicher und beförderte bis zum 10. März insgesamt 100 Tonnen Fracht. Neben die großen Entfernungen trat als Herausforderung die dezentrale Beschaffung spezieller Medikamente, die der Sanitätsdienst der Bundeswehr nicht bevorratete.

picture-alliance/dpa/Lehmann

Die erste unter französischer Lizenz gebaute Transportmaschine vom Typ NORATLAS wurde am 9. September 1958 in Hamburg feierlich der Bundeswehr übergeben.

Innerhalb weniger Tage wurden sandfarbene Tropenuniformen geliefert, um den eingesetzten Soldaten die Arbeit bei Tagestemperaturen von bis zu 50 Grad zu erleichtern.

Das III. Korps in Koblenz, dem die 5. Panzerdivision seit 1959 unterstand, improvisierte eine frühe Form der Truppenbetreuung. In Agadir richtete man eine Betreuungseinrichtung unter Führung eines Kantinenunteroffiziers ein. Das Ministerium ließ Zeitungen und Zeitschriften sowie Radiogeräte nach Marokko schicken. Persönliche Post aus Deutschland wurde über den Marokkoeinsatzstab des BMVg nach Agadir befördert. Der Sanitätsdienst nahm sich der Familienbetreuung an und informierte die Angehörigen auf dem Wege von Rundschreiben über die Lage im Einsatzland. Das in Marokko verwendete Gerät – ausschließlich aus der originären Ausstattung eines Hauptverbandplatzes gemäß Stärke- und Ausrüstungsnachweisung (STAN) stammend – erwies sich als brauchbar für den Einsatz.

Humanitäre Hilfe vs. militärische Einsätze?

Die Hilfsaktion der Bundeswehr in Marokko war kein militärischer Einsatz im Sinne der Verfassung. Einen solchen hätten erst die Feststellung des Verteidigungsfalles durch das Parlament und die Abwehr eines von der Sowjetunion geführten Angriffs des Warschauer Paktes nach sich gezogen. Das Bundesministerium der Verteidigung verlautbarte demgegenüber im März 1960, dass es in Agadir nicht um einen Ernstfall ginge, sondern es »vertretbar« erscheine, »den Einsatz der Bundeswehr als Übung zu betrachten«. Dass der Einsatz von Militär nicht als militärischer Einsatz gelten sollte, kam auch in der Zuteilung der Verantwortlichkeiten zum Ausdruck: Bis 1978 koordinierten nicht das Verteidigungsressort, sondern das Innenministerium und das Auswärtige Amt gemeinsam Aktionen der humanitären Hilfe. 1978 ging die Zuständigkeit dann ganz an das Auswärtige Amt über.

Zwischen 1960 und den Einsätzen in Somalia und Kambodscha 1992 leistete die Bundeswehr in mehr als 130 weiteren Fällen humanitäre Hilfe im Ausland. Die Unternehmen umfassten ein breites Leistungsspektrum, das von der sanitätsdienstlichen Versorgung über den geschlossenen Einsatz von Pioniereinheiten (Erdbebenhilfe im italienischen Friaul 1976) bis hin zu Missionen der Luftwaffe reichte, die in den 1980er-Jahren Hilfsgüter für notleidende Menschen nach Afrika transportierte. Pro Jahr führte die Bundeswehr im Durchschnitt mehr als drei derartige Einsätze durch, über 40 Prozent davon in Afrika, gut 30 Prozent in Europa, gefolgt von Asien und Südamerika (16 und neun Prozent). Inhaltlich lag der Schwerpunkt deutlich bei der Verteilung von Hilfsgütern, gefolgt von Unterstützungsleistungen nach Erdbeben und bei Dürrekatastrophen, Hochwasserhilfe und Waldbrandbekämpfung.

Die Erdbebenhilfe in Marokko 1960 brachte der deutschen wie der internationalen Öffentlichkeit zu Bewusstsein, dass 15 Jahre nach dem Ende des Zweiten Weltkriegs die Bundeswehr bereitstand, einen Beitrag im Rahmen europäischer Verteidigungsstrukturen zu leisten. Dass die Bundesrepublik das Element des Militärischen gegenüber dem Ausland wie der eigenen Gesellschaft stets eher schamhaft zu verbergen suchte, bildete eine Grundkonstante westdeutscher Politik seit 1949 – ebenso wie das Bestreben, das Ansehen der Bundesrepublik durch humanitäre Hilfe in aller Welt zu steigern.

Bernhard Chiari

Der heutige Staat Kambodscha geht auf das von indischen Kulturein-
flüssen geprägte Königreich Kambuja zurück, das vom 12. bis 14. Jahrhundert weite Teile Südostasiens beherrschte und die gewaltigen Tem-
pelbauten von Angkor hervorbrachte. In den folgenden Jahrhunderten
wurde Kambuja zunehmend von den mächtigen Nachbarn Thailand und
Vietnam bedrängt, bis die Franzosen 1863 ein Protektorat errichteten.

1941 bestieg der damals erst 19-jährige Prinz Norodom Sihanouk den
Thron. Ihm gelang es 1953/54, sein Land ohne Blutvergießen in die Unabhängigkeit zu führen. Nach ersten Jahren der Prosperität wuchs der
Widerstand gegen Sihanouks autoritäre Herrschaft, und Kambodscha
wurde in den Vietnamkrieg hineingezogen. Es entwickelte sich ein blu-
tiger Bürgerkrieg, der im April 1975 mit dem Sieg der kommunistischen
Roten Khmer endete. Ihre Schreckensherrschaft, die mindestens eine
Million Opfer forderte, fand erst zu Jahresbeginn 1979 durch eine Invasion vietnamesischer Truppen ein Ende. Diese setzten ein ihnen geneh-
mes Regime in Phnom Penh ein. Damit begann ein neuer Guerillakrieg.
Nach langen Verhandlungen unter internationaler Vermittlung schlossen
die Bürgerkriegsparteien im Oktober 1991 die Pariser Friedensabkommen (Foto). Eine Übergangsverwaltung der Vereinten Nationen (UNTAC)
sicherte den Friedensprozess mit fast 16 000 Soldaten, 3600 Polizisten
und rund 2500 zivilen Beamten. Der bis dahin beispiellose UN-Einsatz in
Kambodscha schloss neben dem Bundesgrenzschutz auch ein Bundeswehrkontingent von insgesamt beinahe 450 Sanitätssoldaten ein.

Humanitärer Beitrag zum Peacekeeping: Die UN-Mission in Kambodscha

Nach dem Ende des Zweiten Weltkrieges keimte Widerstand gegen die französische Kolonialherrschaft in Kambodscha auf. Der junge König Norodom Sihanouk erklärte das Land 1953 für unabhängig, was von den Franzosen auf der Genfer Indochinakonferenz von 1954 offiziell anerkannt wurde.

Viele ältere Kambodschaner verehren Sihanouk heute noch als Gottkönig, doch wies sein autoritäres Regime auch deutliche Schwächen auf: Inkompetenz, Korruption, Nepotismus, wirtschaftlicher Niedergang, wachsende soziale Gegensätze und Unterdrückung der Opposition, die sich sowohl von rechts (durch antimonarchistische Nationalisten) als auch von links durch die Bewegung der Roten Khmer zu regen begann (frz. Khmer Rouge; Khmer ist der Name des Staatsvolks Kambodschas, welches ca. 90 Prozent der Gesamtbevölkerung ausmacht, rot bezog sich auf ihre weltanschauliche Orientierung). Dazu kam die Aushöhlung der kambodschanischen Neutralität, indem Sihanouk dem Vietcong die Benützung des kambodschanischen Staatsgebietes als Aufmarsch-, Rückzugs- und Versorgungsgebiet (»Ho-Chi-Minh-Pfad«) gestattete. Letzteres brachte ihn in Konflikt mit den USA. Ab 1969 überzog die US-Luftwaffe den Osten Kambodschas mit Bombenteppichen, bei denen mehr Sprengkörper abgeworfen wurden als im Zweiten Weltkrieg gegen Japan. Die Bombardierungen forderten 400 000 Tote und zwangen weite Teile der Bevölkerung entweder zur Flucht in die überfüllten Städte oder trieben sie in die Arme der kommunistischen Roten Khmer.

Im März 1970 kam es zu einem von den USA sehr begrüßten Putsch rechtsgerichteter Militärs. Während der abgesetzte Sihanouk sich in Peking an die Spitze einer von Kommunisten dominierten Exilregierung stellte, riefen die neuen Machthaber in Phnom Penh unter der Führung von General Lon Nol die Republik aus und zogen das Land vollends in den zweiten Indochinakrieg hinein. Das finanziell und militärisch massiv von den USA unterstützte Militärregime verspielte jedoch jegliche Sympathien in der Bevölkerung, und die Roten Khmer kontrollierten bald drei Viertel des Landes.

Am 17. April 1975 – zwei Wochen vor dem Fall Saigons – rückten die meist blutjungen Kämpfer der Roten Khmer schließlich in die Hauptstadt Phnom Penh ein und riefen das Demokratische Kampuchea (DK) aus. Premierminister wurde der geheimnisumwitterte »Bruder Nummer 1« Pol Pot. Die an China angelehnten Roten Khmer – im Unterschied zu den neuen Machthabern in Vietnam, welche bald einen Freundschaftsvertrag mit der Sowjetunion abschlossen – gingen daran, die Gesellschaft radikal im Sinne eines »Steinzeitkommunismus« umzugestalten. Sie vertrieben Millionen Menschen aus den Städten und zwangen sie zur Arbeit in landwirtschaftlichen Kollektiven. Intellektuelle wurden gezielt liquidiert, Privateigentum, Geld, Schulen und Religion abgeschafft und das Land von der Außenwelt abgeschnitten. Der als nomineller Staatschef nach Phnom Penh zurückgekehrte Prinz Sihanouk wurde 1976 zum Rücktritt gezwungen und unter Hausarrest gestellt. Insgesamt kamen während der dreieinhalbjährigen Terrorherrschaft der Roten Khmer mindestens eine Million Menschen ums Leben. In den letzten Monaten der Khmer-Rouge-Herrschaft wurden die

picture-alliance/dpa/epa Bildfunk/Mak Remissa

Düsteres Erbe: Das Choeung Ek Genocidal Centre bei Phnom Penh zeigt Schädel von Opfern der Gewaltherrschaft. 2009 begann ein durch die UN unterstütztes Tribunal mit Prozessen gegen frühere Führer der Roten Khmer, angeklagt der Verbrechen gegen die Menschlichkeit.

Zustände immer chaotischer, und zahlreiche DK-Offiziere und -Kader flohen vor »Säuberungen« nach Vietnam, wo sie eine Befreiungsfront zum Sturz des Pol-Pot-Regimes gründeten. Viele sollten später mit den vietnamesischen Invasoren zurückkehren und eine führende Rolle in der neuen Regierung spielen (z.B. Heng Samrin, Hun Sen).

Nachdem kambodschanische Truppen mehrmals tief auf vietnamesisches Staatsgebiet vorgedrungen waren, traten am 25. Dezember 1978 vierzehn Divisionen der vietnamesischen Volksarmee zu einer Großoffensive an. Innerhalb weniger Wochen eroberten sie den größten Teil des Landes und setzten eine ihnen genehme Regierung unter Premierminister Heng Samrin ein. Außenminister wurde im Alter von 27 Jahren Hun Sen. Die Khmer Rouges mussten sich in die unwegsamen Berg- und Dschungelgebiete nahe der thailändischen Grenze zurückziehen. Mit ihnen flohen – teils gezwungenermaßen – Hunderttausende Menschen, die in Lagern entlang der thailändischen Grenze Zuflucht fanden und dort auf internationale Hilfe angewiesen waren.

Der vietnamesische Einmarsch in Kambodscha löste im Westen wie in China und bei vielen blockfreien Staaten Empörung aus. Eine Anklage Vietnams im Sicherheitsrat scheiterte am Veto der Sowjetunion, doch die UNO-Generalversammlung verurteilte die Invasion. Die Volksrepublik Kampuchea blieb ein internationaler Paria.

Die vietnamesische Invasion bildete den Beginn eines jahrelangen erbitterten Bürgerkrieges. Neben den Roten Khmer formierten sich noch zwei nichtkommunistische Widerstandsgruppen. Allesamt bestanden sie aus einem politischen und einem militärischen Flügel. Die von Vietnam eingesetzte und unterstützte Regierung der Volksrepublik Kambodscha (1989 in State of Cambodia umbenannt), seit 1985 unter Premierminister Hun Sen, hatte zuletzt Regierungstruppen (Cambodian Peoples Armed Forces, CPAF) im Umfang von etwa 125 000 meist schlecht ausgebildeten und ausgerüsteten Wehrpflichtigen sowie bis zu 220 000 Angehörigen örtlicher Milizen und knapp 50 000 Polizisten unter Waffen. Auf der anderen Seite standen die drei Widerstandsgruppen, die sich 1982 zu einer fragilen Koalition zusammengeschlossen und eine Exilregierung gebildet hatten. Die weitaus schlagkräftigste Fraktion des Widerstandes bildeten die Roten Khmer. Ihre Streitkräfte, die National Army of Democratic Kampuchea (NADK), wurden auf 10 000 bis 15 000 Mann geschätzt. Dazu kamen die zunächst von Prinz Norodom Sihanouk und später von seinem Sohn Norodom Ranariddh geführte royalistische Gruppe Front Uni National pour un Cambodge Indépendant, Neutre, Pacifique et Cooperatif (FUNCINPEC) sowie die rechtsgerichtete, republikanisch orientierte, aber intern zerstrittene Khmer Peoples National Liberation Front (KPNLF), jeweils mit (nach eigenen Angaben) etwa 5000 Kämpfern.

Die drei Widerstandsgruppen teilten sich die Verwaltung der Flüchtlingslager in Thailand und nutzten sie – oft mit Unterstützung oder zumindest Duldung durch das thailändische Militär – als Basen für den Untergrundkampf gegen die vietnamesischen Besatzer und ihre kambodschanischen »Marionetten«.

Internationale Vermittlungsbemühungen und die Pariser Friedensabkommen von 1991

Die ersten Bemühungen um eine friedliche Beilegung der Auseinandersetzungen in Kambodscha gehen auf das Jahr 1981 und eine weitgehend ergebnislose internationale Konferenz in New York zurück. Den nächsten signifikanten Versuch der Konfliktregulierung startete die ehemalige Kolonialmacht Frankreich, indem sie im August 1989 zu einer Tagung nach Paris lud (Erste Pariser Kambodschakonferenz), die aber ohne greifbares Ergebnis zu Ende ging. Drei Monate später, nachdem Vietnam am 26. September 1989 den Abzug seiner letzten Besatzungstruppen verkündet hatte, präsentierte der australische Außenminister Gareth Evans einen Plan, der vorsah, dass die Vereinten Nationen für eine Übergangzeit die Regierung Kambodschas übernehmen sollten (ein solches Modell hatte sich kurz zuvor in Namibia bewährt). Die weiteren Entspannungsbemühungen verliefen vor allem auf zwei Ebenen: Einerseits in regelmäßigen Treffen der fünf ständigen Sicherheitsratsmitglieder, andererseits in informellen Treffen der vier Bürgerkriegsparteien.

Begünstigt wurde der Gang der Verhandlungen durch eine grundlegende Veränderung der globalen Machtverhältnisse: Die neue liberale Außenpolitik der Sowjetunion unter Gorbatschow hatte zu einer Aufweichung des Ost-West-Gegensatzes geführt und damit dem Sicherheitsrat neue Handlungsmöglichkeiten eröffnet. Gleichzeitig strebte die Volksrepublik China danach, ihre internationale Isolierung nach der brutalen Unterdrückung der Demokratiebewegung im Juni 1989 zu überwinden. Unter diesen Vorzeichen kam es auch zu einer Annäherung zwischen den Erbfeinden China und Vietnam, wobei beide Druck auf ihre Verbündeten – also die Roten Khmer bzw. die Regierung in Phnom Penh – ausübten.

Nach langwierigen Verhandlungen akzeptierten die Bürgerkriegsparteien schließlich einen Friedensplan, der u.a. die Einrichtung eines Obersten Nationalrates (Supreme National Council, SNC) aus Vertretern der Bürgerkriegsparteien vorsah. Der SNC sollte die Regierung in Phnom Penh allerdings nicht ersetzen, sondern ihr lediglich zur Seite gestellt werden. Der Oberste Nationalrat erklärte am 24. September 1991 den Bürgerkrieg offiziell für beendet und ersuchte die Vereinten Nationen um schnellstmögliche Entsendung einer Vorausmission, die den Einsatz einer UNO-Übergangsverwaltung vorbereiten sollte. Der Generalsekretär empfahl daraufhin dem Sicherheitsrat die Einrichtung der United Nations Advance Mission in Cambodia (UNAMIC).

Damit war der Weg frei für die feierliche Unterzeichnung eines Friedensabkommens am 23. Oktober 1991 zum Abschluss der Zweiten Pariser Kambodschakonferenz. Signatare waren neben den im SNC vertretenen Repräsentanten der vier Bürgerkriegsparteien weitere 18 Staaten (darunter die Nachbarländer) sowie der UNO-Generalsekretär Perez de Cuéllar.

Das Vertragswerk bestand aus vier Einzeldokumenten. Das Abkommen über eine umfassende politische Regelung des Kambodschakonfliktes enthielt die zentralen Bestimmungen über Waffenstillstand und Demobilisierung, Wahlen, Flüchtlingsrückführung sowie die Prinzipien für eine neu auszuarbeitende Verfassung.

Der SNC wurde zum Träger der nationalen Souveränität. Während einer Übergangsperiode bis zur Wahl einer konstituierenden Versammlung und der Verabschiedung einer neuen Verfassung delegierte der SNC weitreichende Befugnisse an die

Vereinten Nationen. Diese wurden eingeladen, eine Übergangs-verwaltung (United Nations Transitional Authority in Cambo-dia, UNTAC) mit einer zivilen und einer militärischen Kompo-nente unter Leitung eines vom UN-Generalsekretär ernannten Sonderbeauftragten einzurichten. Bei Meinungsverschiedenhei-ten mit dem SNC erhielt dieser Sonderbeauftragte die letzte Ent-scheidungsbefugnis. Eine Mixed Military Working Group sollte hochrangige Militärs aller Streitparteien unter dem Vorsitz des UNTAC Force Commanders zusammenführen. UNTAC bildete mit einer Personalstärke von bis zu 22 000 Mann die bis dahin größte und mit Gesamtkosten von 1,6 Milliarden US-Dollar teu-erste Peacekeeping-Operation der Vereinten Nationen.

Die Einrichtung der UNO-Übergangsverwaltung

Die Vorausmission UNAMIC nahm am 9. November 1991 ihre Tätigkeit auf. Sie bestand im Wesentlichen aus einem kleinen zivilen Stab und 50 militärischen Verbindungsoffizieren sowie Fernmelde-, Lufttransport- und Versorgungskräften. Hauptauf-gabe von UNAMIC war die Überwachung des Waffenstillstan-des und die Vermittlung zwischen den verfeindeten Fraktionen. Anfang 1992 wurde das Mandat noch um Minenräumaufgaben und Aufklärungsprogramme über die Minengefahr erweitert.

Der Zeitplan für UNTAC lag im Februar 1992 vor. Am 28. Feb-ruar billigte ihn der Sicherheitsrat und setzte UNTAC für die Dauer von maximal 18 Monaten ein. Der Einsatz fiel unter Kapi-tel VI der UN-Charta, was bedeutete, dass die Mission keinerlei Zwangsbefugnisse erhielt und die Möglichkeit der Gewaltan-wendung seitens der UN-Truppen auf das (vom UN-Generalse-kretariat grundsätzlich extensiv interpretierte) Recht zur Selbst-verteidigung beschränkt war. Im Januar 1992 ernannte der neue UNO-Generalsekretär Boutros Boutros-Ghali den japanischen Berufsdiplomaten Yasushi Akashi zu seinem Sonderbeauftrag-ten. Am 15. März 1992 löste UNTAC die UNAMIC ab.

Das Mandat der UNTAC war aus den Bestimmungen der Pariser Friedensabkommen abgeleitet. Es umfasste die Förderung der Menschenrechte, die Organisation und Durchführung freier Wahlen, den Aufbau einer zivilen Verwaltung sowie die Aufrechterhaltung von Recht und Ordnung. Hinzu traten die Rückführung und Wiederansiedlung von Flüchtlingen und Vertriebenen, die Wiederherstellung der Infrastruktur sowie militärische Aufgaben.

Dementsprechend bestand UNTAC aus sieben getrennten Komponenten (sechs zivilen und einer militärischen). Die Mission hatte erstens für die Sicherung der Grundfreiheiten während der Übergangsperiode zu sorgen. Dies sollte durch Aufklärungsprogramme, Überwachung der bestehenden Verwaltungseinrichtungen sowie die Untersuchung behaupteter Menschenrechtsverletzungen erreicht werden.

UNTAC fiel zweitens die Aufgabe zu, landesweit die freie und faire Wahl von 120 Abgeordneten zu einer verfassunggebenden Versammlung vorzubereiten, die dann binnen drei Monaten eine Verfassung ausarbeiten und sich anschließend in eine gesetzgebende Versammlung umwandeln sollte. Die Basisarbeit der Wahlorganisation in den Distrikten oblag mehr als 400 United Nations Volunteers (UNVs), während der Abstimmung verstärkt durch 50 000 einheimische Wahlhelfer.

Den dritten Schwerpunkt bildete die Sicherstellung eines »neutralen politischen Umfeldes« für den Wahlprozess. Zu diesem Zweck wurden die bestehenden Verwaltungsstrukturen der Fraktionen einer abgestuften Kontrolle unterworfen. Dies betraf insbesondere jene Behörden, welche direkt den Ausgang der Wahlen hätten beeinflussen können: Die fünf Schlüsselministerien für Auswärtige Angelegenheiten, Verteidigung, Finanzen, öffentliche Sicherheit und Information unterstanden der direkten Kontrolle durch UNTAC.

Viertens unterlagen auch die örtlichen Polizeikräfte der internationalen Überwachung: Etwa 3600 unbewaffnete Zivilpolizisten aus 31 Ländern versahen landesweit ihren Dienst in mehr als 200 Polizeistationen.

Fünftens war UNTAC verantwortlich für die Rückführung und Wiederansiedlung von etwa 365 000 Flüchtlingen aus Lagern in Thailand sowie weiterer Zehntausender Vertriebener im Lande selbst. Dafür mussten Transportkapazitäten zur Verfügung gestellt und Durchgangslager eingerichtet werden. Der

Plan sah aber auch vor, den Flüchtlingen in ihrer neuen Heimat eine Existenzgrundlage zu sichern, beispielsweise durch die Zuteilung von Land, die Ausgabe von Hausrat und Nahrungsmitteln (bis zur ersten Ernte) oder durch Reintegrationsprogramme. Die Repatriierungsaktion war eine der größten der jüngeren Geschichte, und sie war nur durch eine gemeinsame Anstrengung verschiedener Organisationen unter Führung des UNO-Flüchtlingshochkommissariats UNHCR möglich.

Ein Wiederaufbauplan für die Übergangsperiode sollte sechstens die Grundbedürfnisse der Bevölkerung in dem völlig verwüsteten Land abdecken und die essenzielle Infrastruktur des Verkehrsnetzes, der Telekommunikation sowie des Gesundheits- und Erziehungswesens instand setzen. Während die Kosten der UNTAC anteilsmäßig auf die UN-Mitgliedstaaten aufgeteilt wurden, waren die Repatriierungs- und die Rehabilitierungskomponente auf freiwillige Beiträge angewiesen.

Die siebente Komponente der UNTAC war die militärische. Sie war zahlenmäßig die bei Weitem stärkste. In ihren Aufgabenbereich fielen unter anderem:

– die Überwachung des Waffenstillstandes und die Verifizierung des Abzugs aller ausländischen Streitkräfte und Militärberater;
– die Sicherstellung der Beendigung jeglicher auswärtiger Militärhilfe für die Konfliktparteien;
– die Entwaffnung sämtlicher Kombattanten aller Fraktionen und ihre anschließende Unterbringung in bewachten Lagern (sogenannten Cantonments). Mindestens 70 Prozent der kantonierten Truppen sollten bis zu den Wahlen schrittweise demobilisiert werden und ins zivile Leben zurückkehren, während die verbleibenden 30 Prozent zu einer neu formierten nationalen Armee Kambodschas unter dem Kommando der neu gewählten Regierung verschmolzen werden sollten;
– Aufspüren und Beschlagnahme versteckter Waffenlager;
– Unterstützung beim Minenräumen sowie Aufklärung der Bevölkerung über die Minengefahr.

An der Spitze der 15 900 Mann umfassenden UN-Truppe stand ein Force Commander, der australische Generalleutnant John Sanderson. Das Rückgrat des Kontingents bildeten zwölf Infanteriebataillone zu je 850 Mann, gestellt von Bulgarien, Bangladesch, Frankreich, Ghana, Indien, Indonesien (zwei Bataillone), Malaysia, den Niederlanden, Pakistan, Tunesien und Uruguay. Ihnen oblag im Wesentlichen die Durchführung der Entwaffnung und Kantonierung der Streitkräfte, wobei jedem Bataillon ein territorialer Verantwortungsbereich (Sektor) zugewiesen wurde. Hinzu kamen 485 Militärbeobachter (United Nations Military Observers, UNMOs) aus 25 Ländern, die vor allem Verbindung zu den ehemaligen Bürgerkriegsparteien zu halten, Waffenstillstandsverletzungen zu untersuchen sowie Grenzkontrollstellen und Verbindungsbüros in den Hauptstädten der Nachbarländer zu besetzen hatten. Marinemilitärbeobachtern oblag die Überwachung der Küstengewässer und Binnenwasserwege – zum Teil mit Schlauchbooten, zum Teil mit ehemaligen CPAF-Booten, während Marineinfanteristen aus Chile, Uruguay und von den Philippinen die kambodschanische Marine entwaffnen und kantonieren sollten. Ein Fernmeldebataillon aus Australien sowie fünf Pionierbataillone aus China, Frankreich, Japan, Polen und Thailand stellten die Kommunikation und die Instandsetzung wichtiger Verkehrswege sicher. Eine 180 Mann starke Mine Clearance Training Unit übernahm die Ausbildung Tausender Kambodschaner zu Minenräumspezialisten. UNTAC verfügte über mehrere Feldlazarette, Versorgungs- und Transporteinheiten (gestellt von Kanada, Pakistan und Polen) und eine international zusammengesetzte Militärpolizei. Große Entfernungen und das schlechte Straßennetz erforderten eine relativ umfangreiche Lufttransportkomponente, die vor allem aus Hubschraubern der Typen Mi-17, Mi-26 und Puma sowie aus C-130 und C-160 Transportmaschinen bestand.

Das Scheitern der Entwaffnung und die Vorbereitung der Wahlen

Schon der Beginn der UNO-Operation war geprägt von Verzögerungen und Pannen im Ablauf. Die ursprünglich vorgesehene und militärisch zweckmäßige Reihenfolge der Stationierung erstens von Pioniereinheiten zur Instandsetzung und Entminung der Verkehrswege und Stützpunkte, zweitens von Versorgungs-

Deutsche Beteiligung an UNAMIC und UNTAC

An der UNO-Mission beteiligten sich mit der Bundesrepublik Deutschland und Japan erstmals zwei Staaten, bei denen bisher die Verfassung ein solches Engagement auszuschließen schien. Bereits zwischen November 1991 und März 1992 hatte eine Gruppe von Sanitätssoldaten der Bundeswehr das Personal der Vorausmission UNAMIC medizinisch betreut und die sanitätsdienstliche Versorgung der nachfolgenden UNTAC vorbereitet. Am 8. April 1992 kam die Bundesregierung unter Bundeskanzler Helmut Kohl, anfangs kaum beachtet von der deutschen Öffentlichkeit, der Bitte des UN-Generalsekretärs nach, UNTAC durch den Betrieb eines 60-Betten-Hospitals zu unterstützen. Die politische Brisanz der Mission zeigte sich daran, dass das deutsche Kontingent nicht der UNTAC-Führung unterstellt wurde, sondern zunächst unter nationalem Befehl blieb. Dies zog im Verlauf des Einsatzes erhebliche Spannungen nach sich – zumal der deutsche Sanitätsstabsoffizier den gesamten, aus 20 Nationen rekrutierten Sanitätsdienst der UNTAC mit 171 Ärzten und mehr als 1000 Mann Assistenzpersonal in 118 Sanitätseinrichtungen führte.

Am 22. Mai 1992 begannen deutsche Sanitätskräfte in einem weitgehend zerstörten Gebäude am Stadtrand Phnom Penhs mit dem Aufbau eines Lazaretts. UN-Erfahrungen und entsprechende Planungen fehlten, sodass man sich vor allem am Know-how der Münchner 2. Kompanie/Sanitätslehrbataillon 851 orientierte, die im Rahmen der Allied Mobile Force (AMF) der NATO an deren Süd- und Nordflanke sowie bei zahlreichen humanitären Missionen außerhalb Europas zum Ein-

picture-alliance/dpa/Martin Athenstädt

Bundesverteidigungsminister Volker Rühe (CDU) besucht am 29. Mai 1992 Blauhelme in Phnom Penh. Der Beteiligung deutscher Soldaten an der UN-Mission hatte zuvor auch die oppositionelle SPD zugestimmt.

satz gekommen war. 350 Tonnen Material wurden nach Kambodscha transportiert, bevor am 8. Juni 130 Soldaten unter Führung eines Sanitätsstabsoffiziers den klinischen Betrieb aufnahmen. Da geeignete Tropenuniformen fehlten, musste die Bundeswehr auf französische Bekleidung zurückgreifen. Das Deutsche Feldhospital (German Field Hospital) umfasste zwei Bettenstationen, eine Isolierstation sowie eine Intensivstation und sieben fachärztliche Abteilungen. Ein zusätzliches Medical Center versorgte das UN-Personal der Hauptstadt.

Die einheimische Bevölkerung, die dem Hospital den ehrenvollen Namen »Haus der Engel« gab, profitierte in starkem Maße vom humanitären Einsatz der Bundeswehr: Drei Kontingente mit insgesamt 445 Soldaten – ausschließlich Freiwillige – führten bis zum Ende der Mission am 30. Oktober 1993 fast 95 000 ambulante und beinahe 3500 stationäre Behandlungen durch. Im Verlauf des Einsatzes war der erste im Ausland getötete deutsche Soldat zu beklagen: Unbekannte erschossen am 14. Oktober 1993 den 26-jährigen deutschen Sanitätsfeldwebel Alexander Arndt auf offener Straße. *(bc)*

einheiten und drittens der Infanteriebataillone wurde letztlich umgekehrt. Eine erste und entscheidende Abweichung von den Bestimmungen der Pariser Abkommen stellte die Weigerung der Roten Khmer dar, sich entwaffnen zu lassen und UNTAC Zutritt zu den von ihnen kontrollierten Regionen zu gestatten, woraufhin auch die anderen Bürgerkriegsparteien eine substanzielle Entwaffnung ihrer Streitkräfte ablehnten. So musste der offizielle Beginn des Kantonierungsprozesses um sieben Wochen auf den 13. Juni 1992 verschoben werden. An diesem Tag fanden jedoch lediglich einige symbolische Zeremonien für die internationale Presse statt. Erst drei Monate später erklärten sich die Regierung sowie die beiden nichtkommunistischen Widerstandsgruppen bereit, als Geste des guten Willens insgesamt knapp 55 000 Soldaten kantonieren zu lassen und etwa ebenso viele Waffen abzugeben. UNTAC internierte diese Soldaten jedoch nicht in den Lagern, sondern schickte sie umgehend auf »Ernteurlaub«.

Im Verlauf der folgenden Wochen diskutierte die UNO verschiedene Handlungsoptionen für die UNTAC bis hin zum Einsatz militärischer Gewalt gegen die Roten Khmer. Schließlich entschied sich der Sicherheitsrat trotz der völlig geänderten Rahmenbedingungen für die planmäßige Fortsetzung der Mission bei gleichzeitiger Aufrechterhaltung der diplomatischen Bemühungen, die Roten Khmer doch noch zum Einlenken zu bewegen. Die Wahlen wurden für Mai anberaumt – allerdings nur in jenen Gebieten, zu denen UNTAC Ende Januar 1993 Zugang besaß.

Alle Verhandlungsbemühungen mit den Roten Khmer blieben erfolglos. Auch der Ausschluss der Roten Khmer von der Wiederaufbauhilfe und die Verhängung von Ausfuhrverboten für Tropenholz und Edelsteine sowie eines Erdölembargos durch SNC und UN-Sicherheitsrat zeigten keine Wirkung – vor allem aufgrund der lückenhaften Kontrolle durch UNTAC. Die Roten Khmer kündigten an, die Wahlen zu boykottieren. Am 13. April 1993 verließen ihre Vertreter in SNC und Mixed Military Working Group die Hauptstadt Phnom Penh. Damit war der Kontakt zu UNTAC abgebrochen.

Ab Ende 1992 versuchten die Roten Khmer massiv, ihre Einflusszonen zu vergrößern, wobei sich einzelne FUNCINPEC-Einheiten mit ihnen verbündeten. Die Guerillas beschossen Dörfer unter Kontrolle der Regierungstruppen mit Artillerie und verminten Straßen und Wege, vereinzelt kam es auch zu infanteristischen Angriffen. Immer wieder gelang es den Khmer Rouge, wichtige Verkehrsverbindungen des Landes zu unterbrechen. Sie begingen auch grausame Massaker an Angehörigen der vietnamesischen Minderheit, die sie als getarnte Agenten Vietnams ansahen. Zunehmend waren auch die UNO-Truppen selbst das Ziel von Übergriffen und Anschlägen, die insgesamt 21 Tote forderten. UNTAC-Chef Akashi lehnte aber jede Konfrontation mit den Roten Khmer ab, und UNTAC zog sich aus mehreren Landesteilen zurück. Durch das Scheitern bei der Befriedung des Landes wurden Anstrengungen der UNTAC in den verschiedensten Bereichen, von Minenräumung über Wiederaufbau bis zur Menschenrechtsarbeit, zunichte gemacht.

Doch auch die Regierungsseite trug zur Eskalation der Gewalt bei: Regierungsnahe Kreise waren für Dutzende Anschläge gegen Büros und Funktionäre der FUNCINPEC und anderer Oppositionsparteien verantwortlich. Die SOC-Polizei unternahm dagegen nichts. In militärischer Hinsicht starteten die Regierungstruppen ihrerseits mehrere Offensiven, um die seit Unterzeichnung der Pariser Friedensabkommen an die NADK verlorenen Gebiete zurückzuerobern. In diesem Klima der Gewalt stieg auch die Kriminalität sprunghaft an, was zum Teil auf monatelange Verzögerungen bei den Soldzahlungen an Soldaten zurückzuführen war.

Trotz widriger Umstände gelang es UNTAC zwischen 5. Oktober 1992 und 31. Januar 1993, mehr als 4,7 Millionen Wähler zu registrieren. 20 Parteien wurden zur Wahl zugelassen. Die wichtigsten Parteien waren jene der Bürgerkriegsfraktionen: Die ehemals kommunistische Staatspartei des State of Cambodia trat als Cambodian Peoples Party (CPP) an, die KPNLF schickte die Buddhist Liberal Democratic Party (BLDP) ins Rennen, nur die FUNCINPEC kandidierte unter ihrem ursprünglichen Namen.

Angesichts der angespannten Sicherheitslage billigte der Sicherheitsrat nun den Vorschlag des Generalsekretärs, auf die im ursprünglichen Operationsplan vorgesehene Reduzierung der militärischen Komponente zu verzichten und stattdessen die volle Stärke bis nach den Wahlen aufrechtzuerhalten. Hauptaufgabe des Militärs war nunmehr die Sicherung der Wahlvorbereitung, des Wahlkampfes und des eigentlichen Urnengangs.

In den letzten Wochen des Wahlkampfes verschärfte sich die Situation nochmals dramatisch: Die Khmer-Rouge-Führer drohten unverhohlen damit, die Abstimmung in einem Blutbad enden zu lassen. Kein Tag verging ohne politisch motivierte Anschläge, immer öfter auch gegen UNTAC-Einrichtungen. Das zivile Wahlpersonal weigerte sich, weiter in den Kampfgebieten zu arbeiten, und musste teilweise durch Militärbeobachter ersetzt werden. Dennoch erteilten die Vereinten Nationen all jenen Stimmen, die nach einer Verschiebung der Wahl riefen, eine klare Absage. UNTAC traf vielmehr Vorbereitungen, die Wahllokale gegen mögliche Angriffe zu schützen: Verteidigungsstellungen und Bunker wurden ausgebaut, zusätzliche gepanzerte Fahrzeuge, Splitterschutzwesten und Helme beschafft, schnelle Eingreifkräfte gebildet und sechs schwer bewaffnete BLACK-HAWK-Hubschrauber aus Australien eingeflogen. In gefährdeten Gebieten verteilte man bereits abgegebene Waffen erneut an jene drei Fraktionen, die sich an der Wahl beteiligten.

Die Wahlen und ihre Auswirkungen

Die Wahlen in Kambodscha fanden zwischen 23. und 28. Mai 1993 statt. Entgegen allen Prognosen verliefen sie ohne größere Zwischenfälle. Über die Gründe für den offenbar in letzter Minute erfolgten Sinneswandel der Roten Khmer kann allerdings nur spekuliert werden. Die Wahlbeteiligung übertraf alle Erwartungen. Beinahe 90 Prozent der 4,7 Millionen registrierten Wähler gaben ihre Stimme ab. Auch das Ergebnis brachte eine Überraschung: FUNCINPEC gewann mit 58 Sitzen in der verfassunggebenden Versammlung die relative Mehrheit vor der CPP mit 51, BLDP mit zehn Sitzen und einer rechtsgerichteten Splitterpartei mit einem Sitz. Die restlichen Parteien gingen leer aus.

UNTAC-Chef Akashi erklärte die Durchführung der Wahlen sowie die Stimmauszählung als »frei und fair«, doch die CPP war nicht gewillt, ihre Macht abzugeben. Sie bestand auf der Bildung einer Koalitionsregierung mit ihrer Beteiligung. FUNCINPEC stimmte dem – nicht zuletzt unter dem Druck des Königs und

picture-alliance/dpa

UN-Soldaten aus Ghana bewachen am 24. Mai 1993 in Phnom Penh den Abtransport einer Wahlurne. Kambodscha verankerte in einer neuen Verfassung die konstitutionelle Monarchie und ein pluralistisches demokratisches System. Der frühere König Norodom Sihanouk kehrte auf den Thron zurück.

der Internationalen Gemeinschaft, die den Erfolg der Friedensmission nicht gefährdet sehen wollte – nach langem Zögern zu.
Norodom Sihanouk setzte dafür gegen heftigen Widerstand (vor
allem seitens der USA) durch, dass Kambodscha wieder eine
konstitutionelle Monarchie wurde.

Während des politischen Tauziehens gab es signifikante Entwicklungen im militärischen Bereich: Am 10. Juni 1993
beschlossen die Stabschefs der Streitkräfte der CPAF und der
zwei nichtkommunistischen Bürgerkriegsfraktionen, die in den
Pariser Abkommen vorgesehene Vereinigung ihrer Streitkräfte zu einer einzigen Armee unter der Bezeichnung Cambodian Armed Forces (CAF). Vor dem Hintergrund der staatlichen
Zahlungsunfähigkeit übernahm die UNO für die ersten Monate die Bezahlung der Soldaten (wie auch der Polizisten und
der Verwaltungsbeamten), um die innere Sicherheit des Landes
zu gewährleisten. Die Khmer Rouge nahmen unmittelbar nach
dem Ende der Wahlen ihre militärischen Aktivitäten wieder auf.
Regierungstruppen antworteten im August mit einer großange-
legten Offensive, bei der erstmals Soldaten aller drei ehemaligen
Fraktionen gemeinsam gegen die Roten Khmer vorgingen.

Am 24. September 1993 schließlich wurde Norodom Sihanouk wieder als König eingesetzt. Als erste Amtshandlung setzte er die neue Verfassung in Kraft und ernannte die neue Regierung, in der FUNCINPEC-Führer Norodom Ranariddh formell
erster, Hun Sen zweiter Premierminister wurde. Damit endete
das Mandat der UN-Übergangsverwaltung.

Bereits im August hatten die Vereinten Nationen mit dem
schrittweisen Abzug des zivilen und militärischen Personals be-
gonnen. Er wurde plangemäß mit 15. November abgeschlossen.
Auf Wunsch von König Sihanouk verblieb noch ein Team aus 50
militärischen Verbindungsoffizieren für sechs Monate im Lande.
Die weiteren Anstrengungen der internationalen Gemeinschaft
konzentrierten sich auf den zivilen Wiederaufbau und die Beobachtung der Menschenrechte.

Bilanz

Als größten Erfolg konnte sich UNTAC zweifelsohne die Vorbereitung und Durchführung der Wahlen an ihre Fahnen heften. Zwar gelang es nicht, das angestrebte »neutrale politische Umfeld« zu verwirklichen, doch der letztendlich friedliche Verlauf der Wahlen und die hohe Wahlbeteiligung waren ein eindrucksvolles Signal an die Welt, dass die kambodschanische Bevölkerung die ihr von UNTAC gebotene Chance auf einen Neubeginn wahrnahm. Allerdings wurde der Wille der Bevölkerung letztlich nicht respektiert, da die CPP ihre Machtposition nie aufgab. Selbst in den von FUNCINPEC geführten Ministerien trafen die CPP-Gefolgsleute die Entscheidungen. Heute ist Kambodscha ein Land mit rein formaler Demokratie, die sich in der regelmäßigen Abhaltung (fragwürdiger) Wahlen erschöpft und Hun Sen de facto absolute Herrschaft garantiert.

Im militärischen Bereich waren die Defizite der UNTAC besonders augenscheinlich: Es kam kein dauerhafter Waffenstillstand zustande und die Entwaffnung und Demobilisierung der Streitkräfte aller Fraktionen scheiterte. UNTAC gelang es auch nicht, eine wirksame Kontrolle der kambodschanischen Grenzen sicherzustellen. Das Scheitern der militärischen Bemühungen beeinträchtigte alle anderen Komponenten der Übergangsverwaltung und erschwerte insbesondere die Vorbereitung der Wahlen, die Reintegration der 365 000 repatriierten Flüchtlinge, die Überwachung der Zivilpolizei und der zivilen Verwaltungsstrukturen sowie die Förderung der Menschenrechte. Dennoch legte die Bildung der neuen Armee den Grundstein für die spätere Befriedung des Landes: Nach mehreren internen Spaltungen, Massendesertionen und einer Serie militärischer Niederlagen mussten die letzten verbliebenen Roten Khmer 1998 aufgeben.

Bedeutsame Langzeiteffekte des UNTAC-Einsatzes zeigten sich auch und vor allem auf wirtschaftlichem Gebiet: Die Übergangsverwaltung löste einen Wirtschaftsboom aus, und nachdem das Land eine international anerkannte Regierung hatte, flossen auch internationale Entwicklungshilfezahlungen. Heute besitzt Kambodscha eine ungleich bessere Infrastruktur als 1992, und die allgemeinen Wirtschaftsdaten der vergangenen Jahre weisen einen sehr positiven Trend auf. Allerdings gibt es auch negative Begleiterscheinungen: Der neue Wohlstand ist sehr ungleich verteilt, die Kluft zwischen Arm und Reich, zwischen Stadt und Land wird immer größer.

Zusammenfassend kann gesagt werden, dass UNTAC zwar wesentliche ihrer Ziele nicht erreicht, aber doch eine Entwicklung in Gang gesetzt hat, die längerfristig zur Beendigung des Bürgerkriegs führte und die wirtschaftliche und soziale Entwicklung Kambodschas einleitete.

Peter Hazdra

picture-alliance/dpa/Ch. Simon

In Sarajevo herrschte im Dezember 1994 Krieg. In Teilen der Stadt konnte sich die Bevölkerung nur im Laufschritt bewegen. Die sogenannte Sniper Alley beschossen serbische Scharfschützen von den umliegenden Hochhäusern aus und töteten zahlreiche Zivilisten. Sarajevo war das Ziel andauernden Artilleriebeschusses.

In Bosnien-Herzegowina kämpften seit April 1992 muslimische und kroatische bewaffnete Kräfte gemeinsam gegen die von der Jugoslawischen Armee (Vojska Jugoslavije, VJ) unterstützten Serben. Anfang 1993 brach der sogenannte Zweite Krieg zwischen Bosniaken und Kroaten aus. Von 1992 bis September 1995 starben etwa 145 000 Menschen, darunter 17 000 Kinder auf dem bosnischen Schauplatz des »Jugoslawischen Nachfolgekrieges«. Die bosnische Hauptstadt war von April 1992 bis Februar 1996 insgesamt 1425 Tage lang eingeschlossen. Heute leben im Großraum Sarajevo, der den gleichnamigen Kanton der Föderation sowie einen zur Republika Srpska gehörenden Ostteil umfasst, wieder eine halbe Million Menschen. Sarajevo, ehemals wichtiger Verwaltungssitz im Osmanischen Reich und in Österreich-Ungarn, kann auf seinem in Jahrhunderten gewachsenen kulturellen Reichtum aufbauen und nimmt Besucher durch südliches Flair und architektonische Vielfalt für sich ein.

Bosnien-Herzegowina: Von UNPROFOR zu EUFOR Althea

Unmittelbar nach den Unabhängigkeitserklärungen Sloweniens und Kroatiens im Juni 1991 versuchte die Regierung Jugoslawiens, die Auflösung des Staatswesens durch Einsatz der Jugoslawischen Volksarmee (JVA) zu verhindern. Diese bestand aus 180 000 aktiven, zumeist wehrpflichtigen Soldaten, rund 1800 Panzern, 3700 gepanzerten Kampffahrzeugen, 1000 Artilleriegeschützen sowie einer Luftwaffe von etwa 450 Kampfflugzeugen. Den ca. 20 000 Mann starken Territorialstreitkräften Sloweniens gelang es in kurzen Kämpfen Ende Juni, die JVA bereits in den Kasernen zu überraschen und durch Straßenblockaden aufzuhalten. Am 7. Juli willigte die Regierung in Belgrad in einen Waffenstillstand ein und sagte den Rückzug aus dem Territorium Sloweniens unter Aufsicht internationaler Beobachter zu.

»Antiterroreinheiten« des kroatischen Innenministeriums, die spätere Nationalgarde, übernahmen im selben Zeitraum die sich auf dem Gebiet der jugoslawischen Teilrepublik Kroatien befindlichen Territorialstreitkräfte. Der kroatische Generalstab baute mit 2500 ethnisch kroatischen ehemaligen JVA-Offizieren eine kroatische Armee (Hrvatska vojska, HV) auf. Zu diesem Zeitpunkt hielt die JVA ein Viertel des Territoriums der ehemaligen kroatischen Teilrepublik besetzt. Unter dem Namen »Republika Srpska Krajina« etablierte die Regierung in Belgrad einen serbischen Satellitenstaat in den mehrheitlich von ethnischen Serben bewohnten Gebieten Kroatiens. Über 220 000 Kroaten wurden während dieser Zeit aus der Krajina vertrieben.

Im Oktober 1991 bestand die HV aus 24 Brigaden mit über 200 000 Mann. Mit ihrer Bewaffnung von 200 Beutekampfpanzern, 150 gepanzerten Fahrzeugen, 400 Artilleriegeschützen und ohne nennenswerte Luftwaffe erwies sie sich freilich der JVA gegenüber als deutlich unterlegen. Bis Januar 1992 wuchs die HV auf 230 000 Mann in 65 Brigaden an, während die JVA in eine massive Krise geriet: Vor allem die ethnisch kroatischen und bosniakischen (Muslime) Wehrpflichtigen aus dem Gebiet Bosniens desertierten. Präsident Alija Izetbegović hatte erklärt, dass es »Recht und Pflicht« der Bürger Bosniens sei, den Dienst in den jugoslawischen Streitkräften zu verweigern. Hinzu kam, dass sich bis zum 15. Januar 1992 die europäischen Außenminister auf Betreiben der Bundesrepublik Deutschland einigten, die abtrünnigen ehemaligen jugoslawischen Teilrepubliken als selbstständige Staaten anzuerkennen. Dieses neue politische und militärische Kräfteverhältnis führte zum sogenannten 15. Waffenstillstand. Dieser beendete den Krieg zwischen JVA und HV, doch gingen die Kämpfe in Kroatien bzw. zwischen Serben und Kroaten weiter – bald als eine Art Stellvertreterkrieg in Bosnien-Herzegowina.

Verlagerung des Krieges nach Bosnien-Herzegowina

In Bosnien-Herzegowina wurde im Dezember 1991 nach dem Vorbild der »Republika Srpska Krajina« (Kroatien) die »Republika Srpska« als autonomes Serbengebiet unter Führung von Radovan Karadžić ausgerufen. Beiden Gebietseinheiten blieb jedoch die staatliche Anerkennung versagt. Mit UN-Sicherheitsratsresolution 743 etablierte die Völkergemeinschaft die United Nations Protection Force UNPROFOR (Croatia). Diese überwachte den Rückzug der JVA aus Kroatien, konnte jedoch beispielsweise nicht verhindern, dass der Generalstabschef des 9. JVA-Korps (Knin), Ratko Mladić, dem Kommandeur der serbischen Territorialstreitkräfte in der Krajina Offiziere unterstellte und schwere Waffen überließ. Während die regulären jugoslawischen Streitkräfte abzogen, terrorisierten paramilitärische Verbände die Bevölkerung. Als Kämpfer für eine radikale, großserbische Ideologie traten die als »Tiger« bekannte »Serbische Freiwilligengarde« unter Željko Ražnatović (»Arkan«), die »Serbische Tschetnikbewegung« unter Vojislav Šešelj oder die »Weißen Adler« unter Mirko Jović auf.

Die aus Kroatien zurückgezogenen Korps wurden in der Bosnischen Krajina, in Tuzla, Derventa und Brčko stationiert. Oberst Mladić erhielt den Titel eines Befehlshabers der Streitkräfte der Republika Srpska (Vojska Republike Srpske, VRS). Im April kämpften auf der serbischen Seite in Bosnien-Herzegowina etwa 90 000 Mann mit rund 8000 Kampfpanzern und 4000 Geschützen, dazu etwa 100 Kampfflugzeugen sowie 50 Hubschraubern. Zur selben Zeit übernahmen gegenüber Izetbegović loyale Offiziere die Territorialstreitkräfte Bosnien-Herzegowinas mit rund 75 000 Mann. Diese bildeten gemeinsam mit den rund 35 000 »Grünen Baretten« der »Patriotska Liga« (Parteimiliz der Izetbegović-Partei SDA) die Armija Republike Bosne i Herzegovine (ARBiH). Die meist aus ethnischen Bosniaken bestehenden leichten Infanterieverbände formten ihrem Selbstverständnis nach eine reguläre Armee der Republik Bosnien-Herzegowina, die am 6. April 1992 von den Mitgliedstaaten der Europäischen Gemeinschaft anerkannt worden war.

Am 7. April erklärte sich die Republika Srpska für unabhängig, und am 8. April formierten sich auch im autonomen Kroatengebiet »Herzeg-Bosna« eigene Streitkräfte, die Hrvatsko Vijeće Odbrane (HVO) mit 20 000 Mann unter General Milivoj Petković und mit direkten Verbindungen nach Zagreb. In der Gegend um die bosnische Hauptstadt Sarajevo kämpften ARBiH und HVO gemeinsam gegen die JVA (ab Mai Vojska Jugoslavije, VJ); bei Mostar traten Kroaten gegen Serben an und um Zvornik lieferten sich serbische und bosniakische Milizen heftige Gefechte. Srebrenica wurde von serbischen Truppen eingeschlossen. Im Juni weiteten die Vereinten Nationen das Mandat der UNPROFOR auf Bosnien-Herzegowina aus. Das UN-Flüchtlingshilfswerk (UNHCR) begann eine Luftbrücke zur Versorgung der inzwischen eingeschlossenen Bevölkerung Sarajevos zu koordinieren.

Luftbrücke und Waffenembargo

Anfang der 1990er-Jahre befand sich die Bundeswehr mitten in einer Phase der Umgliederung und Reduzierung nach Auflösung bzw. Integration der Nationalen Volksarmee. Einen Einsatz deutscher Blauhelme lehnte die Bundesregierung schon aus diesem Grund ab, darüber hinaus aber auch wegen der historischen Bürde des Zweiten Weltkrieges – speziell in Jugoslawien. Rechtlich schuf erst das »Out-of-area-Urteil« des Bundesverfassungsgerichtes vom 12. Juli 1994 die Voraussetzungen für eine Beteiligung deutscher Soldaten am Einsatz in Ex-Jugoslawien, indem es friedenserhaltende und friedensschaffende Missionen der Bundeswehr im Rahmen der Vereinten Nationen auf der Grundlage des Grundgesetzes, des NATO- und des WEU-Vertrages für zulässig erklärte.

Vor diesem Hintergrund erhielt UNPROFOR kein deutsches Truppenkontingent. An UNPROFOR I beteiligte sich die Bundesrepublik Deutschland jedoch bereits mit der materiellen Ausrüstung von Nepalesen und Kenianern und an UNPROFOR II durch jene der Soldaten aus Pakistan und Bangladesch. Die Hilfe aus Deutschland umfasste Waffen, Gerät, Munition und persönliche Ausrüstungsgegenstände aus den Beständen der ehemaligen Nationalen Volksarmee. Darüber hinaus übernahm die Bundeswehr Luft- und Landtransporte für die Rotation dieser Kontingente sowie deren Materialnachschub.

Vom 4. Juli 1992 bis 9. Januar 1996 nahm die Luftwaffe mit bis zu sechs C-160 Transall an der Versorgung Sarajevos aus der Luft teil. Zwei Flüge pro Tag und Maschine von Falconara (Italien) nach Sarajevo mit jeweils acht Tonnen Hilfsgütern machten zwar nur einen kleinen Teil des transportierten Gesamtvolumens von insgesamt 6600 Tonnen aus. Dies schmälert indes nicht die persönliche Leistung der Besatzungen, zumal angesichts Heckenschützen und serbischer Flugabwehr dieser humanitäre Einsatz, der letztendlich den Fall der belagerten bosnischen Hauptstadt verhinderte, mit erheblichem persönlichem Risiko verbunden war.

Als Folge der UN-Resolutionen gegen das ehemalige Jugoslawien begannen sowohl die NATO als auch die Westeuropäische Union (WEU) mit Überwachungsoperationen in der Adria zur Durchsetzung eines Handelsembargos. An der Operation Sharp Vigilance der WEU nahm die Deutsche Marine mit drei auf Sardinien stationierten Aufklärungsflugzeugen Bréguet Atlantic teil. Hinzu kamen Zolleinheiten auf der Donau. Für den NATO-Einsatz Maritime Monitor stellte die Marine durchgehend rund 400 Soldaten auf zwei Zerstörern bzw. Fregatten. Erstes Schiff der Deutschen Marine im Einsatz in der Adria war der Zerstörer »Bayern« der Hamburg-Klasse. Seit Ende November 1992 operierten die Marinen dort mit erweiterten Boarding- und Durchsuchungsbefugnissen. Operationen mit den Bezeichnungen MARITIME GUARD (NATO) und SHARP FENCE (WEU) verliefen zwar parallel, wurden jedoch untereinander koordiniert.

Die Einsätze von Luftwaffe und Marine wirkten sich direkt auf den Verlauf des Krieges aus. Kritiker merkten an, dass die Luftbrücke nach Sarajevo der ARBiH zugute gekommen sei, während das Waffenembargo vor allem der serbischen Seite (VJ und VRS) genutzt habe, da diese bereits über schwere Waffen verfügte. Absolute Neutralität erwies sich auch in diesem Fall als unmöglich: Jede Art von Eingreifen oder Nicht-Eingreifen in bewaffneten Konflikten wirkt sich auf das Kräfteverhältnis vor Ort aus.

Folgen der serbischen Herbstoffensive

Entsprechend der militärischen Kräfteverhältnisse entwickelte sich auch die Lage in Bosnien-Herzegowina. Im Herbst 1992 gelang es der VRS, die kroatischen HV- und HVO-Verbände zum Rückzug aus Bosanski Brod zu zwingen und somit von bosnischem Gebiet zu vertreiben. Die Städte Bihać, Doboj, Maglaj, Sarajevo, Travnik, Tuzla und Zenica, die kaum über Fliegerabwehr verfügten, wurden massiv mit Artillerie und aus der Luft angegriffen. Ende des Jahres beherrschten die Serben 70 Prozent des Territoriums von Bosnien-Herzegowina, während sich die größeren Städte nach wie vor unter kroatischer oder bosniakischer Kontrolle befanden. Infolge des sogenannten Vance-Owen-Plans, der vorsah, Bosnien-Herzegowina in zehn jeweils durch eine Führungsnation (Serben, Kroaten, Bosniaken) beherrschte Provinzen aufzuteilen, versuchte der kroatische Verteidigungsminister in Bosnien-Herzegowina die ARBiH-Verbände der HVO zu unterstellen. Dies führte zum sogenannten »Krieg im Krieg« zwischen Kroaten und Bosniaken in Zentralbosnien. Mit nunmehr zwei Gegnern konfrontiert, mussten bosniakische Einheiten im April 1993 bei Cerska, Kamenica und Srebrenica schwere Verluste hinnehmen. Die Staatengemeinschaft reagierte auf den zunehmenden Exodus von Bosniaken mit der UN-Sicherheitsratsresolution 816. Diese erklärte die eingeschlossenen Städte Bihać, Goražde, Sarajevo, Srebrenica, Tuzla und Žepa zu »safe areas« (Schutzzonen).

NATO-Operationen Deny Flight und Sharp Guard

Darüber hinaus wurde die NATO autorisiert, in einer »No Flight Zone« (NFZ) das Flugverbot gewaltsam durchzusetzen. Am 12. April 1993 begann die Operation DENY FLIGHT. Diese richtete sich in erster Linie gegen die serbische Luftwaffe und Heeresflieger. Zu diesem Zeitpunkt besaßen diese eindeutig die Luftüberlegenheit über Bosnien-Herzegowina und bestimmten das Kampfgeschehen. Erst nachdem die U.S. Air Force sechs Maschinen vom Typ GALEB/JASTREB beim Abwerfen von Bomben über Novi Travnik aufgeklärt und vier abgeschossen hatte, respektierten die VJ bzw. VRS die Flugverbotszone weitestgehend.

Seit Herbst 1992 beteiligten sich auch deutsche Besatzungsmitglieder der fliegenden Luftraumaufklärung und Einsatzleitzentrale AWACS (Airborne Early Warning and Control System) an der kontinuierlichen Beobachtung des Konfliktgebietes. Im Rahmen der Aufklärungsflüge über Bosnien-Herzegowina kamen mehr als 160 Soldaten der Luftwaffe zum Einsatz, und bei der Operation DENY FLIGHT 484 deutsche Soldaten – die deutschen Besatzungsanteile der AWACS mitgerechnet. Von März 1993 bis 19. August 1995 versorgte die Luftwaffe darüber hinaus gemeinsam mit den Luftstreitkräften Frankreichs und Großbritanniens die eingeschlossene Bevölkerung Žepas und Srebrenicas durch den Abwurf von Hilfsgütern.

Im Juni 1993 verschärfte der Sicherheitsrat der Vereinten Nationen nach dreiwöchigen serbischen Angriffen auf die zuvor zur »safe area« erklärte Stadt Žepa das Embargo gegen Jugoslawien (UN/SC 820). NATO und WEU verständigten sich auf ein kombiniertes Vorgehen. Dieses sah die Vereinigung der bis dato getrennten Operationen unter dem Kommando von Admiral Mario Angeli als Kommandeur der »Combined Task Force 440« vor. Zwei operative »Task Groups« kreuzten in der Adria. Zuletzt (1994–1996) wurde eine dieser Task Groups, die NATO Standing Force Mediterranean, vom deutschen Flotillenadmiral Frank Ropers geführt. Die Embargoüberwachung Operation SHARP GUARD dauerte bis 18. Juni 1996 an. Für diese Zeit liegt kein einziger Bericht eines erfolgreichen Blockadebruches vor.

Insgesamt wurden 74 000 Schiffe überwacht, nahezu 6000 auf See inspiziert und 1400 in Häfen geleitet und dort durchsucht.

Operation Deliberate Force und die Rapid Reaction Force

Nach dem Angriff auf die Stadt Žepa und der fortdauernden Belagerung Sarajevos beschloss die NATO, auf Anfrage der Vereinten Nationen Luftschläge gegen solche Ziele durchzuführen, die die Sicherheit der UN-Schutzzonen bedrohten. Zur effektiven Durchsetzung des Schutzzonenkonzeptes beschloss der Nordatlantikrat im April 1994, dass ein Umkreis von 20 Kilometern als »military exclusion zones« auszuweisen und notfalls mit militärischen Mitteln zu sichern sei. Nach der serbischen Offensive gegen Goražde erklärte die NATO erstmals solch eine Zone. Am 5. August bekämpfte die U.S. Air Force ein 76-mm-Geschütz der VRS. Im November antwortete die NATO auf Luftangriffe gegen Bihać mit der Bombardierung des serbischen Flugfeldes in Udbina (Krajina). Obwohl im UN-Sicherheitsrat China und Russland eine von den NATO-Staaten geforderte entsprechende UN-Resolution verhinderten, einigten sich NATO und UN im Oktober 1994 über die Durchführung gezielter Luftschläge. Diese verhinderte vor Ort allerdings immer wieder der Missbrauch gefangener UN-Angehöriger als »menschliche Schutzschilde«. Vielen Beobachtern galt UNPROFOR zu diesem Zeitpunkt als gescheiterte Operation.

Die Bundesregierung beschloss am 20. Dezember 1994, der NATO ein deutsches Kontingent von 2000 Soldaten sowie bis zu 14 Tornados für eine eventuelle Evakuierung der UNPROFOR zur Verfügung zu stellen. Ende Mai 1995 hielt die VRS 300 UN-Angehörige als Geiseln fest. Der Generalstabschef der VRS, Ratko Mladić, drohte mit deren Ermordung im Falle einer Fortführung der NATO-Luftschläge. Spätestens in dieser Situation wurde deutlich, dass den Möglichkeiten des Schutzes der Zivilbevölkerung und der UNPROFOR in den »safe areas« lediglich aus der Luft Grenzen zu setzen waren. Während des serbischen Angriffes auf Srebrenica mussten jedoch entsprechende Flüge unterbleiben, da die VRS drohte, im Falle eines Lufteinsatzes der

NATO 30 zuvor gefangen genommene niederländische UNPRO-FOR-Soldaten zu erschießen. Die »safe area« Srebrenica fiel am 11. Juli 1995. Das folgende Massaker an etwa 8000 in der Stadt verbliebenen Männern und Jungen ist hinreichend belegt.

Die serbische Taktik, UNPROFOR-Soldaten als Geiseln zu nehmen und damit den Einsatz der NATO-Luftwaffen zu verhindern, war nur wenige Tage später auch in Žepa zu beobachten. Und als dann am 28. August massivem serbischem Artilleriebeschuss in Sarajevo 38 Menschen zum Opfer fielen und sich die schrecklichen Ereignisse von Srebrenica und Žepa nun auch in der belagerten Hauptstadt zu wiederholen drohten, beschloss die NATO den Einsatz von Luftstreitkräften gegen serbische militärische Ziele um Sarajevo sowie in Tuzla und Pale (Operation Deliberate Force). Am 7. August 1995 flogen die ersten von insgesamt 14 deutschen ECR-Tornados (Electronic Combat Reconnaissance) ihre Aufklärungsmissionen. Bereits im Juni hatten sich EU und NATO über die Aufstellung einer »Rapid Reaction Force« aus allen drei Teilstreitkräften geeinigt. Die Bundeswehr beteiligte sich mit insgesamt 530 Soldaten des Heeres, 550 der Marine und 650 der Luftwaffe. Sie stellte im Rahmen der United Nations Protection Force (UNPTF) wesentliche Anteile eines deutsch-französischen Feldlazaretts in Trogir (Kroatien).

IFOR, SFOR und EUFOR

Die Kampfeinsätze der NATO-Luftwaffen brachten die Konfliktparteien an den Verhandlungstisch. Die bosnischen Serbengenerale Radovan Karadžić und Ratko Mladić sowie die Führung in Belgrad unter Slobodan Milošević lenkten ein und stimmten letztendlich einem Rückzug ihrer Truppen bei Sarajevo zu. Am 14. Dezember unterzeichneten die Präsidenten Bosnien-Herzegowinas, Kroatiens und Jugoslawiens in Paris das »General Framework Agreement for Peace in Bosnia and Herzegovina« – das nach dem Verhandlungsort benannte Abkommen von Dayton. Mit UN-Sicherheitsratsresolution 1031 löste eine mit einem robusten Mandat ausgestattete Implementation Force (IFOR) die UNPROFOR ab. Deren wichtigste Aufträge bestanden in der Überwachung des Waffenstillstandes sowie des Rückzugs schwerer Waffen und der

Am 14. Dezember 1995 wurde in Paris das Abkommen von Dayton formell in Kraft gesetzt. Slobodan Milošević (Bundesrepublik Jugoslawien), Franjo Tudjman (Kroatien) und Alija Izetbegović (Bosnien-Herzegowina) unterzeichneten im Beisein von Felipe González (Spanien), Bill Clinton (USA), Jacques Chirac (Frankreich), Helmut Kohl (Deutschland), John Major (Großbritannien) und Wiktor Tschernomyrdin (Russland) den Friedensvertrag.

Entflechtung der Truppenverbände mit Hilfe einer Friedensplanlinie, der sogenannten Inter-Entity Boundary Line (IEBL).

Die IFOR-Truppen inspizierten mehr als 800 Orte auf der Suche nach schweren Waffen, machten etwa 2500 Kilometer verminte Straßen passierbar und setzten über 60 zerstörte Brücken instand. Neben der Wiederherstellung der grundlegenden Infrastruktur (Flugplatz Sarajevo, Eisenbahnnetz, Straßen, Telefonnetz) sicherte die IFOR im September 1996 die ersten freien Wahlen in Bosnien-Herzegowina ab. Versorgung, Flüchtlingsrückkehr und ziviler Wiederaufbau durch verschiedene Nichtregierungsorganisationen und nicht zuletzt die Dokumentation von Kriegsverbrechen wurden überhaupt erst durch den Einsatz der 60 000 IFOR-Soldaten möglich.

Die Bundeswehr stellte 2600 Männer und Frauen im deutschen Kontingent (GECONIFOR). Dieses gliederte sich in vier Einsatzverbände (Transport-, Einsatzunterstützungs-, Pionier- und Heeresfliegereinsatzverband). Das UNPT-Feldlazarett in Trogir wurde Teil der IFOR. Mit ihren Sicherungskompanien (Panzeraufklärer und Gebirgsjäger auf Radpanzer Luchs bzw. Fuchs) verfügten die Einsatzverbände auch über Kampftruppen. Die Operationen von Marine und Luftwaffe dauerten – nun als Teil der IFOR – weiter an.

Am 12. Dezember 1996 autorisierte UN-Sicherheitsratsresolution 1088 die Ablösung der IFOR durch eine stark reduzierte »Stabilization Force« (SFOR). Die Einsätze in der Adria sowie die Aufklärungsflüge der Luftwaffe wurden beendet. Die Stärke der SFOR lag nun bei 32 000 Soldaten. Die NATO hatte für die SFOR-Mission (nach wie vor unter der Bezeichnung »Joint Guard«) ursprünglich eine Dauer von 18 Monaten vorgesehen.

Der Vertrag von Dayton

Der Vertrag von Dayton mit der komplizierten Bezeichnung »The General Framework Agreement for Peace in Bosnia and Herzegovina«, unter Vermittlung der USA und der EU am 21. November 1995 paraphiert, bildet die Grundlage für den heutigen Staat Bosnien-Herzegowina. Im Wesentlichen beinhaltet er die gegenseitige Anerkennung der Staaten Bosnien-Herzegowina, Kroatien und Jugoslawien untereinander und die Respektierung der in elf Anhängen (engl. annexes) zum Vertrag geregelten Einzelbestimmungen, wie die Etablierung der Teilstaaten (engl. entities) Republika Srpska (RS) und Federacija Bosne i Hercegovine (Föderation). Letztere wurde wiederum in Kantone aufgeteilt, in der jeweils Kroaten oder Bosniaken die Bevölkerungsmehrheit bildeten. Die Konfliktparteien waren durch eine Teilstaatgrenze oder Friedensplanlinie (Inter-Entity Boundary Line, IEBL) getrennt.

Annex 1 regelt die militärischen Aspekte des Friedens von Dayton. Diese beinhalten den Waffenstillstand, die Demobilisierung bzw. den Rückzug der Kriegsparteien, die Ablösung der United Nations Protection Force (UNPROFOR) durch den Einsatz der Implementation Force (IFOR) und den Austausch von Kriegsgefangenen. Annex 3 befasst sich mit der Demokratisierung, der Durchführung und Überwachung von Wahlen durch die OSZE, Annex 4 enthält die Verfassung des neuen Staates Bosnien-Herzegowina einschließlich der Grundrechte.

Einen zentralen Punkt des Abkommens stellt die Flüchtlings- und Vertriebenenrückkehr (Annex 7) als Aufgabe des United Nations High Commissioner for Refugees (UNHCR) dar. Zur zivilen Implementierung des Vertrages schafft Annex 10 das Amt eines High Representative, welcher durch sein Büro (Office of the High Representative, OHR) unterstützt wird, und die höchste Autorität zur Auslegung der zivilen Bestimmungen darstellt. Annex 11 etabliert internationale Polizeikräfte als International Police Task Force (IPTF).

Abkommen von Dayton und Waffenstillstandslinien 24.11.1995

– – – – Grenzziehung laut Dayton-Abkommen (Federacija Bosne i Hercegovine bzw. Republika Srpska)

☐ zum Zeitpunkt des Waffenstillstandes unter Kontrolle der muslimisch-kroatischen Föderation

☐ serbisch kontrollierte Gebiete zum Zeitpunkt des Waffenstillstandes

❶ ungeteilte Hauptstadt Sarajevo

❷ Posavina-Korridor, eine internationale Schiedskommission legt seine Größe fest

❸ Die Serben erhalten die im Sommer 1995 verlorenen Gebiete Mrkonjić Grad und Šipovo zurück

❹ Die ehemaligen Schutzzonen Srebrenica und Žepa bleiben bei den bosnischen Serben

❺ Ein Korridor verbindet die Föderation mit ihrer Stadt Goražde

Quelle: UNCHR.
© Ing.-Büro für Kartographie J. Zwick, Gießen / MGFA

0   25   50   75 km

MGFA
06216-01

Die Operation lief jedoch unter abgestufter Reduzierung der Truppenstärke (2000: 24 000 Soldaten; 2004: 7000 Soldaten) als Operation JOINT FORGE bis Dezember 2004 weiter. Der Anteil der Bundeswehr stieg dabei an; Deutschland stellte zeitweise bis zu 3300 Heeressoldaten, von denen etwa 2400 in Bosnien-Herzegowina – zumeist in Rajlovac bei Sarajevo – stationiert wurden. Im Wesentlichen spiegelten die deutschen SFOR-Kontingente die bereits im GECONIFOR vorhandenen Fähigkeiten wieder. Neu war der Einsatz jeweils einer Drohnenbatterie CL-289 bis 1999, um die durch den Abzug der TORNADOS entstandene Lücke in der Luftaufklärung auszugleichen.

EUFOR Althea

Mit EUFOR ALTHEA übernahm die EU im Dezember 2004 den Bosnien-Einsatz von der NATO. Damit sollte der beruhigten Lage im Land Rechnung getragen werden. Aber auch der Wille der Europäischen Union, vor der eigenen Haustüre Flagge zu zeigen, sowie die neue Gemeinsame Außen- und Sicherheitspolitik (GASP) spielten eine wichtige Rolle. Für Bosnien-Herzegowina schließlich verband sich der Wechsel mit der Hoffnung auf eine Heranführung an die Union und eine spätere EU-Mitgliedschaft.

EUFOR unterschied sich vom letzten SFOR-Kontingent nicht nur durch seine reduzierte Stärke von 6300 Soldaten, sondern auch durch ein Anwachsen der zivilen und polizeilichen Komponente. Bis 2007 gliederte sich EUFOR ALTHEA in drei multinationale »Task Forces« mit jeweils 1000 bis 1400 Soldaten in Tuzla, Banja Luka und Mostar. Hinzu kamen etwa 500 Militärpolizisten in einer »Integrated Police Unit« (IPU) in Sarajevo sowie 2000 in »Liaison and Observation Teams« (LOT) überall im ganzen Land eingesetzte Beobachter, untergebracht in angemieteten Wohnhäusern. Die Bundeswehr stellte in dieser Struktur etwa 900 Soldaten. Ab Februar 2007 gliederte sich EUFOR ALTHEA um. Die Truppenstärke war inzwischen auf etwa 2000 Soldaten reduziert worden. Die multinationalen Task Forces wurden aufgelöst und durch ein einziges Bataillon im Camp Butmir in Sarajevo ersetzt. Mit den LOT blieb jedoch die Präsenz der Truppe in der Fläche erhalten, nun gesteuert durch »Regional Coordination Centres« (RCC) in Sarajevo, Tuzla, Banja Luka, Mostar und Zenica. Die IPU wurde in zwei Einsatzkompanien mit Gendarmeriekräften sowie ein aus sieben Untersuchungsteams bestehendes und zu verdeckten Ermittlungen und Antiterroroperationen befähigtes »Spezialelement« umgewandelt. Das deutsche Kontingent besteht derzeit aus etwa 130 Soldaten, wobei RCC- und LOT-Häuser in Sarajevo, Goražde, Konjic und Foča unterhalten werden.

In 17 Jahren wandelte sich die Gestalt des Bundeswehreinsatzes in Bosnien-Herzegowina von luftgestützten Aufklärungsflügen und seegestützter Blockadeüberwachung über die »Show of Force« gepanzerter Einsatzverbände des Heeres bis hin zur Präsenz leicht bewaffneter, mit der Bevölkerung in engem Kontakt stehender Verbindungselemente. Galt es 1995 die Konfliktparteien zum Frieden zu zwingen, so stehen heute die Vermittlung, der Kampf gegen die Organisierte Kriminalität und der Wiederaufbau im Vordergrund.

Bosnien-Herzegowina steht exemplarisch für den Umgang mit den »neuen Kriegen«, die sich nach Ende des Kalten Krieges in einem veränderten Sicherheitsumfeld vollziehen. Der Friedensprozess auf dem Balkan ist langwierig, komplex und noch nicht abgeschlossen. Nur kluge politische Entscheidungen können den bis heute notwendigen Einsatz militärischer Mittel hoffentlich bald unnötig machen.

Agilolf Keßelring

Am 17. Februar 2008 proklamierte das Parlament des faktischen UN-Protektorats die staatliche Unabhängigkeit Kosovos. Ministerpräsident Hashim Thaçi (im Bild links, gemeinsam mit Präsident Fatmir Sejdiu und Jakup Krasniqi, Generalsekretär der aus der albanischen »Befreiungsarmee Kosovo«, UÇK, hervorgegangenen Demokratischen Partei, PDK, rechts am Rednerpult) sagte in der vom Fernsehen und von Lautsprechern übertragenen Sondersitzung der Volksvertretung: »Von heute an ist das Kosovo stolz, unabhängig und frei. Das Kosovo wird nie wieder von Belgrad beherrscht. Es wird ein demokratischer und multiethnischer Staat sein.«

Knapp 96 Jahre nach der Eroberung des osmanischen Gebietes durch die serbische Armee und fast neun Jahre nach dem Abzug jugoslawischer Truppen aus der Region infolge der NATO-Luftschläge 1999 ging damit der sechste unabhängige Staat aus Titos zerfallenem Vielvölkerreich hervor, weiterhin begleitet durch die seit 1999 vor Ort befindliche KFOR bzw. die Übergangsverwaltung der Vereinten Nationen UNMIK. Die kosovarischen Abgeordneten verpflichteten sich in ihrer Proklamation zur Verwirklichung des sogenannten Ahtisaari-Plans für eine überwachte Unabhängigkeit. Darin ist ein Katalog an Rechten für die serbische Volksgruppe und andere Minderheiten verankert. Abgeordnete der serbischen Minderheit blieben der Sitzung jedoch fern.

Der Krieg der NATO gegen Jugoslawien und der Einsatz im Kosovo 1998/99

Die Entwicklungen im Kosovo während der 1990er-Jahre und auch die Reaktionen der NATO bleiben unverständlich ohne die Kenntnis von deren Vorgeschichte in Bosnien-Herzegowina. Die »Kosovo-Frage«, also der territoriale Streit zwischen Serben und Albanern um das Gebiet der heutigen Republik Kosovo, lässt sich bis in das 19. Jahrhundert zurückverfolgen. Immer wieder kam der Konflikt auch in Form bewaffneter Auseinandersetzungen zum Ausdruck.

Der Zerfall Jugoslawiens bei gleichzeitiger (Re-)Nationalisierung der Politik zeigte sich im Kosovo bereits 1981, als bei Studenten- und Arbeiterprotesten die dortige albanische Mehrheitsbevölkerung eine eigene Teilrepublik Kosovo in Jugoslawien und teilweise auch eine »Wiedervereinigung« mit Albanien forderte. Die Demonstranten nahmen Bezug auf die am 10. Juni 1878 gegründete »Liga von Prizren«, die 1881 durch türkisches Militär aufgelöst worden war: Der Zusammenschluss von Intellektuellen, die Autonomie für die albanischen Gebiete des Osmanischen Reiches forderten, gilt als Ursprung der albanischen Nationalbewegung. Nachdem serbische Polizeikräfte 35 Studenten in Prishtina verletzten, entflammten im ganzen Kosovo sowie in Preševo und den albanischen Gebieten Mazedoniens nationale Proteste, welche nach Verhängung des Kriegsrechtes durch die Jugoslawische Volksarmee (JVA) blutig niedergeschlagen wurden. Amnesty International berichtete von 300 Toten, albanische Quellen von etwa 1000.

1989 hob Belgrad den Autonomiestatus der serbischen Provinz »Kosovo und Metochien« (KOSMET) auf. Etwa ein Jahr später rief Ibrahim Rugova, Literaturprofessor und Gründer der »Demokratischen Liga«, die »Republik Kosova« aus – freilich noch im Rahmen des jugoslawischen Staates. Anders als die jugoslawischen Teilrepubliken Slowenien, Kroatien und Bosnien-Herzegowina, denen man ein erhebliches Maß an Autonomie zubilligte, verfügte Kosovo aber über keine eigenen territorialen Streitkräfte. Der gewaltlose Kurs Rugovas erklärt sich zu weiten Teilen aus dieser Tatsache.

Kosovos »Premierminister« Bujar Bukoshi betrieb seit 1990 die Aufstellung ebensolcher territorialer Verbände, der »Armatosura të Republikës së Kosovës« (FARK). Bis 1993 verhaftete die serbische Polizei deren Führung. Das zur Finanzierung der FARK eingerichtete System der »homeland funds«, eine freiwillige Steuer der Kosovoalbaner in der amerikanischen und europäischen Diaspora, kam nun der etwa zeitgleich entstehenden Kosovo Befreiungsarmee (Ushtria Çlirimtare e Kosovës, UÇK) zugute.

Während die Jugoslawische Volksarmee in der kroatischen Krajina kämpfte, erklärte die Republik Kosovo im Oktober 1991 nach dem Muster Sloweniens und Kroatiens – und noch vor Bosnien-Herzegowina – ihre Unabhängigkeit. In Bosnien-Herzegowina war bereits der Krieg ausgebrochen, als die – lediglich von Albanien anerkannte – Republik Kosovo Wahlen durchführte, boykottiert von der serbischen Minderheit. Ibrahim Rugova setzte sich als Präsident durch. Als eine seiner ersten Amtshandlungen beantragte er bei den Vereinten Nationen eine Ausweitung der UNPROFOR auf das Kosovo. Da Kosovo aber, anders als Slowenien, Kroatien und Bosnien, als Staat nicht anerkannt worden war, und mit dem serbischen Präsidenten Slobodan Milošević eine einvernehmliche Lösung für Bosnien-Herzegowina gesucht wurde, blieb diese Forderung unerfüllt. Auch vier Jahre später waren Rücksichten auf serbische Befindlichkeiten der Hauptgrund dafür, dass die Kosovo-Frage bei den Verhandlungen in Dayton (1995) ausgeklammert wurde.

Eskalation im Kosovo

Der Einsatz der NATO Implementation Force (IFOR) in Bosnien-Herzegowina beendete die dortigen Gewalttakte. Viele der 1991 in der Krajina rekrutierten und in Ostbosnien (Srebrenica, Žepa) eingesetzten serbischen Freischärler fanden ihren Weg in die Antiterroreinheiten (ATJ) der über 110 000 Mann starken und vor allem im Kosovo operierenden schweren Polizeikräfte des serbischen Innenministeriums (Ministarvo Unutrasnjih Poslova, MUP). Im westlichen Exil bildete sich gleichzeitig die radikale UÇK heraus, welche die Unabhängigkeit des Kosovo nach dem Muster der IRA in Nordirland gewaltsam voranzubringen trachtete und in ihren Bekennerschreiben Bezug auf die traditionellen kosovoalbanischen Formen des Widerstandes (Kaçak-Bewegung) nahm. Nach Anschlägen vor allem gegen die serbische MUP, aber auch gegen albanische »Kollaborateure«, trat die UÇK 1997 erstmals öffentlich auf. Ihrem politischem Arm gelang es, 150 000 Demonstranten gegen Serbien auf die Straße zu bringen. Die Macht der UÇK stieg deutlich an, als die albanische Armee infolge der sogenannten Pyramidenkrise zusammenbrach. Dubiose Anlagegesellschaften hatten in großem Stil privates Kapital vernichtet und damit die Gefahr des Staatszerfalls heraufbeschworen. Handfeuerwaffen konnten unter diesen Umständen günstig im Nachbarland beschafft werden.

Als die UÇK vier serbische Polizisten ermordete, setzte Slobodan Milošević neben der MUP auch VJ-Einheiten mit »Bosnienerfahrung« gegen die aufständischen Albaner ein. Im März 1998 griffen diese Truppen im Drenicagebiet (dem Kernland der UÇK) den Hof des UÇK-Gründers Adem Jashari an und töteten 58 ihm nahe stehende Personen, darunter 18 Frauen und zehn Kinder unter 16 Jahren. Insgesamt fanden mehr als 100 Kosovoalbaner den Tod. Dieses als Drenica-Massaker bekannt gewordene, unverhältnismäßig brutale Vorgehen der serbischen und jugoslawischen Einsatzkräfte führte indes keineswegs zur Niederschlagung der UÇK, sondern im Gegenteil zu einer Popularisierung ihrer Ziele. Adem Jashari, der mit seiner Familie im Kampf gegen die serbische Übermacht den Tod fand, wurde zur Ikone des kosovoalbanischen Widerstandes, dem es nachzueifern galt. So wuchs durch die serbische Gewaltpolitik beispielsweise die UÇK in Malishevë (serb. Mališevo) von Mai bis Juli 1998 von einer konspirativen Gruppe mit sieben Mitgliedern zu einer UÇK-Brigade von 2000 Kämpfern an.

Verifikation und militärische Gewalt

Während Rugova erfolglos mit Milošević verhandelte und sich damit in den Augen vieler Kosovoalbaner kompromittierte, verzeichnete die UÇK Erfolge. Bereits das Drenica-Massaker hatte die Aufmerksamkeit der Staatengemeinschaft auf das Kosovo gelenkt. Auf die serbische Offensive im Westkosovo antworteten die USA und die EU-Staaten nun mit Sanktionen gegen Jugoslawien. Die NATO führte in Mazedonien und Albanien das Luftmanöver DETERMINED FALCON mit 84 Flugzeugen durch. Wenig später traf sich der amerikanische Sondergesandte Richard Holbrooke mit UÇK-Vertreten im Westkosovo. Durch diese Demonstration der Stärke gelang es, eine 200 Personen starke Kosovo Diplomatic Observer Mission (KDOM) durchzusetzen.

Nachfolgestaaten auf dem Gebiet des ehemaligen Jugoslawiens 2008.

Im September 1998 nahmen die Kämpfe zwischen VJ, MUP und UÇK an Intensität zu. Im Sommer war die UÇK aufgrund des starken Zulaufs von Rekruten dazu übergegangen, die Guerillataktik durch offenen Kampf um Ortschaften zu ersetzen. Dies hing auch damit zusammen, dass serbische Truppen vermehrt gegen die Zivilbevölkerung vorgingen, und die UÇK dies mittels Guerillataktik nicht verhindern konnte. Insgesamt vermochte die UÇK der VJ gegenüber freilich kaum erfolgreichen Widerstand zu leisten. Dies erlaubten weder ihre mangelhafte Ausrüstung nur mit Handfeuerwaffen noch ihr Ausbildungsstand, der die Planung und Führung zusammenhängender Gefechtshandlungen höchstens bis zur Kompanieebene ermöglichte. Im September 1998 hatten VJ und MUP bereits über 100 Dörfer im Kosovo zerstört. Mehr als 280 000 kosovoalbanische Flüchtlinge wurden zu diesem Zeitpunkt in Albanien und Mazedonien registriert. Hinzu kamen etwa 50 000 Binnenflüchtlinge in den Bergen und Wäldern des Kosovo.

In dieser Lage forderte die UN-Sicherheitsratsresolution 1199 vom 23. September 1998 die sofortige Einstellung der Feindseligkeiten zwischen serbischen und albanischen Gruppen im Kosovo, den Abzug der VJ und MUP sowie die Rückkehr aller Flüchtlinge. Die NATO verlieh dieser Resolution Wirksamkeit durch die erste Stufe der Mobilmachung ihrer Luftstreitkräfte (Activation Order – ACTORD for Limited Air Response and Phased Air Operations). Die deutsche Luftwaffe zeigte hierfür verbindlich 14 Aufklärungs- und ECR-Tornados (Electronic Combat Reconnaissance) an.

Slobodan Milošević lenkte erst ein, nachdem der NATO-Rat am 8. Oktober 1998 Pläne für begrenzte Luftoperationen gegen Jugoslawien gebilligt hatte. Ergebnis war das sogenannte Holbrooke-Milošević-Abkommen vom 16. Oktober. Darin legten die Vertragspartner eine OSZE-Beobachtermission mit 2000 Verifikateuren (Kosovo Verification Mission, KVM) fest, die den Auftrag erhielt, den Abzug der Truppen und die Rückkehr der Flüchtlinge zu überwachen. Die Bundesrepublik Deutschland stellte ein Zehntel des Personals. 80 Soldaten der Bundeswehr verrichteten ihren Dienst als unbewaffnete OSZE-Beobachter in Zivil. Die Federführung des deutschen KVM-Kontingentes lag beim Auswärtigen Amt, hinzu kamen außerdem 16 Polizeivollzugsbeamte des

Bundes und der Länder. Bis Ende Februar 1999 verzeichnete die KVM mehr als 70 Leichenfunde – zumeist gewaltsam zu Tode gekommene Menschen albanischer ethnischer Zugehörigkeit.

Teil des Holbrooke-Milošević-Abkommens bildete eine Übereinkunft zwischen der NATO und dem Generalstab der VJ, der unbewaffneter Verifikation aus der Luft zustimmte. Hierzu stellte die Bundeswehr eine Drohnenbatterie CL-289 nach Tetovo (Mazedonien) sowie Aufklärungsflugzeuge der Marine (BRÉGUET ATLANTIC) ab. Der Nordatlantikrat verabschiedete darüber hinaus im Einklang mit der UN-Sicherheitsratsresolution 1203 den Operationsplan JOINT GUARANTOR, der eine 1200 bis 1800 Soldaten starke Extraction Force (EXFOR) zum Schutz und zur Gewährleistung der Bewegungsfreiheit der KVM vorsah. 1500 Mann NATO-Truppen wurden schließlich im November ins mazedonische Tetovo verlegt – 190 von ihnen deutsche Heeressoldaten.

Die Arbeit der KVM im Kosovo wurde vielfach behindert. So ging beispielsweise die MUP massiv gegen die Exhumierung von 21 Leichen in Abri e Epërme (serb. Gornje Obrinje) durch das EU Forensic Expert Team vor. Schließlich leiteten die Ereignisse in Folge des 15. Januar 1999, die später als Massaker von Reçak bekannt wurden, den Abzug der KVM ein. Das Dorf Reçak (serb. Račak) wurde nach Panzer- und Artilleriebeschuss durch die VJ von serbischen Soldaten und der MUP durchsucht. Als es der KVM schließlich gelang, sich Zugang zum Ort des Geschehens zu verschaffen, stellten die Angehörigen der Mission den Tod von 45 albanischen Dorfbewohnern fest. Die serbischen Behörden verhinderten jedoch eine zeitnahe und neutrale forensische Untersuchung. Der Streit um die Herausgabe der Leichen führte dazu, dass der Leiter der KVM, William Walker, den Vorwurf erhob, die serbische Polizei habe Spuren verwischt. Daraufhin wurde er in Jugoslawien zur »unerwünschten Person« erklärt.

Etwa zeitgleich verliefen die Friedensverhandlungen von Rambouillet. Während die kosovoalbanische Delegation unter Führung des politischen Kopfes der UÇK, Hashim Taçi, dem Friedensplan der Balkan-Kontaktgruppe zustimmte, lehnte die serbische Delegation den militärischen Teil des Abkommens am 19. März 1999 ab. Bereits abgezogene Verbände der VJ und MUP marschierten an der Provinzgrenze zum Kosovo auf und gingen dort erneut in Stellung. Bereits einen Tag später zog die KVM ab. Ihre Wirkung war durch die wiederholte Einschränkung der vertragsgemäß zugesicherten Bewegungsfreiheit ohnehin gering gewesen. Nun drohte durch die Ereignisse von Reçak ihre Arbeit zu einer Farce zu werden. Nach letzten ergebnislosen Verhandlungen zwischen dem US-Sondergesandten Richard Holbrooke und dem jugoslawischen Präsidenten Slobodan Milošević am 22. März erging am folgenden Tag der Einsatzbefehl für die Operation ALLIED FORCE.

Nach dem Rückzug der KVM ereignete sich eine Welle von Massakern an kosovoalbanischen Zivilisten. Die drastischsten Beispiele bilden die Kriegsverbrechen der VJ und MUP von Krushë e Madhe (serb. Velika Kruša) und Vushtrri (serb. Vučitrn) mit jeweils über 100 namentlich bekannten toten Zivilisten, darunter Babys, Kinder, Frauen und Greise. Angesichts der Erfahrungen aus Bosnien, wo etwa im Fall Srebrenicas und Žepas Geiselnahmen (»menschliche Schutzschilde«) drohende NATO-Luftschläge verhindert hatten, ist der rasche Abzug der unbewaffneten

Flüchtlinge aus dem Kosovo strömen im März 1999 über die Grenzen nach Albanien und Mazedonien.

KVM aus westlicher Perspektive als logischer Schritt zur Erhaltung der militärischen Handlungsfähigkeit zu betrachten. Noch parallel zu den Verhandlungen von Rambouillet wurde die »Extraction Force« in Mazedonien deutlich aufgestockt (EXFOR II). Die Bundeswehr beteiligte sich mit 6000 Soldaten.

Es ist erwähnenswert, dass sich eine signifikante Zahl von Morden an ethnisch albanischer Zivilbevölkerung durch VJ und MUP in den Folgetagen des 25. März und damit unmittelbar nach Beginn der NATO-Luftangriffe ereignete, die am 24. März einsetzten und die integrierten Luftabwehrsysteme der VJ ausschalten sollten. Die häufig anzutreffende Behauptung, bei den Tötungen habe es sich um eine spontane Antwort der serbischen Bevölkerung auf die Luftschläge gehandelt, erscheint allerdings abwegig. Gleiches gilt für die These der serbischen Propaganda, dass die Bombardements die Flüchtlingswelle ausgelöst hätten. Im Rückblick wird vielmehr deutlich, dass an verschiedenen Stellen des Kosovo »ethnische Säuberungen« abliefen, gleichzeitig und mit deutlichen Anzeichen einer Systematik. Die jugoslawischen Sicherheitskräfte vertrieben Zivilisten durch die Verbreitung von Terror und lösten eine Flüchtlingswelle von etwa 800 000 albanischen Kosovaren nach Mazedonien und Albanien aus. Ob es einen konkreten »Hufeisenplan« der VJ gegeben hat, bleibt bis heute umstritten. Doch erbrachte der Internationale Strafgerichtshof für das ehemalige Jugoslawien (International Criminal Tribunal for the Former Yugoslavia, ICTY) eine erdrückende Beweislast für das koordinierte und systematische Vorgehen von VJ und MUP gegen die albanische Zivilbevölkerung einschließlich schwerster Verbrechen gegen die Menschlichkeit.

Krieg der NATO gegen Jugoslawien

Im Verlauf der NATO-Luftoperationen vom 24. März bis 10. Juni 1999, die sich gegen die VJ und ihre Infrastruktur richteten, setzte der Supreme Allied Commander Europe (SACEUR), General Wesley Clark, etwa 1000 Kampfflugzeuge ein, darunter 14 deutsche Tornados. Das Bündnis nutzte als Basis Luftstützpunkte in Italien und gleichermaßen schwimmende Plattformen in der Adria wie den amerikanischen Flugzeugträger »Theodore Roo-

Kriegsverbrechen der UÇK

Der ICTY verhandelt ebenso Kriegsverbrechen der UÇK. Prominentester Fall war der Prozess gegen den 2008 dann freigesprochenen ehemaligen kosovarischen Ministerpräsidenten und ranghohen UÇK-Kommandeur Ramush Haradinaj (Fall Haradinaj et al., IT-04-84). Die Anklageschrift hebt u.a. die grausamen Praktiken in der Haftanstalt von Jabllanicë (Jablanica) unter Lahi Brahimaj hervor. Dort wurden Zivilisten als »serbische Spione« misshandelt, vergewaltigt und ermordet. Angeklagt und ebenfalls aus Mangel an Beweisen freigesprochen war auch der Kommandeur der UÇK-Spezialeinheit »Schwarze Adler«, Idriz Balaj, dessen Truppe für Vertreibungen und etwa 60 Tötungen von Serben, Kosovo-Albanern und Roma im April 1998 in Dubravë (Dubrava), Irzniq (Rznić), Ratishë (Ratiš) und Dashinoc (Dashinovac) ver-

Mit und nach dem Rückzug der jugoslawischen Armee verließen 1999 Zehntausende Serben aus Angst vor Racheakten mit voll beladenen Autos ihre Heimat. Wie hier in Mitrovicë (serb. Mitrovica) wurde ihr Auszug von der kosovoalbanischen Bevölkerung hämisch bejubelt. KFOR gelang es nicht in allen Fällen, Ausschreitungen gegen serbische Zivilisten zu verhindern.

antwortlich gemacht wird. Zahlenmäßig sind die Kriegsverbrechen der UÇK weit geringer als diejenigen der serbischen Polizeikräfte und der VJ. Bezüglich ihrer Brutalität und Menschenverachtung stehen sie diesen allerdings in keiner Weise nach.

sevelt«, die britische »Invincible« oder den französischen Träger »Foch«. Die Deutsche Marine beteiligte sich an den Seeoperationen mit der Fregatte »Rheinland-Pfalz« sowie dem Flottendienstboot »Oker«. Insgesamt flogen NATO-Maschinen etwa 38 000 Einsätze, davon übernahm die Bundeswehr knapp 500. Die Luftwaffe verschoss etwa 200 HARM-Raketen.

picture-alliance/dpa/Consolidated US Air Force

Ein US-Kampfflugzeug vom Typ F-15E Strike Eagle hebt am 25. März 1999 vom italienischen Luftwaffenstützpunkt Aviano ab. Die Nato weitete ihre Luftangriffe in Jugoslawien aus. In dieser »Phase 2« versuchten NATO-Jets neben Luftabwehrstellungen auch Panzer, Geschütze und Einheiten jugoslawischer Truppen zu treffen. Am 31. März tauchten erstmals Tiefflieger über Belgrad auf.

Die Hauptlast von Allied Force trug die U.S. Air Force. Lenkflugkörper Tomahawk wurden von U-Booten und Schiffen aus abgefeuert. Allein in den ersten beiden Angriffstagen flog die NATO über 400 Einsätze gegen die jugoslawische Luftabwehr, Flughäfen, Radaranlagen, Kommandozentralen, Fernmeldeeinrichtungen und Munitionslager. Ab 27. März begann die zweite Phase der Angriffe mit Schwerpunkt auf Truppenansammlungen südlich von Belgrad.

Während der Operation Allied Force trugen auch die deutschen Heeressoldaten in Mazedonien und Albanien auf unterschiedliche Weise zum Einsatz im Kosovo bei. So lieferte die Drohnenbatterie von Tetovo aus Luftbilder. Neben Luftzielen konnten Schäden an der Infrastruktur aufgeklärt sowie Truppenbewegungen der VJ und Flüchtlingsströme festgestellt werden. Im mazedonischen Čegrane errichteten und betrieben Soldaten der EXFOR ein Lager für 40 000 Flüchtlinge. Die Luftwaffe transportierte mehr als 1250 Tonnen Hilfsgüter ins Land. In Albanien bauten 500 deutsche Soldaten der NATO-geführten Albanian Force (AFOR) vier

Flüchtlingscamps mit insgesamt 25 000 Plätzen. Deutsche Transall flogen über 1500 Tonnen Fracht nach Albanien.

Vom Luftkrieg zum Einsatz der Kosovo Force (KFOR)

Nachdem sie den Luftschlägen der NATO militärisch nichts entgegenzusetzen hatte, lenkte die serbische Führung ein. Lokale
Angriffe der UÇK trieben die Kräfte der VJ aus der Deckung und
somit in das Visier der NATO-Flugzeuge. Schließlich gelang es
dem Westen, sich mit Moskau über einen Friedensplan für das
Kosovo zu einigen. Somit erloschen die letzten Hoffnungen Slobodan Miloševićs auf ein Eingreifen des traditionellen Verbündeten Russland.

Das Ahtisaari-Tschernomyrdin-Milošević-Abkommen vom
2. Juni 1999 öffnete den Weg zu einer militärisch-technischen
Übereinkunft zwischen der NATO und der Bundesrepublik Jugoslawien, unterzeichnet im mazedonischen Kumanovo. Diese
sah den Rückzug der VJ und der MUP sowie den Einsatz einer
NATO-Friedenstruppe (Kosovo Force, KFOR) vor. Im UN-Sicherheitsrat kam die Resolution 1244 zustande. Deutschland übernahm neben Frankreich und Italien einen Sektor des Kosovo. Mit
anfänglich 6000 deutschen Soldaten sowie weiteren 4000 Mann
aus Bulgarien, Georgien, den Niederlanden, Russland, Slowakei,
Schweden, Schweiz, Türkei und Österreich führte die Bundeswehr die Multinationale Brigade Süd (MNB S) mit Hautquartier
in Prizren. Im Jahr 2002 verschmolz diese dann bei gleichzeitiger
Reduzierung der Truppenstärken mit der italienisch geführten
Westbrigade (MNB W) in Pejë (serb. Peć) zur Multinationalen
Brigade Südwest.

Gewaltsame Demonstrationen im März 2004 verdeutlichten, dass KFOR nur begrenzt imstande war, auf eine derartige
Bedrohung angemessen zu reagieren. Erkannte Defizite bei der
Ausbildung, der Ausrüstung und bezüglich der Einsatzgrund-
sätze führten zu einer Neuausrichtung der KFOR. Konzipiert
als schwer bewaffnete, schlagkräftige Truppe zur Überwachung
des Militärisch-Technischen Abkommens, war KFOR mit den

Die Interimsverwaltung der Vereinten Nationen
im Kosovo (UNMIK)

Kosovo Force (KFOR) und die auch nach der Unabhängigkeit weiter bestehende UNMIK verfolgen das gleiche Ziel: die Friedenssicherung. Dafür gibt es allerdings unterschiedliche Mittel, Zuständigkeiten und Aufgabenbereiche. Während die KFOR für die Sicherheit im weiteren Sinne zuständig ist, hat UNMIK drei konkrete und in der Resolution festgeschriebene Zielsetzungen: Erstens ist die Mission vorübergehend für die Verwaltung des Kosovo zuständig – daher auch die Bezeichnung als Interimsverwaltung der Vereinten Nationen im Kosovo. Parallel dazu soll sie zweitens kosovarische Behörden aufbauen, um eine vollständige Selbstverwaltung zu ermöglichen.

An der Spitze der UNMIK steht ein Sonderbeauftragter des Generalsekretärs der Vereinten Nationen (Special Representative of the Secretary-General, SRSG). Dieses Amt hatte von Juli 1999 bis Januar 2001 der Franzose Bernard Kouchner inne. Er legte in dieser Zeit gewissermaßen den Grundstein für die Arbeit der UNMIK. Auf Kouchner folgten der Däne Hans Hækkerup (2001), der Deutsche Michael Steiner (Februar 2002 bis Juli 2003) und Harri Holkeri aus Finnland. Ab Juni 2004 übte der Däne Søren Jessen-Petersen die Funktion aus, legte sie allerdings im Sommer 2006 nieder. Die UNMIK führte dann bis 2008 der Deutsche Joachim Rücker, bis dato bei UNMIK verantwortlich für Privatisierung und wirtschaftlichen Wiederaufbau. Seit Juni 2008 heißt der Sonderbeauftragte Lamberto Zannier (Italien).

Der Sonderbeauftragte leitet die gesamte zivile Operation. Diese ruht auf vier Säulen, im internationalen Sprachgebrauch als »four pillars« bezeichnet. Die erste Säule, ursprünglich im Verantwortungsbereich des Flüchtlingshilfswerks der Vereinten Nationen und verantwortlich für die Koordinierung humanitärer Hilfe, ist nunmehr für Polizei und Justiz zuständig. Pillar II, heute Bestandteil des Büros des Sondergesandten, wird als Zivilverwaltung (civil administration) bezeichnet. Die dritte Säule unter Leitung der Organisation für Sicherheit und Zusammenarbeit in Europa (OSZE) hat die Unterstützung der Demokratisierung und den Aufbau von rechtsstaatlichen Institutionen zum Ziel. In den Aufgabenbereich der Europäischen Union fällt Pillar IV, vor allem der wirtschaftliche Wiederaufbau.

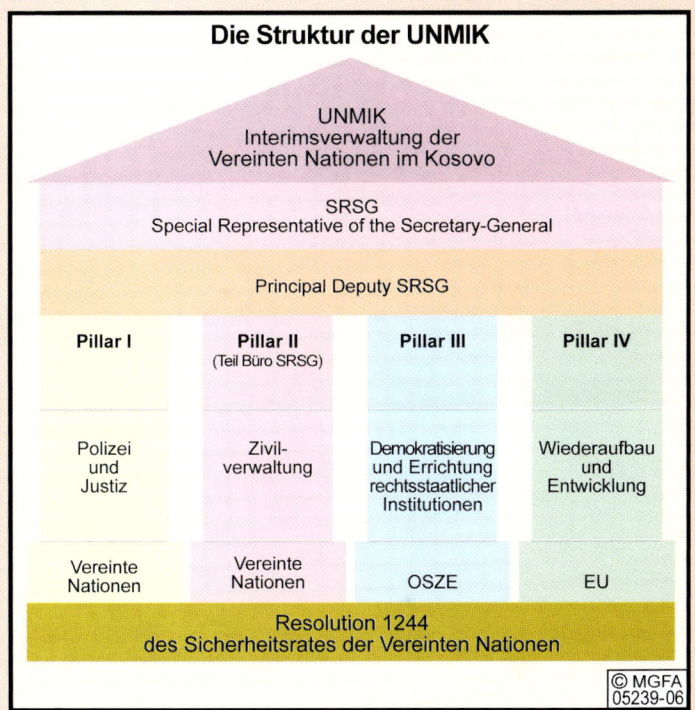

Die Struktur der UNMIK

UNMIK
Interimsverwaltung der
Vereinten Nationen im Kosovo

SRSG
Special Representative of the Secretary-General

Principal Deputy SRSG

Pillar I	Pillar II (Teil Büro SRSG)	Pillar III	Pillar IV
Polizei und Justiz	Zivil-verwaltung	Demokratisierung und Errichtung rechtsstaatlicher Institutionen	Wiederaufbau und Entwicklung
Vereinte Nationen	Vereinte Nationen	OSZE	EU

Resolution 1244
des Sicherheitsrates der Vereinten Nationen

© MGFA
05239-06

Als die UNMIK im Juni 1999 im Kosovo eintraf, sah sie sich vor die gewaltige Aufgabe gestellt, ein Territorium zu verwalten, in dem es keine einsatzfähige Polizei, kein Justizwesen und keine funktionsfähigen staatlichen Einrichtungen gab. Die Infrastruktur war veraltet und teilweise zerstört. Rund 900 000 Flüchtlinge waren, gewissermaßen über Nacht, in die Provinz zurückgekehrt. Die UNMIK nahm Einfluss auf sämtliche Lebensbereiche der Einwohner des Kosovo, indem sie die Befugnisse der Exekutive, der Legislative und der Judikative vereinte.

Bundeswehr/Detmar Modes

Am 12. Juni 1999 überschritten u.a. deutsche Heereskräfte die Grenze der serbischen Provinz. Die »Kosovo Force« (KFOR) bestand ursprünglich aus Kontingenten von mehr als 40 Nationen. Ihre Personalstärke lag bei über 50 000 Soldaten, die Truppensteller gehörten mehrheitlich der NATO an. Die KFOR – im Foto deutsche Gefechtsfahrzeuge nahe der mazedonisch-jugoslawischen Grenze – schuf die Voraussetzungen für eine Übergangsverwaltung der Vereinten Nationen (United Nations Interim Administration Mission in Kosovo, UNMIK).

Jahren reduziert und »entpanzert« worden. Die Truppe verfügte jedoch nicht über ausreichende Kontakte zur Bevölkerung. Darüber hinaus mangelte es ihr an schweren Polizeieinheiten und entsprechenden Fähigkeiten bei der Eindämmung gewaltsamer Ausschreitungen (riot control).

Im April 2005 entschloss sich die KFOR-Führung zur Bildung sogenannter Liaison Monitoring Teams (LMT) und griff damit die Vorbilder der LOT in Bosnien-Herzegowina oder der 2001/02 erfolgreich in Mazedonien eingesetzten Field Liaison Teams (FLT) auf. Darüber hinaus wurde KFOR verstärkt zu Riot-Control-Aufgaben befähigt. Im Mai 2006 gingen aus der Multinationalen Brigade Südwest zwei multinationale Task Forces Süd und West hervor, um die Truppen trotz Reduzierung in der Fläche sichtbar zu machen. Noch wichtiger als die militärischen Maßnahmen erwies sich jedoch die Veränderung des politischen Umfeldes. Mit dem sogenannten Eide-Report schlug die Internationale Gemeinschaft bezüglich der Statusfrage des Kosovo einen neuen Kurs ein. Bislang hatte man von der kosovarischen provisorischen Regierung substanzielle Aufbauleistungen als Voraussetzung für die vollständige Unabhängigkeit der serbischen Provinz erwartet (standard before status). Nun sollten sich die Erlangung staatlicher Souveränität und die Schaffung eines rechtsstaatlichen Gemeinwesens parallel vollziehen (status and standard). Die international anerkannte Unabhängigkeit des Kosovo rückte damit in greifbare Nähe.

KFOR umfasste 2007 insgesamt 16 000 Soldaten, davon noch 2800 Angehörige der Bundeswehr. Am 17. Februar 2008 proklamierte das Parlament des faktischen UN-Protektorats die staatliche Unabhängigkeit Kosovos. Damit veränderte sich zwar nicht die völkerrechtliche Grundlage für den laufenden Einsatz, aber dessen Qualität. Im Vordergrund für die heute (November 2009) noch etwa 12 600 Soldaten steht der Auftrag, die staatlichen Organe im Kosovo selbst in den Stand zu versetzen, Sicherheit und Stabilität für alle Bewohner zu garantieren. Dies geschieht unter anderem durch Aufbau der militärisch organisierten Gendarmerietruppe Kosovo Security Force. KFOR trägt zum »state building« bei, das die internationale militärische Präsenz in noch nicht bestimmbarer Zukunft überflüssig machen wird.

Agilolf Keßelring

Eine französische Artillerieeinheit während einer Übung nahe des Headquarters United Nations Interim Force in Lebanon (UNIFIL) in Naqoura,
Süd-Libanon (Aufnahme vom 3. August 2009). Die Vereinten Nationen
sind im Nahen Osten seit der Gründung des Staates Israel präsent.
Mit der United Nations Truce Supervision Organization (UNTSO) begann 1948 die Geschichte der Waffenstillstandsbeobachtermissionen.
Eine United Nations Emergency Force (UNEF I) 1956 war – gefolgt
von UNEF II 1973 – die erste militärisch geprägte Peacekeeping Force.
Bürgerkriegsähnliche Zustände im Libanon führten 1958 zur Einsetzung der United Nations Oberserver Group in Lebanon (UNOGIL), der
Jom-Kippur-Krieg 1973 zur Installierung der United Nations Disengage-
ment Observer Force (UNDOF) 1974. Seit 1978 ist die United Nations
Interim Force in Lebanon (UNIFIL) im Süden des Landes stationiert;
sie soll unter anderem helfen, wieder eine effektive Staatsgewalt aufzubauen. Nach dem zweiten Libanonkrieg im Juli und August 2006 wurde
UNIFIL auf bis zu 15 000 Mann (Juli 2009: 12 130 Soldaten) aufgestockt
– und erstmals in der Geschichte der Vereinten Nationen gibt es seitdem
Blauhelmsoldaten auf Kriegsschiffen, darunter auch die des deutschen
Marinekontingents.

Die Vereinten Nationen und der Nahost-Konflikt

Der Konflikt zwischen Israel und seinen arabischen Nachbarn sowie den Palästinensern beschäftigt die Vereinten Nationen (United Nations, UN) seit ihrer Gründung im Jahre 1945; er hat sich auf die Entwicklung der Konfliktregelung der Weltgemeinschaft unmittelbar ausgewirkt. So sind unter anderem das United Nations Special Committee on Palestine (UNSCOP) und das Committee on the Exercise of the Inalienable Rights of the Palestinian People (CEIRP) als Unterorgane der Generalversammlung, die Division for Palestinian Rights (DPR) in der Hauptabteilung für politische Angelegenheiten des Sekretariats der UN, die United Nations Relief and Work Agency for Palestine Refugees in the Near East (UNRWA) und das United Nations Information System on the Question of Palestine (UNISPAL) geschaffen worden. Neben diesen am Hauptsitz der UN in New York errichteten Institutionen gibt es deren Vertretungen in den Ländern des Nahen Ostens sowie insgesamt sechs, teils beendete, teils noch laufende UN-Operationen und -Missionen, die Gegenstand der folgenden Ausführungen sind.

United Nations Truce Supervision Organization (UNTSO)

Mit der Einrichtung der UNTSO beginnt die Geschichte der Waffenstillstandsbeobachtermissionen der UN. Am 14. Mai 1948 wurde die Gründung des Staates Israel proklamiert. Als Reaktion darauf überschritten noch in der folgenden Nacht Truppen Ägyptens, Transjordaniens, Syriens, Libanons und Iraks die Grenzen des früheren britischen Mandatsgebietes Palästina. So wurde aus dem gewaltsamen Palästinakonflikt ein internationaler bewaffneter Konflikt. In den Resolutionen 49 und 50 vom 22. bzw. 29. Mai 1948 forderte der UN-Sicherheitsrat alle am Krieg beteiligten Staaten auf, ihren Truppen die Feuereinstellung zu befehlen. Zudem setzte er Militärbeobachter zur Unterstützung der zuvor geschaffenen Waffenstillstandskommission und des UN-Vermittlers für Palästina ein. Auf die Entsendung einer UN-Friedenstruppe konnten sich die Mitglieder des Sicherheitsrates nicht verständigen. So kam es, dass der als Vermittler für Palästina bestellte schwedische Adlige Graf Folke Bernadotte sich ein eigenes Beobachterteam zusammenstellen musste: je 21 Angehörige der in der Waffenstillstandskommission vertretenen Staaten Belgien, Frankreich und USA, vier schwedische Stabsoffiziere sowie Generalleutnant Thord Bonde als Chef des Stabes. Darüber hinaus entsandten die USA zehn Mann zur Unterstützung, und der UN-Generalsekretär stellte 51 Mann Sicherheitspersonal zur Verfügung, die eigentlich das UN-Hauptquartier hätten bewachen sollen. Daraus lässt sich ersehen, wie schwierig es war, eine solche nicht unmittelbar von der UN-Charta vorgesehene Mission durchzuführen. Die später UNTSO genannte Organisation richtete ihr Hauptquartier zunächst in der israelischen Hafenstadt Haifa ein: Aufgaben und Kompetenzen sollten sich eindeutig von der in Jerusalem residierenden Waffenstillstandskommission unterscheiden; der Palästinavermittler verlegte seinen Sitz von Jerusalem auf die griechische Insel Rhodos.

UNTSO existiert auch heute noch. Das Hauptquartier befindet sich in Jerusalem, während die Beobachtergruppen in Sektoren an den Grenzen Israels zu Libanon und zu Syrien sowie auf der Sinaihalbinsel stationiert sind. Zudem unterhält UNTSO Verbindungsbüros in der libanesischen Hauptstadt Beirut und der syrischen Hauptstadt Damaskus. Die UN haben die Stationierung von UNTSO auf dem Sinai trotz des ägyptisch-israelischen Friedensvertrages von 1979 nicht aufgegeben. Bis 1956 waren die UNTSO-Beobachter nur an einer Armbinde als Soldaten im Auftrag der UN zu erkennen. Seither tragen sie ihre nationale Uniform, dazu ein Halstuch sowie Barett oder Helm im typischen Blau der UN. Das macht sie weithin erkennbar, schützt aber nicht immer vor Übergriffen. Die Beobachter sind unbewaffnet, müssen also bei jeder neu aufflammenden Feindseligkeit evakuiert werden.

Besondere Bedeutung kam UNTSO in den Waffenstillstandsvereinbarungen nach dem Sechstagekrieg im Juni 1967 zu. Der Chef des Stabes der UNTSO, damals Generalleutnant Odd Bull aus Norwegen, handelte jene Demarkationslinie zwischen Syrien und Israel aus, die der UN-Sicherheitsrat später mit der Resolution 236 (1967) bestätigte. Weil auf dem Sinai keine UNTSO-Beobachter stationiert waren, erarbeitete der UN-Sicherheitsrat ein Konsenspapier – keine Resolution –, auf dessen Grundlage der UN-Generalsekretär den Chef des Stabes der UNTSO bat, mit den Konfliktparteien Ägypten und Israel die notwendigen Abkommen für eine Stationierung der UNTSO entlang des Suezkanals auszuhandeln. In der Folge konnten dort 90 Soldaten aus sechs Ländern stationiert werden.

Die UN sahen und sehen in UNTSO immer auch eine Personalreserve, wenn für ein rasches Tätigwerden erfahrenes Personal benötigt wird. Einerseits unterstützte UNTSO die später in der Region eingerichteten Operationen und Missionen der UN, auf die noch einzugehen sein wird. Andererseits waren UNTSO-Angehörige auch in ganz anderen Regionen und Erdteilen eingesetzt, etwa 1960 unter dem Mandat der ONUC im Kongo, 1963 für UNYOM im Jemen, 1989 in Mittelamerika für ONUCA und für UNAVEM in Angola, schließlich 1992 für UNPROFOR im ehemaligen Jugoslawien und für UNOMOZ in Mosambik.

United Nations Emergency Force (UNEF I)

Während UNTSO eine reine Beobachtermission darstellt, war UNEF I die erste friedenserhaltende Streitkraft. Mit UNEF I begann das militärisch geprägte Peacekeeping.

In den bewaffneten Konflikt um den Suezkanal im Herbst 1956 waren neben Israel auch die beiden ständigen Mitglieder des UN-Sicherheitsrates und Vetomächte Frankreich und Großbritannien verwickelt. Daher war der Sicherheitsrat unfähig, den Konflikt selbst beizulegen. Resolutionsentwürfe der USA und der Sowjetunion zur Konfliktbeendigung scheiterten jeweils an den Vetos Frankreichs und Großbritanniens. Da ein Veto jedoch nicht in Fragen der Geschäftsordnung und des Verfahrens eingelegt werden kann, kam der Sicherheitsrat am 30. Oktober 1956 auf Grundlage der Resolution 377 (V) der UN-Generalversammlung vom 3. November 1950 (»Uniting for Peace«-Resolution) überein, eine Notfallsitzung der Generalversammlung zu beantragen. Nach mehreren Sitzungstagen beschloss dieses Gremium, in dem *kein* Mitglied ein Vetorecht besitzt, am 4. November 1956 die Resolution 998 (ES-I). Der Klammerzusatz macht deutlich, dass es sich um eine Resolution aus der ersten Notfallsitzung (emergency session) und nicht um den Beschluss einer regulären Sitzung der UN-Generalversammlung handelt. Mit dieser Resolution, der im Übrigen noch drei weitere folgten, wurde der UN-Generalsekretär beauftragt, binnen 48 Stunden einen Plan zur Aufstellung einer Kriseninterventionstruppe vorzulegen. Diese sollte »die Beendigung der Feindseligkeiten sichern und überwachen«. Zum Kommandeur der Truppe bestellte die UN-Generalversammlung mit der Resolution 1000 (ES-I) am 5. November 1956 den Chef des Stabes der UNTSO. Aus den Kriterien der Zusammenarbeit mit den Institutionen im Stationierungsraum entwickelte sich das Konzept der Stationierungsabkommen (Status of Forces Agreement, SOFA). Zur näheren Ausgestaltung des Mandats wurden Einsatzregeln (Rules of Engagement, ROE) und für den internen Betrieb die ständigen Verfahrensrichtlinien (Standing/Standard Operating Procedures, SOP) erlassen. Dies sind allgemein akzeptierte Verfahren, die heute auch in anderen Systemen gegenseitiger kollektiver Sicherheit angewendet werden.

Dag Hammarskjöld selbst war es, der für UNEF I und alle späteren Friedenstruppen der UN das Blaue Barett und den Blauen Helm schuf. Auf diese Weise waren die Soldaten trotz ihrer jeweiligen nationalen Uniformen unverwechselbar als Angehörige der UN erkennbar. Als solche waren sie nur leicht bewaffnet und durften Gewalt auschließlich zur Selbstverteidigung und im Falle eines unmittelbar gegen sie gerichteten Angriffs anwenden. In ihrem Stationierungs- und Einsatzraum (area of operations) genossen sie Bewegungsfreiheit (freedom of movement), konnten diese allerdings nicht erzwingen.

UNEF I blieb von November 1956 bis Juni 1967 zuerst am Suezkanal, später an der von UNTSO ausgehandelten Demarkationslinie zwischen Ägypten und Israel auf der Sinaihalbinsel und schließlich im Gazastreifen und an der ägyptisch-israelischen Staatsgrenze stationiert, bis Ägypten am 18. Mai 1967 ihren Abzug forderte. Sithu U Thant, der Nachfolger Dag Hammarskjölds im Amt des UN-Generalsekretärs, stimmte dem ägyptischen Begehren umgehend zu, wofür er sich intern heftige Kritik gefallen lassen musste. Indirekt ebnete er mit diesem Verhalten den Weg für den Sechstagekrieg im Juni 1967.

Ein Beobachter hält die Zeitung »Daily News« in Händen, deren Schlagzeile den Ausbruch des Sechstagekrieges am 5. Juni 1967 thematisiert. Am selben Tag trat der UN-Sicherheitsrat zu einer Krisensitzung zusammen.

Gemeinhin verbindet man mit der Stationierung von Blauhelmtruppen die Vorstellung, nur Landstreitkräfte kämen für derartige Aufgaben infrage. Schon UNEF I indes belehrt uns eines Besseren: Zur Überwachung des 187 Kilometer langen Abschnitts der Ostküste der Sinaihalbinsel vom Nordrand des Golfs von Akaba bis zur Südspitze mit der Straße von Tiran setzte UNEF I ihre Luftaufklärungseinheit ein.

United Nations Observer Group in Lebanon (UNOGIL)

Im Juni 1958 veranlasste die beinahe bürgerkriegsähnliche Situation im Libanon eine mögliche Einmischung der Vereinigten Arabischen Republik (VAR), zu der sich Syrien und Ägypten zusammengeschlossen hatten. Die erfolglosen Vermittlungsbemühungen der Arabischen Liga bewogen den UN-Sicherheitsrat, eine dritte Operation im Nahen Osten zu beschließen (Resolution 128 vom 11. Juni 1958): die Aufstellung der UNOGIL. Zunächst rekrutierte sich ein Vorauskommando, das bereits am 12. Juni in Beirut eintraf, aus Teilen der UNTSO. UNOGIL war mit einem vergleichsweise schwachen Mandat ausgestattet. Die Gruppe hatte sich strikt auf die Beobachtung illegaler Grenzübertritte und der Aktivitäten von Waffenschmugglern entlang der libanesisch-syrischen Grenze zu beschränken. Die Südgrenze zu Israel wurde von UNTSO überwacht und war ohnehin vom aktuellen Konflikt nicht unmittelbar betroffen. UNOGIL sollte weder zwischen den libanesischen Aufständischen und der Regierung in Beirut vermitteln, noch den Konflikt schlichten, noch Eindringversuche oder Waffenschmuggel unterbinden. Nicht einmal den eigenen Zugang in ihren Stationierungsraum durften die UN-Beobachter erzwingen. Bis Mitte Juli 1958 war daher nur die Überwachung der Grenzregion aus der Luft möglich, denn die Aufständischen verweigerten anfangs den Zutritt zu den von ihnen beherrschten Grenzgebieten.

Konfliktverschärfend im gesamten Mittleren und Nahen Osten wirkte der gegen das haschimitische Königshaus im Irak gerichtete Staatsstreich vom 14. Juli 1958. So bat der libanesische Präsident die USA um Beistand, um die Souveränität und territoriale Integrität des Landes zu schützen. Das jordanische Königshaus befürchtete die Einmischung der VAR und trug die Angelegenheit dem UN-Sicherheitsrat vor, während es sich gleichzeitig der Unterstützung durch eine britische Interventionsarmee versicherte. Die beiden Interventionen, die der Sicherheitsrat und die Generalversammlung immer als zusammenhängend betrachteten, führten zu einer drastischen Aufstockung der UNOGIL. Waren es anfangs nur 200 Beobachter gewesen, so stieg deren Zahl bis Mitte November 1958 auf 591. Zugleich wuchs die Zahl der für die Aufklärung aus der Luft eingesetzten Flugzeuge und Hubschrauber mit 18 bzw. sechs auf ein bis dahin in UN-Beobachtermissionen unerreichtes Ausmaß auf.

Nachdem sich die Lage in der gesamten Region wieder entspannt hatte und die beiden Interventionsarmeen abgezogen waren, stimmte Libanon dem Abzug der UNOGIL zu. Deren Einsatz endete am 9. Dezember 1958.

United Nations Emergency Force (UNEF II)

Der arabisch-israelische Konflikt verschwand für einige Zeit aus den internationalen Schlagzeilen. Es dauerte sechs Jahre, bis sich zumindest Ägypten und Syrien von ihrer militärischen Niederlage im Sechstagekrieg 1967 erholt hatten. Am 6. Oktober 1973, dem höchsten jüdischen Feiertag Jom Kippur, griffen überraschend ägyptische und syrische Truppen Israel an, dessen Armee zunächst schwere Verluste hinnehmen musste, ehe sich das Blatt wendete, nicht zuletzt aufgrund amerikanischer Militärhilfe. Die UdSSR unterstützte hingegen die arabischen Staaten. Einmal mehr schien der UN-Sicherheitsrat blockiert, wenn auch diesmal nicht durch eine unmittelbare Verstrickung zweier seiner ständigen Mitglieder in militärische Auseinandersetzungen, sondern durch das traditionelle Muster des Ost-West-Konflikts. In der zweiten Oktoberhälfte 1973 spitzte sich die Lage dramatisch zu. Der ägyptische Präsident Anwar as-Sadat bat angesichts der drohenden militärischen Niederlage um Entsendung amerikanischer und sowjetischer Streitkräfte in die Region, um die Kriegsparteien zu trennen. Während die UdSSR akzeptierte, lehnten die USA dieses Ansinnen ab. In dieser möglicherweise gefährlichsten Konfrontation der beiden Supermächte seit der Kubakrise schlugen einige Staaten, die mehrheitlich der Bewegung der Blockfreien angehörten, einen Resolutionsentwurf vor, der den Rückzug der israelischen und ägyptischen Kräfte auf Positionen vorsah, die sie am 22. Oktober 1973 innegehabt hatten. Der UN-Generalsekretär wurde darin ersucht, die UNTSO, die in Anbetracht des Krieges evakuiert worden war, erneut zu stationieren und mit einer zweiten Kriseninterventionstruppe die Konfliktparteien zu trennen.

Am 25. Oktober 1973 übernahm der UN-Sicherheitsrat diesen Vorschlag mit 14 Stimmen in der Resolution 340 (1973). Der Vertreter der Volksrepublik China war der Abstimmung ferngeblieben. Im Unterschied zu UNEF I wurde UNEF II durch den Sicherheitsrat beschlossen. Wie politische Entwicklungen die Friedensbemühungen der UN beeinflussen, lässt sich an UNEF II gut studieren. Das Mandat von UNEF II wurde im Jahr 1974 zweimal nach dem inzwischen üblich gewordenen Verfahren auf einen entsprechenden Bericht des Generalsekretärs an den Sicherheitsrat hin um sechs Monate verlängert. 1975 verlangte Ägypten, die Verlängerung auf drei Monate zu beschränken, weil sich die Truppenentflechtungsverhandlungen festgefahren hatten. Nachdem diese Gespräche erfolgreich abgeschlossen worden waren, konnte der Sicherheitsrat das Mandat der UNEF II mit Resolution 378 (1975) gleich um zwölf Monate verlängern. Das wiederholte sich dann routinemäßig 1976 und 1977. Als die Verlängerung 1978 anstand, drohte die UdSSR mit der Einlegung ihres Vetos, weil sie die Bemühungen um einen Separatfrieden zwischen Ägypten und Israel unter Vermittlung des amerikanischen Präsidenten Jimmy Carter in Camp David, dem Landsitz der Präsidenten, ablehnte. Einer Verlängerung um neun Monate widersprach die UdSSR schließlich nicht. Als der Friedensvertrag zwischen Ägypten und Israel am 25. April 1979 in Kraft trat, konnten sich die Mitglieder des Sicherheitsrates nicht mehr auf eine Mandatsverlängerung für UNEF II verständigen. Folglich lief das Mandat im Juli 1979 aus.

Es gelang von Anfang an nicht, das an sich notwendige Stationierungsabkommen (SOFA) mit Ägypten als Aufnahmestaat und Israel als weiterem Beteiligten abzuschließen. Deshalb einigten sich die UN mit den beiden Ländern darauf, das seinerzeit für UNEF I ausgehandelte SOFA, das eigentlich mit dem Ende der Operation erloschen war, auf die Stationierung von UNEF II sinngemäß anzuwenden.

United Nations Disengagement Observer Force (UNDOF) und die United Nations Interim Force in Lebanon (UNIFIL)

Während die Beziehungen zwischen Ägypten und Israel sich allmählich normalisierten, blieb das Verhältnis zwischen Syrien und Israel weiterhin angespannt. Im März 1974 wurde die Lage zunehmend instabiler. Vermittlungsbemühungen der USA führten zu einer Vereinbarung im Rahmen der Genfer Friedenskonferenz über den Mittleren Osten. Gegenstand war der Rückzug israelischer und syrischer Truppen sowie die Einrichtung einer Zone, in deren Sektoren die beiden Gegner entweder gar keine oder nur geringe militärische Kräfte stationieren durften. Die Vereinbarung enthielt auch die Bitte an die UN, eine Beobachtertruppe zu entsenden. Mit Resolution 350 (1974) entsprach der Sicherheitsrat dieser Bitte noch am Tage des Abschlusses der Vereinbarung, dem 31. Mai 1974. Dies war die Gründung

Der Nahe Osten seit 1973

- israel.-arab. Waffenstillstandslinie 1973
- von Israel zurückgegebene Gebiete 1974/75
- Rückzug Israels bis 1980
- Rückzug Israels bis 1983
- UN-Truppen, teilweise nur zeitweilig stationiert
- palästinensische Selbstverwaltung angestrebt
- israel. Invasion 1982 – 1985, 2006
- israel. kontrollierte Sicherheitszone
- syrisch kontrolliertes Gebiet

0   50   100   150 km

© Ing.-Büro für Kartographie J. Zwick, Gießen / MGFA

Tripolis

LIBANON

Beirut

Damaskus

SYRIEN

Golan
1981 von Israel
annektiert

Haifa

See
Genezareth

Mittelmeer

Tel Aviv-Jaffa

West-
jordan-
land

Nablus

Jordan

Jerusalem

Amman

Hebron

Totes
Meer

Gaza-
streifen

Gaza

Port Said

El-Arisch

Beerscheba

El-Kantara

ISRAEL

Suezkanal

Ismailia

Kairo

Nil

Suez

Negev

JORDANIEN

Halbinsel

Elat

Sinai

Taba

Akaba

ÄGYPTEN

Golf von Suez

Golf von Akaba

SAUDI-

ARABIEN

Scharm El-Scheich

Ras Mohammed

MGFA
06217-01

der UNDOF. Sie ist seither in einem ca. 80 Kilometer langen Streifen innerhalb der entmilitarisierten Zone eingesetzt. Deren Breite variiert zwischen etwa zehn Kilometern im Zentrum und weniger als 1000 Metern im äußersten Süden, abhängig von den Geländeformationen der Golanhöhen. Einmal mehr stellte UNTSO das Personal der Initialisierungsphase, im konkreten Fall 90 Militärbeobachter unter Führung des peruanischen Generals Gonzalo Briceño Zevallo. Das Mandat der UNDOF war anfangs insbesondere von syrischer Seite regelmäßig infrage gestellt worden, um die Rückgabe des Golans und die Regelung der Wasserverteilung in der Region zu erzwingen. Seit 1976 wird es problemlos zweimal im Jahr um jeweils sechs Monate verlängert. Aktuell hat der Sicherheitsrat UNDOF mit Resolution 1875 (2009) am 23. Juni 2009 bis zum 31. Dezember mandatiert.

Der Süden des Libanons, zwischen dem Fluss Litani und der provisorischen israelisch-libanesischen Grenze (der sogenannten Blauen Linie), entzog sich auch nach dem offiziellen Ende des libanesischen Bürgerkriegs im Oktober 1976 weitgehend der tatsächlichen Staatsgewalt der Regierung in Beirut. Christliche Milizen bekämpften mit israelischer Hilfe die bewaffneten Teile der Libanesischen Nationalbewegung (Lebanese National Movement), einer lockeren Vereinigung von linksgerichteten und muslimischen Kräften, die ihrerseits von dem bewaffneten Flügel der Palästinensischen Befreiungsorganisation (Palestinian Liberation Organization, PLO) unterstützt wurde. Die PLO war im Südlibanon die stärkste militärische Kraft jener Zeit. Ein PLO-Kommando tötete am 15. März 1978 auf israelischem Staatsgebiet 37 Israelis und verwundete über 70 weitere. Daraufhin drangen israelische Streitkräfte in den Südlibanon ein und besetzten binnen weniger Tage das gesamte Gebiet zwischen der provisorischen Grenze und dem Fluss Litani mit Ausnahme der Stadt Tyrus sowie ihrer Umgebung. Die Regierung in Beirut legte beim UN-Sicherheitsrat umgehend Protest gegen die Verletzung der Souveränität und territorialen Integrität Libanons ein. Sie bestritt, irgendetwas mit der PLO und ihren Machenschaften zu tun zu haben.

Am 19. März 1978 beschloss der UN-Sicherheitsrat auf Vorschlag der USA die Resolution 425. Darin bestätigte er ausdrücklich die Souveränität und territoriale Integrität des Libanons und forderte Israel zum Rückzug seiner Truppen auf. Zugleich schuf er das Mandat für eine dort einstweilen zu stationierende Truppe, die den Rückzug der israelischen Armee bestätigen, Frieden und Sicherheit im Südlibanon wiederherstellen und die libanesische Regierung darin unterstützen sollte, die Staatsgewalt über das Territorium wiederzuerlangen. Mit Billigung des Generalsekretärs der UN griff der Oberbefehlshaber der UNIFIL, Generalleutnant Emmanuel Erskine aus Ghana, auf Teile der UNTSO, der UNEF II und der UNDOF zurück, um seine Truppe möglichst schnell stationieren zu können. Schon im Juni 1978 wurden die Teile der UNEF II und der UNDOF aufgrund der Resolution 427 (1978) durch Bataillone aus Iran, Irland und von den Fidschi-Inseln abgelöst. UNTSO-Beobachter arbeiteten hingegen unter der Bezeichnung Observer Group Lebanon (OGL) unter operativer Kontrolle (OPCON) des UNIFIL-Befehlshabers weiterhin mit dieser zusammen.

Besondere Schwierigkeiten warf weniger das Mandat als die genaue Bestimmung des Einsatzraumes der UNIFIL auf. Die Resolution 425 (1978) war in diesem Punkt bewusst vage geblieben, und auch der UN-Generalsekretär konnte in seinem Bericht an den Sicherheitsrat mit Rücksicht auf die unterschiedlichen Befindlichkeiten seiner Mitglieder keine Entscheidung treffen. Der Stationierung eines französischen Bataillons in und um Tyrus, der sogenannten Tyre pocket, widersetzte sich die PLO energisch mit dem Hinweis, dass UNIFIL nur dort stationiert werden dürfe, wo zuvor israelisches Militär gestanden habe. Da jedoch die Gegend um Tyrus von Israel nicht besetzt gewesen sei, dürfe UNIFIL dort nicht einrücken. Dieser Argumentation der PLO schlossen sich die Vertreter der arabischen Staaten bei den UN an, und so unterblieb letztlich eine Stationierung der UNIFIL in der Tyre pocket. Erst mit der 2006 beschlossenen Resolution 1701 wurde die Tyre pocket in den nun vergrößerten Einsatzraum der erweiterten UNIFIL einbezogen.

In dem bereits erwähnten Bericht an den Sicherheitsrat stellte der UN-Generalsekretär Richtlinien für UNIFIL auf, unter denen ein Punkt hervorgehoben zu werden verdient. Dort heißt es, UNIFIL führe nur Defensivwaffen und dürfe Gewalt nur zur Selbstverteidigung anwenden. Das Recht auf Selbstverteidigung umfasse auch den »Widerstand gegen gewaltsame Versuche,

[UNIFIL] an der Auftragserfüllung nach dem Mandat des Sicherheitsrates zu hindern«. Diesen Bericht des Generalsekretärs billigte der Sicherheitsrat mit Resolution 426 (1978).

Bereits 1978 konnte eine Truppe der UN also auf gewaltsame Behinderungen der Auftragserfüllung notfalls mit Waffengewalt unter Berufung auf das Recht zur Selbstverteidigung reagieren. Dies kann man als frühe Form der Befugnis betrachten, den Auftrag mit Waffengewalt durchzusetzen (mission defense). Allerdings sollte es noch bis zum Jahr 1993 dauern, ehe der Sicherheitsrat einer Blauhelmtruppe (mit Resolution 836), nämlich der UNPROFOR in Bosnien-Herzegowina, gestattete, auch tatsächlich aktiv militärisch den Einsatzauftrag durchzusetzen.

Der Rückzug der israelischen Truppen aus dem Südlibanon gestaltete sich schwierig. Einerseits drangen Kräfte der PLO in das von Israel geräumte Gebiet ein. (Die PLO berief sich dabei auf ein vorgebliches Recht aus dem Vertrag von Kairo zwischen der PLO und Libanon vom 3. November 1969.) Andererseits übergab Israel in der letzten Phase des Rückzuges die geräumten Stellungen nicht an die UNIFIL, sondern an die christliche, sogenannte Südlibanesische Armee des Majors Haddad, den es als Repräsentanten der libanesischen Regierung betrachtete und unterstützte.

Ab 1978 herrschte im Südlibanon knapp fünf Jahre lang eine höchst instabile Ruhe, immer wieder unterbrochen von mehr oder weniger heftigen Gewaltausbrüchen. Im Juni 1982 marschierten die israelischen Streitkräfte (Israel Defense Forces, IDF) unter Berufung auf das Selbstverteidigungsrecht von Staaten nach Art. 51 der UN-Charta erneut in den Libanon ein. Sie stießen diesmal über den Litani hinaus bis in die Nähe der Landeshauptstadt Beirut vor. Der UN-Sicherheitsrat reagierte umgehend und forderte Israel – freilich vergebens – noch am selben Tag zum Rückzug seiner Truppen auf. Mit Resolution 516 (1982) wurde die Beobachtergruppe Beirut (Observer Group Beyrouth, OGB) geschaffen, deren Auftrag es war, die Lage in und um Beirut zu beobachten. UNIFIL selbst blieb drei Jahre hinter den israelischen Linien und musste sich während dieser Zeit und bis zum Jahr 2000 auf Schutz sowie humanitäre Hilfe für die Bevölkerung des Südlibanons beschränken. Die tatsächliche Kontrolle übten die Südlibanesische Armee und die IDF aus. Im

Der deutsche Beitrag zur UNIFIL-Mission

Seit einem Bundestagsbeschluss vom 20. September 2006 ist die Bundeswehr auf Grundlage der UN-Resolutionen 1701 (2006) sowie 1773 (2007) mit einem »robusten Mandat« im Nahen Osten eingesetzt – erstmals in der Geschichte der Bundesrepublik. Dieses Mandat erlaubt neben der Notwehr die Anwendung militärischer Zwangsmaßnahmen zum Zwecke der Auftragserfüllung.

Die historische Verantwortung Deutschlands gegenüber Israel diente bis in die Plenardebatten des Deutschen Bundestages Befürwortern wie Gegnern als Argument. Die Entscheidung für einen Bundeswehreinsatz sollte schließlich ein deutliches politisches Zeichen setzen: Deutschland stärkt nicht nur die Rolle der Vereinten Nationen, sondern ist auch bereit, mehr internationale Verantwortung zu übernehmen. Seither unterstützt die Marine im Auftrag der UNO die Überwachung der Seewege vor der libanesischen Küste, um illegalen Waffenhandel zu unterbinden.

Ein Konvoi von Schiffen der UNIFIL in den Gewässern vor Beirut, im Vordergrund die deutsche Fregatte »Bayern«. Aufnahme vom 29. Februar 2008.

Erschwert wird ein umfassender Erfolg dieses Unternehmens durch die Beschränkung, verdächtige Schiffe zwar umleiten und durchsuchen, vorhandene Waffen jedoch nicht beschlagnahmen zu dürfen. Am 17. September 2008 verlängerte der Deutsche Bundestag das UNIFIL-Mandat bis Ende 2009.

Die personelle, materielle, sanitätsdienstliche und logistische Abstützung des UNIFIL-Verbandes leistet eine rückwärtige Versorgungsbasis im Hafen von Limassol auf Zypern, rund 250 Kilometer von der libanesischen Küste entfernt. Auf Zypern sind ein Verbindungskommando, Marineschutzkräfte und Kampfmittelräumer stationiert. Die Bundeswehr nutzt den Militärflughafen der zypriotischen Luftwaffe in Paphos. *(sp, mp)*

April 2000 kündigte die israelische Regierung überraschend an, die IDF in Übereinstimmung mit den Resolutionen 425 (1978) und 426 (1978) im Juli 2000 aus dem Südlibanon abzuziehen. Der überhastete Rückzug war bereits am 25. Mai 2000 abgeschlossen. Damals legte die Kartografieabteilung der UN die Staatsgrenze zwischen Israel und Libanon verbindlich fest. Sie entspricht ziemlich genau der Blauen Linie. Israel hielt sich jedoch nicht exakt an diese Festlegung. Der von Israel errichtete Grenzzaun verlief teilweise auf libanesischem Staatsgebiet jenseits der Blauen Linie, und israelische Grenzpatrouillen nutzten Wege auf libanesischem Territorium.

Der libanesischen Regierung gelang es in der Folgezeit auch mit Unterstützung durch UNIFIL nicht, die Staatsgewalt über den Südlibanon zu erringen und durchzusetzen. Zwar waren libanesische Streitkräfte, Sicherheits- und Polizeiorgane dort stationiert. Die tatsächliche Macht aber übte zunehmend die Hisbollah aus, die den Platz der PLO eingenommen hatte. Die Stärke der UNIFIL sank von etwa 8000 Mann im Jahr 2000 auf etwa 2000 Blauhelmsoldaten Mitte 2006. Das Mandat wurde mehrfach der sich verändernden Lage angepasst. UNIFIL beschränkte sich auf die Präsenz entlang der Blauen Linie sowie auf Überwachungs- und humanitäre Aufgaben. UNTSO-Beobachter arbeiten mit UNIFIL bei der Überwachung des Waffenstillstands zusammen.

Der Ausbruch neuer Feindseligkeiten am 12. Juli 2006 kam für UNIFIL nicht gänzlich überraschend, wenngleich niemand mit einer derartigen Intensität der Kämpfe gerechnet hatte. Seit Januar hatte UNIFIL einen stetigen Anstieg der Spannungen entlang der Blauen Linie gemeldet. Das ohnehin bis zum 31. Juli 2006 befristete Mandat der UNIFIL verlängerte der Sicherheitsrat mit Resolution 1697 (2006) zunächst nur um einen Monat. Am 11. August 2006 dehnte er dann mit Resolution 1701 nicht nur dieses Mandat um weitere zwölf Monate aus, sondern erhöhte auch die Truppenstärke von UNIFIL auf bis zu 15 000 Mann. Der Befugnis aus dem Bericht des UN-Generalsekretärs und der Resolution 426 (1978), gewaltsamen Behinderungen des Auftrages notfalls mit Waffengewalt entgegenzutreten, verlieh dies den nötigen Nachdruck. Mit Stand September 2009 sind rund 13 000 Soldaten, Polizisten und zivile Kräfte unter dem Kommando des italienischen Generals Claudio Graziano für UNIFIL im Einsatz. Das mit Resolution 1884 (2009) am 27. August 2009 auf weitere zwölf Monate verlängerte Mandat endet am 31. August 2010.

Im Rahmen der erweiterten UNIFIL haben sich die UN von ihrem bis dahin gepflegten Dogma »we do not ships« verabschiedet. Zum ersten Mal fahren Kriegsschiffe unter der blauen Flagge. Nachdem Deutschland das Kommando über die Maritime Task Force (MTF UNIFIL) erstmals bereits ab 15. Oktober 2006 innegehabt hatte, übergab der italienische Flottillenadmiral Ruggiero Di Biase am 31. August 2009 das Kommando über den multinationalen Marineverband (MTF 448) an den deutschen Flottillenadmiral Jürgen Mannhardt. Deutschland stellt im September 2009 die Fregatte »Schleswig-Holstein« (Brandenburg-Klasse), zwei Schnellboote, einen Tender sowie Marineschutzkräfte.

Von Beginn an war der Auftrag der MTF UNIFIL auf zwei Ziele gerichtet. Die Seeraumüberwachung und Unterbindung des Waffenschmuggels entlang der gesamten libanesischen Küste ergänzen der Aufbau und die Ausbildung einer libanesischen Küstenwache sowie landeseigener Marinekräfte. Dabei darf die MTF UNIFIL lediglich in internationalen Gewässern das Einsatzmandat voll ausüben, innerhalb der 12-Seemeilen-Zone hingegen nur mit Beteiligung libanesischer Kräfte und innerhalb der 6-Seemeilen-Zone ausschließlich auf ausdrückliche Anforderung des Staates Libanon und mit Beteiligung libanesischer Kräfte. Der Schwerpunkt verlagerte sich in den vergangenen drei Jahren von Unterbindungsoperationen (Maritime Interdiction Operations, MIO) hin zur Ausbildung der libanesischen Marine. In zunehmendem Maße operieren deren Einheiten selbstständig in den Territorialgewässern, während sich die MTF UNIFIL auf eine Beobachterrolle beschränkt. Dieser veränderten Situation entsprechend umfasst die MTF UNIFIL nur noch acht Schiffe und Boote, was ihre Ausbildungskapazitäten einschränkt. In entsprechende Schulungsvorhaben ist seit einiger Zeit auch die libanesische Zollbehörde mit einbezogen. Der Aufbau eines lückenlosen Küstenüberwachungsradars ergänzt den Schutz der Küste des Libanon.

Thomas Breitwieser

Die Fregatte »Rheinland-Pfalz« wird am 22. August 2009 beim Einlaufen in den Marinestützpunkt Wilhelmshaven begrüßt, rechts im Hintergrund die Fregatte »Hamburg«. Das Kampfschiff der Deutschen Marine kehrte nach siebenmonatiger Mission am Horn von Afrika in seinen Heimathafen zurück.

Im Januar 2002 brachen von Wilhelmshaven aus deutsche Schiffe in den Indischen Ozean auf, um nach den verheerenden Anschlägen vom 11. September 2001 als Teil eines internationalen Flottenverbandes den internationalen Terrorismus zu bekämpfen (Operation ENDURING FREEDOM). Der maritime Beitrag, den die Bundesrepublik Deutschland seitdem am Horn von Afrika leistet, ist Ausdruck veränderter globaler Rahmenbedingungen und eines neuen Selbstverständnisses. Die sich seit den 1990er-Jahren grundlegend wandelnden Einsatz- und Führungsstrukturen sowie tief greifende Änderungen bei der Ausrüstung der Flotte spiegeln die neuen Aufträge der Deutschen Marine wider: Einen ersten Meilenstein auf diesem Weg bildete die Operation SOUTHERN CROSS 1994, als ein Einsatzverband deutsche Heereskräfte evakuierte, die im Rahmen der UNOSOM in Somalia verwendet worden waren.

Von der Escort Navy zur Expeditionary Navy: Die Deutsche Marine, UNOSOM und Enduring Freedom

Bis 1990 waren Landes- und Bündnisverteidigung im Rahmen der NATO, für die Bundesmarine also Geleitschutz auf hoher See und Operationen aus dem eigenen Küstenvorfeld heraus, die Hauptaufgaben, was den Einsatz in einem Ernstfall betraf. Seit dem Ende des Ost-West-Konfliktes sind Krisenbewältigung und Konfliktverhinderung in den Vordergrund getreten. Das Einsatzspektrum erstreckt sich mittlerweile von der Überwachung von Seegebieten über die Durchsetzung von Embargomaßnahmen bis hin zur maritimen Unterstützung von Heeres- oder Luftwaffenkontingenten im Kriseneinsatz (Joint Operations). Ferner leistete die Marine im ersten Halbjahr 2007 erstmalig einen maritimen Beitrag im Kontext des Battlegroup-Konzeptes der Europäischen Union (Maritime Task Force). All dies legt einen besonderen Schwerpunkt auf Fähigkeiten wie Führung, Aufklärung und Nachrichtengewinnung, Evakuierungen, Unterstützung für andere Teilstreitkräfte an Land und Aufgaben im Rahmen friedensfördernder Maßnahmen. Die neuen Einsatzszenarien unterstreichen die Bedeutung der zuvor schon unabdingbaren Reaktionsfähigkeit gegenüber Bedrohungen aus der Luft sowie überlegene Fähigkeiten zur Unter- und Überwasserseekriegführung, aber auch zum Erhalt der Operationsfreiheit bei Mineneinsatz. Die Feuerunterstützung von See aus gewinnt zunehmend an Gewicht.

Die Einsätze der Deutschen Marine am Horn von Afrika seit Mitte der 1990er-Jahre waren Ergebnis und Ausdruck geradezu revolutionärer Veränderungen der sicherheitspolitischen Lage, die sich in Deutschland und Europa nach dem Zusammenbruch des Warschauer Paktes vollzogen. Zwei Operationen bilden in der Rückschau Meilensteine eines neuen maritimen Denkens: Im Rahmen der Operation Southern Cross evakuierte erstens ein Einsatzverband im Frühjahr 1994 deutsche Heereskräfte, die mit insgesamt 1400 Mann das Engagement der Vereinten Nationen in Somalia (UNOSOM II, insgesamt ca. 28 000 Soldaten und Polizisten) logistisch unterstützt und in der Gegend um die zentralsomalische Stadt Belet Uen humanitäre Hilfe geleistet hatten, von Mogadischu über See ins kenianische Mombasa. Kurz nach den Terroranschlägen des 11. September 2001 mandatierte zweitens am 16. November der Deutsche Bundestag unter anderem auf Grundlage des Art. 51 der Charta der Vereinten Nationen den Einsatz deutscher Streitkräfte zur Unterstützung der gemeinsamen Reaktion auf terroristische Angriffe gegen die USA. In der deutschen Öffentlichkeit kam zumindest Southern Cross – ebenso wie die gleichzeitige Heeresoperation in Somalia – einem sicherheitspolitischen Tabubruch gleich.

Operation Southern Cross, Somalia 1994

Die maritime Operation Southern Cross fand 1994 während einer Phase sicherheitspolitischer Neuorientierung und Umstrukturierung der deutschen Streitkräfte statt. Diese sahen sich mit unzureichender Ausrüstung sowie mit Führungsverfahren und Aufklärungsmitteln, die auf einen zentraleuropäischen Einsatzraum zugeschnittenen waren, neuen Herausforderungen gegenüber. Die Bundesmarine führte mit Southern Cross einen anspruchsvollen maritimen Auftrag durch, indem sie vor der Küste das im Ausland operierende eigene Heer unterstützte. Angesichts der kurzen Vorbereitungszeit waren weder die Zuführung besonderer Ausrüstung noch die Nachrüstung der eingesetzten Einheiten – etwa im Bereich des Fernmeldewesens – möglich. Bei der Durchführung musste, ebenso wie bei der Zusammenarbeit mit den Heereskräften, vielfach improvisiert werden.

Grundlegende Unsicherheiten traten hinzu. Der Einsatz deutscher Minenabwehreinheiten vor Kuwait, zwischen April und Juli 1991 außerhalb des NATO-Vertragsgebietes durchgeführt, fand unter ungeklärten verfassungsrechtlichen Rahmenbedingungen statt. Auch als die Bundeswehr von Mai 1992 bis November 1993 ein Krankenhaus im kambodschanischen Phnom Penh aufbaute und betrieb (vgl. den Beitrag von Peter Hazdra), war sie in einen friedensbewahrenden und friedensschaffenden Einsatz eingebunden, ohne dass es im Bundestag und in der deutschen Gesellschaft grundlegende Übereinstimmung über einen

Wandel der deutschen Außen- und Sicherheitspolitik gegeben hätte. Die Unterstützung der Vereinten Nationen in Somalia ab August 1992 schließlich, zunächst in Form von Transportleistungen und Hilfsgütern, ab Mai 1993 dann mit einem verstärkten Nachschub- und Transportbataillon, lief unter dem Siegel einer »humanitären Aktion«. Die Operation, die im Februar 1994 endete, verfehlte insgesamt ihr politisches Ziel, nämlich im von Bürgerkrieg und Hunger gepeinigten Somalia stabile Verhältnisse zu schaffen. Erst nach der Rückkehr des deutschen Heereskontingentes stellte das Bundesverfassungsgericht mit seinem Urteil vom 12. Juli 1994 klar, dass die Bundeswehr sich an Maßnahmen kollektiver Friedenssicherung beteiligen könne, wenn das deutsche Parlament dem zustimme.

In dieser Situation erhielt im Januar 1994 das Flottenkommando vom Bundesministerium der Verteidigung den Auftrag, Verbindung zum II. Korps in Ulm herzustellen und ab dem 13. Februar das deutsche Somalia-Kontingent von Mogadischu aus über See nach Mombasa und nach Dschibuti zu evakuieren – in der Phase der notwendigen Transportumläufe jeweils eine einfache Strecke von 500 bzw. 1100 Seemeilen. Der zunächst sehr eng gefasste Auftrag wurde im Verlauf der Operation ständig erweitert und deckte schließlich fast die gesamte Bandbreite maritimer Unterstützungsmöglichkeiten ab, unter anderem Aufklärung, Überwachung und Sicherung. Eine besondere Herausforderung bedeuteten die enge Zusammenarbeit und reibungslose Abstimmung mit den Heereskräften in Somalia. Die für den Einsatzverband vorgesehenen Fregatten »Köln« und »Karlsruhe« (Aufnahmekapazität jeweils 100 bis 150 Mann), der Versorger »Nienburg« (200 bis 250 Mann) und der Tanker »Spessart« waren in unterschiedlichen Regionen gebunden. Ihre Anmarschstrecken von bis zu 6000 Seemeilen legten die Schiffe, aus dem Mittelmeer sowie aus Wilhelmshaven und Kiel abkommandiert, einzeln zurück. Für den Transport des Großgerätes musste die Bundeswehr drei zivile Frachter chartern.

Die Einschiffung des Kontingents in Mogadischu erfolgte an der Pier sowie durch Hubschrauber und angesichts einer möglichen Bedrohung aus der Altstadt unter verstärkten Schutzmaßnahmen der beteiligten Marineeinheiten. Den Hafenbereich selbst sicherten Heereskräfte. Nach der Verladung des letzten

Der Beginn der Bundeswehr-Einsatzausbildung: UNOSOM II

Der Somalia-Einsatz UNOSOM II, der 1993/94 mit zwei Kontingenten von ca. 1700 bzw. 1400 Soldaten durchgeführt wurde, brachte eine Reihe neuer Aufgaben mit sich. Der deutsche Unterstützungsverband musste personell rasch zusammengestellt und die Verlegung einer bis dahin gänzlich unüblichen Menge an Personal und Material in einen Teil der Welt organisiert werden, der für die Masse der Bundeswehrsoldaten außerhalb jeder Vorstellungskraft lag. Das deutsche Kontingent wurde in Belet Uen, 350 Kilometer nordwestlich von Mogadischu, stationiert. Es sollte dort eine indische Brigade unterstützen, die freilich nie eintraf. So konzentrierte sich seine Leistung auf die humanitäre Unterstützung der Bevölkerung.

Ein wichtiger Meilenstein wurde bei der Ausbildung der Einsatzkontingente erreicht: Da eine der wesentlichen Herausforderungen der Umgang mit fremden Kulturen sein würde, durchliefen alle Kontingentsoldaten an der Infanterieschule Hammelburg eine Vorausbildung. Zu jener Zeit war das eine noch unübliche Maßnahme.

Bei dieser Ausbildung galt es, die bis dahin üblichen Verfahrensweisen an die Verhältnisse im Einsatzland anzupassen: zum Beispiel bei Patrouillenfahrten, beim Betreiben von Checkpoints und was das Verhalten in einem stark verminten Land angeht. Neu war auch das Einüben deeskalierenden Verhaltens beim Umgang mit einer Menschenmenge. Die bisher für ein Gefecht hoher Intensität im konventionellen Krieg vorherrschenden Ausbildungsroutinen mussten nach dem Motto »fair, firm, and friendly« auf die geringstmögliche und notwendige Gewaltausübung heruntergefahren werden. Erstmals zeichnete sich ein Aufgabenprofil ab, das die Bundeswehr bis heute bei stabilisierenden Einsätzen vorfindet. *(mr)*

picture-alliance/dpa/Carsten Rehder

Ein deutscher UNOSOM-Soldat in Belet Uen, Juli 1993.

Die Fregatte »Köln« läuft im Februar 1994 in den Hafen von Mogadischu ein, um Heeressoldaten für den Rücktransport nach Deutschland an Bord zu nehmen.

picture-alliance/dpa/
Tim Brakemeier

Großgerätes blieben dort etwa 180 Heeressoldaten zurück, die nur noch mit Handfeuerwaffen ausgerüstet waren und darum so rasch wie möglich mit den Bordhubschraubern der beiden Fregatten auf die Schiffe verbracht wurden.

Parallel zur Verladung des deutschen Anteils zogen auch andere Nationen ihre UN-Kontingente ab. In Mogadischu kam es während der Operation täglich zu bewaffneten Auseinandersetzungen und Schießereien zwischen den Bürgerkriegsparteien, aber auch zu Handgranatenwürfen gegen UNOSOM und dem Einschlag einer schweren Mörsergranate in unmittelbarer Nähe der Pier. Der Befehlshaber des Marineverbandes sah sich mit einer unklaren Sicherheitslage konfrontiert. Austausch und Abgleich entsprechender Informationen gestalteten sich zwischen Heer und Marine schwierig. Lange Meldewege auf dem Umweg über Deutschland führten zu erheblichen Verzögerungen.

Zwischen dem 18. und 23. März transportierten die »Köln« und die »Karlsruhe« die letzten Heeressoldaten nach Dschibuti. Die schnell und präzise ablaufende Operation stellte auch im Vergleich der internationalen, vor Somalia eingesetzten Marinen das hohe Ausbildungsniveau der Besatzungen und die Einsatzbereitschaft der deutschen Einheiten unter Beweis. Trotz vorhandener Probleme bei Ausrüstung, Kommunikation und Koordination war der Einsatz vor Mogadischu aus Sicht der Marine insgesamt eine erfolgreiche Premiere. Southern Cross schrieb ein wichtiges Stück Marinegeschichte.

Das Einsatzgruppenkonzept der Deutschen Marine

Die Grundlage für die Neuausrichtung der Marine legten die »Verteidigungspolitischen Richtlinien« (VPR, Mai 2003) und die »Weisung zur Weiterentwicklung der Streitkräfte« (WWS, März 2004). Mittelpunkt einer neuen, einsatzorientierten Flottenstruktur war schließlich die Bildung zweier Einsatzflottillen im Sommer 2006. Für Krisenoperationen stellt die Marine zwei Einsatzgruppen bereit. Jede Einsatzgruppe umfasst eine Anzahl von Schiffen und Booten, aus der je nach Anforderungsprofil entsprechende Task Forces zusammengestellt werden. Die Führung auf See übernimmt ein eigener Einsatzstab. Heimat von zwei Fregattengeschwadern als Rückgrat maritimer Einsatzgruppen ist der Typstützpunkt Wilhelmshaven.

Jede der acht vorhandenen Fregatten der Bremen-Klasse und vier der Brandenburg-Klasse mit jeweils etwa 200 Mann Besatzung verfügt über zwei Bordhubschrauber, See- und Luftzielflugköper, Torpedorohre und konventionelle Geschütze mit entsprechenden Überwachungs-, Feuerleit- und Fernmeldemitteln. Zwischen November 2004 und April 2006 wurden dann mit drei Fregatten der Sachsen-Klasse die bislang größten Kampfschiffe in Dienst gestellt. Bis September 2008 liefen zwei leistungsstarke Korvetten (Brandenburg-Klasse) mit jeweils

picture-alliance/dpa/Ingo Wagner

Einsatzgruppenversorger »Frankfurt am Main« im Juni 2006 beim Auslaufen ins Mittelmeer.

58 Mann Besatzung zu, drei weitere folgen in den nächsten Jahren. Die Deutsche Marine verfügt außerdem über zehn ältere Flugkörper-Schnellboote der Gepard-Klasse, ein U-Boot-Geschwader u.a. mit vier hochmodernen Booten der Klasse 212, über Minenabwehreinheiten und eine größere Anzahl von Versorgern und Hilfsschiffen. Insbesondere für internationale Einsätze nachgefragt ist die fliegerische Komponente mit dem Seefernaufklärer Bréguet Atlantic (bis 2005) und seinem Nachfolgemodell P-3C Orion, aber auch mit Spezialflugzeugen wie der Dornier DO 228 für die Ölaufklärung.

Als wesentliche Verstärkung der maritimen Fähigkeiten wirkte die Indienststellung der Einsatzgruppenversorger »Berlin« und »Frankfurt am Main«. Beide können unter anderem 8000 Kubikmeter Kraftstoff, 900 Kubikmeter Wasser, 225 Tonnen Verpflegung und 195 Tonnen Munition aufnehmen. Integraler Bestandteil der Einsatzgruppenversorger ist außerdem ein in Containern untergebrachtes Marineeinsatz-Rettungszentrum (MERZ), ein schwimmendes Krankenhaus zur weltweiten Erstversorgung und Stabilisierung von bis zu 45 Patienten. Die »Berlin« kam beispielsweise 2005 nach der Tsunami-Katastrophe vor Banda Aceh zum Einsatz.

Enduring Freedom am Horn von Afrika

Die Anti-Terror-Operation Enduring Freedom (OEF) stand 2001 von Beginn an unter amerikanischer Führung. Bis heute koordinieren das U.S. Central Command (USCENTCOM) in Tampa/Florida sowie das U.S. Naval Command Central Region (USNAVCENT) in Bahrein für die maritimen Anteile den Einsatz und verfügen für das Operationsgebiet über die entscheidenden nachrichtendienstlichen Informationsmittel. Für die Deutsche Marine bestand eine Besonderheit darin, dass das in Aufstellung begriffene Einsatzführungskommando der Bundeswehr im Januar 2002 erstmals Führungsverantwortung in einem »scharfen« Einsatz übernahm. Ein deutscher Flottenverband wurde innerhalb von nur vier Wochen ausgerüstet und vorbereitet. Als er nach Abschluss der operativen Planungen bereits auf dem Weg zum Horn von Afrika war, fand der Unterstellungswechsel vom Flottenkommando zum Einsatzführungskommando statt.

Anders als bei Southern Cross war der Einsatz am Horn von Afrika im Rahmen von OEF – bei dem der Schwerpunkt insgesamt freilich in Afghanistan lag – aus deutscher Sicht eine reine Marineoperation, auch wenn dem Kommandeur des Einsatzkontingentes immer wieder auch Kräfte anderer Teilstreitkräfte und Organisationsbereiche unterstellt waren. Erstmals kam das »Einsatzgruppenkonzept« der Flotte, obwohl in Deutschland noch nicht strukturell umgesetzt, in vollem Umfang zum Tragen. Eine weitere Besonderheit war, dass dies nicht innerhalb der NATO-Strukturen geschah, sondern im Rahmen einer internationalen Koalition, die zunächst aus 16 Ländern (davon neun Nicht-NATO-Staaten) bestand. Der Flottenverband erhielt den Auftrag, im Rahmen der Task Force 150 eine weit gefasste Seeraum-Überwachungsoperation (Maritime Interdiction Operation, MIO) durchzuführen, um dabei gezielt gegen erkannte terroristische Verbindungen vorzugehen. Über die diesbezügliche Lage im Einsatzgebiet – insbesondere über die lokalen Seeverbindungswege zwischen der Arabischen Halbinsel und dem Horn von Afrika, aber auch, was mögliche Bedrohungen der Task Force selbst durch terroristische Angriffe anging – lagen dem deutschen Kommandeur zu Operationsbeginn nur unzureichende Informationen vor. Dies machte erhebliche Anstrengungen im Bereich der Aufklärung (Intelligence – Surveillance – Reconnaissance, ISR) notwendig.

Am 2. Januar 2002 liefen die Fregatten »Köln« und »Emden« sowie das Trossschiff »Freiburg«, der Tanker »Spessart« und die Tender »Donau« und »Main« von Wilhelmshaven aus in den Indischen Ozean aus, später verstärkt durch die Fregatte »Bayern« (Flaggschiff), den Einsatzgruppenversorger »Berlin« und das Flottendienstboot »Alster«. Der deutsche Beitrag für OEF umfasste auch Seefernaufklärungsflugzeuge vom Typ Bréguet Atlantic, die zunächst von einer Basis im kenianischen Mombasa und später von Dschibuti aus bis März 2005 etwa 450 Einsatzflüge und mehr als 4000 Flugstunden absolvierten. Sea King-Hubschrauber gelangten per Lufttransport an den Golf von Aden, fünf Schnellboote wurden auf Dockschiffen nachgeführt und stellten bis Mitte Februar 2002 ihre Einsatzbereitschaft her.

Bereits Ende Januar entstand in Dschibuti eine Marinelogistikbasis im Einsatzgebiet (MLBE) als nationaler Abstützungspunkt.

Die deutsche Einsatzgruppe übernahm als Teil einer internationalen Task Group Überwachungsaufgaben in einem Seegebiet zehnmal so groß wie die Bundesrepublik Deutschland, das rund 6000 Seemeilen Küstenlinie umfasst. Es erstreckt sich von Mombasa aus über die Ostküsten Somalias, Dschibutis, Eritreas und des Sudans bis ins Rote Meer und reicht über den Golf von Aden und die Arabische Halbinsel bis in den Persischen Golf. Am 5. Mai 2002 übernahm mit Admiral Gottfried Hoch erstmals ein deutscher Offizier die Funktion des Commander Task Force 150 (CTF). Er führte damit im Rahmen von OEF die gesamte Teiloperation am Horn von Afrika.

Seit dem Frühjahr 2002 nahm der Flottenverband eine Vielzahl von Aufträgen wahr. Die Einheiten überwachten terroristische Verbindungswege. Boarding teams der Koalitionsschiffe durchsuchten und überprüften – mit Zustimmung der Kapitäne – verdächtige Fahrzeuge; in der Zwölf-Meilen-Zone vor der Küste der Anrainerstaaten durften sie allerdings nicht operieren. Die Task Force 150 stellte außerdem den Geleitschutz für militärische Transporte sicher. Wichtige Schifffahrtslinien zwischen Europa und dem Indischen Ozean verlaufen durch den Golf von Aden, dem damit eine ähnliche Bedeutung für Handel und Rohstoffversorgung wie dem Suezkanal zukommt. Durch die Meerenge Bab el-Mandeb lief 2003 auch ein Großteil der amerikanischen und britischen Logistik für den Angriff auf den Irak. Täglich durchfahren sie 55 Schiffe. In der Straße von Hormus, die den Eingang zum Persischen Golf freigibt, sind es 75 täglich (vgl. den Beitrag von L. Daniel Hosseus).

Der erste Einsatzzyklus des deutschen Verbandes dauerte bis zum 16. Mai 2002. An diesem Tag verlegte die vor allem im Golf von Aden eingesetzte Schnellbootgruppe planmäßig auf eigenem Kiel zurück nach Deutschland. Etwa einen Monat später begann der von nun an ständig wiederholte Wechsel der im Indischen Ozean operierenden Fregatten. Der deutsche Bundestag verlängerte das Mandat für die Beteiligung an OEF jährlich. Das Kontingent wurde wiederholt reduziert, im September 2009 stellte Deutschland noch einen Seefernaufklärer vom Typ P-3C Orion und insgesamt knapp 100 Soldaten.

Wohin steuert die Deutsche Marine?

Im September 2006 titelte die »Frankfurter Allgemeine Zeitung«, die deutschen Soldaten, die im Rahmen der OEF Dienst leisteten, seien »Vergessen am Horn von Afrika«. Aufmerksamkeit fand die deutsche Beteiligung an der Anti-Terror-Operation ENDU-RING FREEDOM vor allem im Zusammenhang mit dem Dritten Golfkrieg 2003, als der Vorwurf laut wurde, die Bundeswehr unterstütze im Golf von Aden direkt den amerikanisch-britischen Aufmarsch gegen den Irak. Seither nimmt die Öffentlichkeit die Operation eher als Routinedienst mit mäßiger Bilanz wahr: Niemand wisse – ebenso wenig wie vor der Küste des Libanon –, ob der Einsatz tatsächlich Waffenschmuggel und internationalen Terrorismus behindere. In Kilogramm messbare Erfolge der Task Force 150 scheinen eine solche Wahrnehmung zu unterstützen. Waffenfunde am Horn von Afrika beschränkten sich bislang auf kleine Mengen.

Eine solche Argumentation verliert jedoch einerseits rasch den Ursprung des deutschen Engagements aus dem Blick, und sie darf andererseits nicht ausschließlich den Kampf gegen den Terrorismus in die Betrachtung einbeziehen. Der deutsche maritime Beitrag an der OEF war erstens zunächst ein Akt der Bündnissolidarität mit den Vereinigten Staaten nach den Terroranschlägen vom September 2001. Die deutsche Beteiligung ist im Gesamtzusammenhang eines Krieges zu sehen, der in Afghanistan, im Indischen Ozean und in seinen Randmeeren sowie einigen angrenzenden Küstenländern geführt wird. Deutschland übernahm hier vor allem in der Anfangsphase von OEF erhebliche Verantwortung auf See.

Bereits nach wenigen Wochen des Einsatzes machte sich zweitens – freilich schwer in Zahlen bilanzierbar – vermehrt Sicherheit in der Region bemerkbar. Die Anrainerstaaten des durch Piraterie geplagten Seeraumes nahmen die internationalen Schiffe als Ansprechpartner wahr, die in Seenotfällen oder gegen Piraten zu Hilfe gerufen wurden. Deutsche Einheiten leisteten Unterstützung bei der humanitären Versorgung von »boat people« oder im April 2004 nach einer Hochwasserkatastrophe in Dschibuti. Gemeinsame Übungen mit der jemenitischen Küstenwache dienen letztlich dem Ziel, immer mehr Aufgaben im

Bereich Sicherheit an die Anrainerstaaten abzugeben. Insgesamt wirkte sich die internationale Präsenz stabilisierend aus, wenn auch, wie der Einmarsch äthiopischer Truppen in Mogadischu und die Vertreibung der islamistischen Milizen zu Weihnachten 2006 zeigten, der Anti-Terror-Kampf bislang nicht für dauerhafte Stabilität gesorgt hat.

Die beeindruckende Leistungsbilanz der Deutschen Marine und die schwierigen politischen und wirtschaftlichen Rahmenbedingungen am Horn von Afrika geben allerdings durchaus Anlass darüber nachzudenken, welchen Weg die Entwicklung deutscher Seestreitkräfte insgesamt nehmen wird. Diese befinden sich spätestens seit Southern Cross 1994 in Somalia zumindest auf halber Fahrt in Richtung einer weltweit ausgerichteten Expeditionary Navy. Die Frage schließlich, ob der Einsatz der Marine durch die Politik sinnvoll ist, muss letztere von Fall zu Fall und ständig neu entscheiden: Die Beispiele Somalia und Afghanistan machen überdeutlich, dass weder der »war against terrorism« noch die Friedensbemühungen der Vereinten Nationen jeweils mit militärischen Mitteln allein Erfolge versprechen.

Gleichzeitig macht OEF aber auch die Vorteile zukünftiger Einsätze zur See klar. Vorabstationierungen (pre-deployment) von Seekriegsmitteln können im Vorfeld von Krisen deeskalierend wirken und als Instrument möglicher politischer Willensdurchsetzung genutzt werden. Vielleicht liegt ein Schlüssel zum Erfolg mit Blick auf deutsches maritimes Engagement vor allem darin, sich bewusst zu werden, dass Schiffe dahin fahren, wo Gefahren sein werden, statt dorthin zu fahren, wo Gefahren waren. Dies erfordert die Nutzung der Gesamtheit zur Verfügung stehender Aufklärungsmittel und die Vorlage stichhaltiger Analysen, die der Politik helfen, frühzeitige Positionsbestimmungen vorzunehmen und proaktive Entscheidungen herbeizuführen.

Bernhard Chiari

Mit der von Juli bis Dezember 2006 dauernden Mission EUFOR RD Congo absolvierte die Europäische Union (EU) nach der Operation ARTEMIS (2003) bereits ihren zweiten militärischen Einsatz im Land. Die EUFOR sollte vor allem in der kongolesischen Hauptstadt Kinshasa zu einem sicheren Umfeld für die Präsidentschafts- und Parlamentswahlen beitragen. Das Foto zeigt Anhänger des Kandidaten Joseph Kabila, nachdem der Oberste Gerichtshof am 27. November 2006 das Ergebnis der Präsidentenwahl bestätigt und Kabila zum Sieger erklärt hatte. Rund 2400 Soldaten aus 21 EU-Ländern, der Türkei und zeitweise der Schweiz dienten im Rahmen der EUFOR. Deutschland war mit durchschnittlich 750 Männern und Frauen nach Frankreich der zweitgrößte Truppensteller.

Die Mitgliedstaaten der EU versuchen seit 1993, ihre Außen- und Sicherheitspolitik zu koordinieren. Hierzu wurde 2003 ein Konzept vorgestellt, das auf den Erfahrungen und Modellen der Vorgängerorganisationen basiert. 2005 beschloss die Union zudem eine eigene Afrika-Strategie, die den »Schwarzen Kontinent« und seine vielfältigen Probleme in das Blickfeld Europas rückt.

Die Beteiligung der Bundeswehr an der Operation EUFOR RD Congo

In der Demokratischen Republik Kongo tobten 1996/97 und von 1998 bis 2002 zwei Bürgerkriege, denen – kaum beachtet von der Weltöffentlichkeit – Millionen von Menschen zum Opfer fielen. Im November 1999 reagierten die Vereinten Nationen auf die verheerende Lage mit der Entsendung der bis dahin größten Friedensmission MONUC (Mission de l'Organisation des Nations Unies en République Démocratique du Congo). Diese operierte in einem Land, das sechsmal so groß wie die Bundesrepublik Deutschland ist und mit rund 53 Millionen Einwohnern (2003) zu den bevölkerungsreichsten Staaten Afrikas zählt. Schon einmal, nach Erlangung der Unabhängigkeit von Belgien 1960, waren für vier Jahre UNO-Truppen im Kongo eingesetzt gewesen.

Das Pretoria-Abkommen vom 17. Dezember 2002, in dem Grundzüge einer Friedensregelung festgelegt wurden, und der Abschluss eines Friedensabkommens in Sun City (Südafrika) am 2. April 2003 beendeten offiziell die bewaffneten Auseinandersetzungen: Die wichtigsten Konfliktparteien verständigten sich unter internationaler Vermittlung auf eine Phase des politischen Übergangs, gekennzeichnet durch eine Interimsverfassung und die Einsetzung einer vorläufigen Regierung. Mit der Annahme einer neuen Verfassung auf dem Wege eines Referendums sowie der Neubesetzung wichtiger Positionen in den Behörden sollte der Prozess der Neuordnung im Kongo seinen Abschluss finden.

Das Erbe zweier Bürgerkriege bestand in einem schwachen Staat mit kaum funktionierenden Rechtsstrukturen, Korruption, Misswirtschaft, einer desolaten Infrastruktur und ethnischen Konflikten. Wirtschaftliche Verteilungskämpfe zwischen Milizen, Machthabern der Provinzen und anderen kongolesischen wie ausländischen Akteuren ließen das zentralafrikanische Land auch nach dem Friedensabkommen nicht zur Ruhe kommen und verzögerten immer wieder den Friedensprozess. Insbesondere in den rohstoffreichen Ostprovinzen des Kongo flackerten nach Unterzeichnung des Friedensschlusses immer wieder Kämpfe auf.

Dennoch kam es zu Fortschritten: Am 18. Dezember 2005 billigte eine deutliche Mehrheit der kongolesischen Bevölkerung eine neue Verfassung, auf deren Grundlage die Wahlgesetzgebung für die im April 2006 geplanten Parlaments- und Präsidentschaftswahlen verabschiedet wurde. Zu diesem Zeitpunkt leisteten mehr als 18 000 UNO-Blauhelme der MONUC – mehrheitlich eingesetzt in den östlichen Unruheprovinzen, ca. 1500 zum Schutz von UNO-Einrichtungen in Kinshasa – ihren Dienst im Kongo. Im Zuge der Wahlvorbereitung mussten sie verstärkt Präsenz zeigen und die kongolesischen Behörden logistisch unterstützen, um den Wahlprozess abzusichern. MONUC rechnete insbesondere für die Zeit nach Bekanntgabe des Ergebnisses mit Ausschreitungen zwischen den Anhängern der 33 Präsidentschaftskandidaten. Vor allem die schwer bewaffneten Gefolgschaften der beiden Favoriten – des amtierenden Übergangspräsidenten Joseph Kabila und des Übergangsvizepräsidenten Jean-Pierre Bemba – stellten einen erheblichen Unsicherheitsfaktor dar.

Vor diesem Hintergrund ersuchte UNO-Generalsekretär Kofi Annan um eine zeitweilige Aufstockung der MONUC-Truppen, fand im UN-Sicherheitsrat jedoch keine Mehrheit. Am 27. Dezember 2005 wandte sich daher der Direktor der UN-Abteilung für Friedensoperationen, Jean-Marie Guéhenno, an die Ratspräsidentschaft der EU und bat die Europäer um Bereitstellung militärischer Kräfte. Mit EUSEC RD Congo (Beratungs- und Unterstützungsmission zur Förderung der Reform des Sicherheitssektors) und EUPOL Kinshasa (Unterstützungsmission im Rahmen der Ausbildung der kongolesischen Polizei) war die Union zu dieser Zeit bereits mit zwei Missionen im Kongo aktiv. Schließlich war die EU zwischen Juni und September 2003 MONUC bereits einmal im Osten des Kongos militärisch zu Hilfe gekommen, und dies unter logistischer deutscher Beteiligung (Operation Artemis).

Die Anfrage nach zusätzlichen militärischen Mitteln hatte auch aufgrund der sicherheitspolitischen Rahmenbedingungen gute Aussichten auf Erfolg: Am 12. Dezember 2005 hatte der Europäische Rat beschlossen, den demokratischen Transformationsprozess im Kongo zu unterstützen. Außerdem verabschiedete die EU im gleichen Monat eine Afrika-Strategie, die den Einsatz militärischer und zivilmilitärischer Instrumente mit dem Ziel vorsah, Stabilität und Sicherheit in der Region Subsahara-Afrika herzustellen. Bei ihrer Sicherheitsstrategie hatte die EU darüber hinaus schon 2003 grundsätzlich die maßgebliche Rolle der UNO für die internationale Sicherheit anerkannt und sich dazu verpflichtet, deren diesbezügliche Bemühungen zu unterstützen.

Politischer Entscheidungsprozess und militärische Vorbereitungen

Im Januar 2006 befasste sich das Politische und Sicherheitspolitische Komitee der EU (PSK) mit der Anfrage der Vereinten Nationen. Ende Januar 2006 – unmittelbar nach dem deutsch-französischen Gipfel in Versailles – war verschiedenen Pressemeldungen zu entnehmen, dass die EU eine Sondierungsmission in den Kongo entsenden wolle. Tatsächlich liefen zu diesem Zeitpunkt erste militärische Erkundungen an, welche die Grundlage für ein »Option Paper« am 9. Februar bildeten. Mitte März sprachen sich die deutsche Bundeskanzlerin Angela Merkel und der französische Staatspräsident Jacques Chirac öffentlich für einen Einsatz der EU im Kongo aus.

Deutschland erklärte sich nach anfänglicher Skepsis schließlich sogar bereit, die Führungsverantwortung zu übernehmen, und stellte das damalige, durch einen deutschen Kernstab betriebene EU Operation Headquarters (OHQ) beim Einsatzführungskommando der Bundeswehr in Potsdam für die strategische Führung der Mission bereit. Andere EU-Staaten verfügten zwar ebenfalls über entsprechende Infrastruktur, schieden aber als Führungsnation aus: Großbritannien verwies auf sein hohes militärisches Engagement im Irak und in Afghanistan, Frankreich wollte – nachdem es 2003 die Operation Artemis nahezu ausschließlich mit nationalen Kräften durchgeführt hatte – nicht erneut Führungsverantwortung im Kongo übernehmen, schon um erst gar keine Zweifel an der Neutralität von EUFOR aufkommen zu lassen. Belgien machte geltend, dass es seit 1994 generell keine Kampfverbände mehr in ehemalige Kolonien schicke.

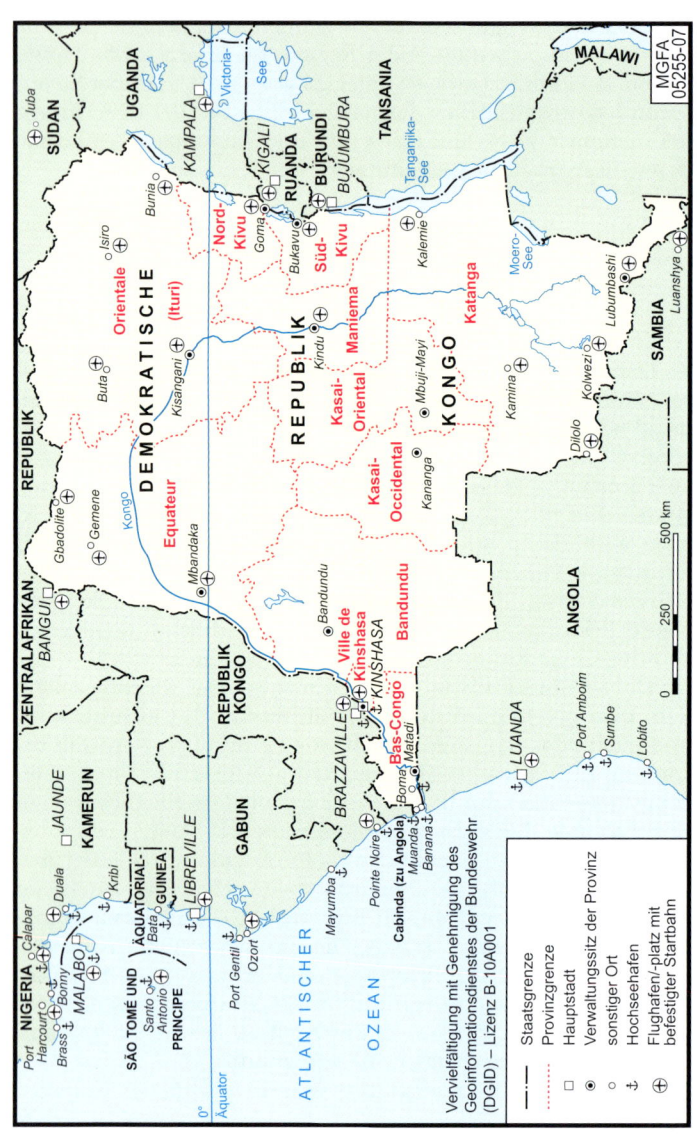

Vervielfältigung mit Genehmigung des
Geoinformationsdienstes der Bundeswehr
(DGID) – Lizenz B-10A001

Staatsgrenze
Provinzgrenze
Hauptstadt
Verwaltungssitz der Provinz
sonstiger Ort
Hochseehafen
Flughafen/-platz mit
befestigter Startbahn

MGFA
05255-07

Die Bundesregierung stellte fünf Bedingungen für ihr Engagement. Erstens musste die Regierung der Demokratischen Republik Kongo die Mission genehmigen und der UN-Sicherheitsrat sie zweitens mit einem robusten Mandat ausstatten. Um der Mission ein gesamteuropäisches Profil zu verleihen, forderte Deutschland drittens die substanzielle Beteiligung weiterer EU-Mitgliedstaaten. EUFOR sollte viertens räumlich auf Kinshasa konzentriert (dies legte zwar nicht die UN-Resolution, aber das spätere Bundestagsmandat für die Bundeswehrkräfte fest) und schließlich fünftens auf vier Monate befristet werden.

Neben dem OHQ in Potsdam sah die EU ein französisch geführtes Feldhauptquartier (Force Headquarters, FHQ) für die operative Führung der Mission vor. Ein Teil der EUFOR-Kräfte sollte in Libreville, der Hauptstadt Gabuns, stationiert und erst im Krisenfall im Lufttransport in den Kongo verlegt werden. Bereits im Vorfeld des Einsatzes zeichnete sich das deutsche Interesse ab: Der Einsatz von EUFOR durfte die erst im Aufbau befindlichen gesamteuropäischen Kapazitäten nicht überstrapazieren, er sollte die Handlungsfähigkeit der EU unter Beweis stellen sowie mit der zeitlichen und räumlichen Begrenzung auf Kinshasa bzw. Gabun mögliche Risiken von vornherein gering halten.

Angesichts des näherrückenden Wahltermins drängte die Zeit für die notwendigen politischen Entscheidungen und militärischen Vorbereitungen: Am 23. März 2006 stimmte der Europäische Rat der Entsendung einer militärischen Eingreiftruppe zur Unterstützung der MONUC zu und teilte dies dem UN-Generalsekretär am 28. März 2006 offiziell mit. Der UN-Sicherheitsrat forderte daraufhin mit Resolution 1671 (2006) vom 25. April 2006 europäische Kräfte an und erteilte diesen ein entsprechendes Mandat. Zwei Tage später verabschiedete der Rat der EU die gemeinsame Aktion 2006/319/CFSP, welche die Entsendung der Militärmission vorsah, und bestimmte Generalleutnant Karl-Heinz Viereck zum »Operation Commander« – eine Position, für die Viereck bereits Ende März verbindlich nominiert worden war. Am 12. April war nach der Entsendung von Verstärkungspersonal aus zahlreichen Staaten und dem »Hochfahren« des Potsdamer OHQ das multinationale Hauptquartier einsatzbereit. Der bis Mitte Mai in einem mühsamen multilateralen Abstimmungsprozess erarbeitete Operationsplan bildete die Grundlage für den folgenden, von der Union erstmals in ihrer Geschichte autonom geführten Einsatz: Bislang hatte die EU entweder auf entsprechende Fähigkeiten der NATO zurückgegriffen (beispielsweise Althea in Bosnien-Herzegowina) oder die Führung von Operationen übernommen, die in nationaler Verantwortung vorbereitet worden waren (Artemis).

Der Prozess der Truppenstellung gestaltete sich schwierig: Zwar waren sich die EU-Mitgliedstaaten im Grundsatz darüber einig, dass die EU einen Beitrag im Kongo zu leisten habe, bei der konkreten Bereitstellung eigener Kräfte übten sie jedoch Zurückhaltung. Der Einsatz von Gefechtsverbänden der EU zur schnellen Krisenreaktion kam nicht infrage, da diese noch nicht ihre volle Einsatzbereitschaft erreicht hatten. Erst nach mehreren Wochen und zahlreichen informellen Konsultationen gelang die Kräftegenerierung. 21 EU-Staaten, die Türkei und zeitweise die Schweiz beteiligten sich. Das etwa 2200 Soldatinnen und Soldaten zählende EUFOR-Kontingent setzte sich aus jeweils ca. einem Drittel Franzosen und Deutschen sowie kleineren Anteilen aus der übrigen EU und der Türkei zusammen.

Am 24. Mai 2006 beschloss das Bundeskabinett den Einsatz, am 1. Juni stimmte der Bundestag mit großer Mehrheit zu. Der Auftrag für EUFOR lautete im Kern, mögliche Störer des Wahlprozesses abzuschrecken und zur Schaffung eines sicheren Umfeldes in der Hauptstadt Kinshasa beizutragen. Gemäß UN-Resolution 1671 hatte EUFOR ausschließlich auf Anfrage der Vereinten Nationen und auch dann nur in dritter Reihe – hinter den kongolesischen Sicherheitskräften und MONUC – in Erscheinung zu treten. Neben der Unterstützung der UNO-Mission stellte sich EUFOR darauf ein, Zivilpersonen zu schützen, den Flughafen von Kinshasa zu sichern und in begrenztem Umfang Personen zu evakuieren. Medizinische Versorgung im Raum Kinshasa, Aufklärung, Lufttransport, Führungsunterstützung und Logistik rundeten das Aufgabenspektrum ab. Die Bevölkerung wurde von EUFOR mittels einer gezielten Medienstrategie über Ziel und Zweck der Mission informiert.

Der Verlauf des Einsatzes

Die europäischen Kräfte verlegten von Anfang Juni bis Ende Juli 2006 in die Demokratische Republik Kongo und Gabun. Am 29. Juli 2006 – nur einen Tag vor den Parlaments- und Präsidentschaftswahlen – meldete EUFOR die volle Einsatzfähigkeit. 780 deutsche Soldatinnen und Soldaten leisteten in Afrika einen Beitrag zur Absicherung des Wahlprozesses: 370 waren in Kinshasa stationiert, die übrigen 410 standen auf einem Stützpunkt in Gabun bereit, wo im Rahmen einer aus deutschen und niederländischen Luftlandeeinheiten gebildeten Task Group eine schnelle Eingreifreserve gebildet worden war. Am 30. Juli 2006 fanden nach 46 Jahren landesweit die ersten freien Wahlen statt. Bei einer Beteiligung von bis zu 85 Prozent in den Städten gaben die Einwohner ihre Stimme ab, ohne dass es zu nennenswerten Zwischenfällen kam. Bei der Abstimmung zur Nationalversammlung gewann das Kabila-Lager.

Nach dem ersten Wahlgang zu den Präsidentschaftswahlen, der keine Entscheidung brachte – die beiden Spitzenkandidaten Joseph Kabila und Jean-Pierre Bemba lagen Kopf an Kopf –, musste EUFOR militärisch eingreifen. Nun trat genau das Szenario ein, das die Entsendung politisch und militärisch motiviert

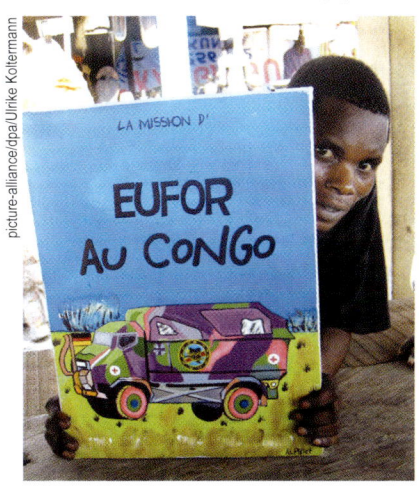

picture-alliance/dpa/Ulrike Koltermann

Ein Verkäufer in Kinshasa hält ein Bild hoch, das dem Comic »Tim und Struppi im Kongo« nachempfunden ist und ein europäisches Militärfahrzeug zeigt.

hatte: Zwischen dem 20. und 22. August kam es in Kinshasa zu Schießereien zwischen Anhängern Kabilas und Bembas. Zwei Kompanien der MONUC und eine spanische EUFOR-Kompanie stellten sich zwischen beide Gruppen und schützten Bembas Wohnsitz vor Übergriffen. Das militärische Eingreifen ermöglichte es, einige Angehörige des Internationalen Komitees zur Begleitung des Transformationsprozesses, die sich zum Zeitpunkt der Auseinandersetzung in Bembas Residenz aufhielten, sicher aus der Gefahrenzone zu bringen. Im Zuge der Ereignisse verlegte EUFOR mehr als 200 Soldaten zur Erhöhung der militärischen Präsenz aus Gabun nach Kinshasa.

Dieser Einsatz, der Jean-Pierre Bemba vermutlich das Leben rettete, wirkte sich in zweierlei Hinsicht positiv aus: Er verschaffte der EU-Friedenstruppe zum einen Respekt und erhöhte zum anderen ihre Glaubwürdigkeit. EUFOR galt nunmehr in den Augen der meisten Kongolesen als neutral. Der zuvor weitverbreiteten Meinung, EUFOR unterstütze Kabila, wurde nach den August-Unruhen die Grundlage entzogen. Am 18. September spitzte sich die Lage von Neuem zu, als eine Bemba gehörende Fernsehstation in Flammen aufging. Auch hier wirkte EUFOR deeskalierend.

Da beim ersten Anlauf der Präsidentenwahlen keiner der Kandidaten die absolute Mehrheit erreicht hatte, mussten sich die beiden Erstplatzierten einer Stichwahl stellen. Organisatorische Verzögerungen führten dazu, dass der ursprüngliche Zeitplan nicht eingehalten werden konnte und die zweite Abstimmung erst am 29. Oktober stattfand. Aus diesem ruhig verlaufenen Urnengang ging Kabila mit 58,05 Prozent der gültigen Stimmen als Sieger hervor. Das vorläufige Ergebnis wurde am 15. November bekannt gegeben. Am 18. November erhob Bemba beim Obersten Gerichtshof dagegen Einspruch. Drei Tage später kam es zu gewalttätigen Demonstrationen seiner Anhänger, die von MONUC-Kräften beendet werden konnten. Der Einspruch Bembas wurde am 27. November – nur drei Tage vor dem Abzug der EUFOR am 30. November – abgewiesen, ohne dass das Urteil erneute Unruhen auslöste. Als sich Joseph Kabila am 6. Dezember feierlich in das Amt des Staatspräsidenten einführen ließ, war die Rückverlegung der EUFOR-Angehörigen aus dem Kongo bereits in vollem Gange.

Laurent-Désiré Kabila und Joseph Kabila

Kabila, am 27. November 1939 in Moba am Tanganjikasee (Provinz Süd-Katanga) geboren, gehörte in den 1950er-Jahren der Jugendorganisation der Partei Balubakat an, die für die Interessen des Volkes der Baluba (Luba) in Katanga eintrat und Patrice Lumumba nahestand. Nach der Unabhängigkeit des Landes war Kabila an mehreren Aufständen im Ostkongo beteiligt und führte in den 1960er-Jahren die Süd-Kivu- und Nordost-Katanga-Front. Die 1967 von Kabila gegründete Parti de la Révolution Populaire (PRP) hatte in diesem Gebiet ihren Schwerpunkt und bekämpfte vom Osten aus die Regierung in Kinshasa. Nach militärischen

picture-alliance/dpa/Desirey Minkoh

Rückschlägen verließ Kabila das Land. Er setzte sich 1996 an die Spitze der neu gegründeten Alliance des Forces Démocratiques pour la Libération du Congo (AFDL). Nach mehrmonatigen Kämpfen setzte die AFDL im Mai 1997 dem Regime Joseph-Désiré Mobutus ein Ende. Kabila erklärte sich zum Präsidenten und übernahm die Macht. Er wurde am 16. Januar 2001 in Kinshasa ermordet.

Im Präsidentenamt folgte auf Laurent-Désiré Kabila am 26. Januar 2001 sein Sohn Joseph, geboren am 4. Juni 1971. Joseph Kabila kämpfte gemeinsam mit seinem Vater in dessen Rebellenarmee. Seine militärische Ausbildung hatte er in Uganda und Ruanda erhalten. Vor der Ermordung seines Vaters diente er – mit 30 Jahren bereits Generalmajor – in den kongolesischen Streitkräften und war an zahlreichen Operationen gegen die Guerillas im Osten des Landes beteiligt. Joseph Kabila erreichte im Dezember 2002 ein Friedensabkommen zwischen der Regierung und den Rebellen. Im März 2004 überstand er einen versuchten Staatsstreich durch Anhänger seines Amtsvorgängers Mobutu. Eine Allparteienregierung unter Kabilas Leitung veranlasste die freien Wahlen im Sommer 2006, aus denen Kabila als Sieger hervorging. *(bc)*

Nach der Mission

In der deutschen Öffentlichkeit war vor, während und nach dem Kongoeinsatz der Bundeswehr die Meinung weitverbreitet, Deutschland sei wider Willen in das EUFOR-Abenteuer hineingezogen worden. Es habe – im Gegensatz zu anderen Truppenstellern – im Kongo keine eigenen politischen oder ökonomischen Ziele verfolgt. Der Bundesregierung gelang es nicht, dieses Bild glaubhaft zu korrigieren und die übergeordneten sicherheitspolitischen Hintergründe, die sehr wohl im Interesse der deutschen Außenpolitik lagen, zu vermitteln. Zwar mag Subsahara-Afrika im Allgemeinen und der Kongo im Besonderen 2006 nicht im Mittelpunkt des deutschen außen- und sicherheitspolitischen Interesses gestanden haben. Als Gründungsstaat und jahrzehntelanger Motor der EU und ihrer Vorgängerinstitutionen hatte sich Deutschland jedoch seit jeher für den Aufbau einer Gemeinsamen Außen- und Sicherheitspolitik (GASP) der EU eingesetzt. Die Union und Deutschland konnten sich der Bitte der Vereinten Nationen kaum verweigern, ohne dass das Ansehen Europas und damit der Prozess der europäischen Integration Schaden genommen hätten. Vor diesem Hintergrund bestand ein bestimmendes Motiv für die Teilnahme und schließlich die Übernahme der militärischen Führungsverantwortung Deutschlands auch in der institutionellen Erprobung von Instrumenten der Europäischen Sicherheits- und Verteidigungspolitik, dem Kern der GASP.

Der Einsatz trug diesem Konzept militärisch Rechnung: Die Mission war bewusst räumlich und zeitlich begrenzt worden, um das Risiko von Fehlschlägen zu minimieren. Die strikte Einhaltung der zeitlichen Begrenzung sowie die räumliche Konzentration der Bundeswehrkräfte auf Kinshasa und Gabun erwiesen sich aus dieser Perspektive heraus als richtig. EUFOR hatte während der Mission keine Opfer zu beklagen. Größere Spannungen zwischen den Konfliktparteien in der Hauptstadt konnten präventiv durch Abschreckung und durch das Eingreifen während der »August-Unruhen« vor Bembas Residenz vermieden werden. Mit EUFOR stellte die Union unter Beweis, dass sie als globaler Sicherheitsakteur grundsätzlich handlungsfähig ist. Ihr Konzept barg allerdings auch Risiken: Die peinliche Einhaltung des Abzugsplans, obwohl der tatsächliche Ablauf der Wahlen den ursprünglichen Terminen weit hinterherhinkte, sowie die Vorbereitungen für die Rückverlegung just zu dem Zeitpunkt, als die Ergebnisse der Stichwahl bekannt gegeben und der neue Präsident in sein Amt eingeführt wurden, standen sogar im Widerspruch zum Ziel der Mission, die ja gerade nach Bekanntgabe der Wahlergebnisse MONUC verstärken sollte. Die diesbezügliche Linie der Union war innenpolitischen Rücksichtnahmen, u.a. mit Blick auf Deutschland, aber nicht der Situation vor Ort geschuldet. Hätten die Konfliktparteien in Kinshasa und in anderen Teilen des Kongo auf das Ergebnis der Stichwahl mit Waffengewalt geantwortet, hätte EUFOR – wie kritische Beobachter anmerkten – nicht reagieren können und das Land verlassen müssen. Der Ernstfall blieb EUFOR glücklicherweise erspart.

Auch wenn die bestimmenden Motive für den Einsatz von EUFOR im übergeordneten sicherheitspolitischen Bereich zu suchen sein dürften, sollte die wesentliche Leistung der Operation, die Unterstützung von MONUC während des Wahlprozesses, gleichwohl nicht aus dem Blick geraten. Zwar konnte EUFOR angesichts überaus bescheidener militärischer Mittel nur einen begrenzten Beitrag für Stabilität, Rechtsstaatlichkeit und »good governance« im Kongo leisten. Die Spannungen, die zu den Kongo-Kriegen nach 1996 führten, blieben ungelöst. Bis heute ist die sozioökonomische Lage angespannt. Auch die fragile Sicherheitslage im Osten macht die Präsenz von MONUC sowie ein europäisches Engagement auf längere Sicht notwendig. Mit Hilfe von EUFOR und der Einsetzung einer neuen Regierung konnte aber zumindest die Übergangsphase abgeschlossen und eine Perspektive für den demokratischen Neuanfang eröffnet werden.

Magnus Pahl

Unter dem Eindruck des gerade beendeten Zweiten Weltkrieges konstituierten sich im Oktober 1945 die Vereinten Nationen (United Nations, UN). Vor dem Hintergrund der millionenfachen Verluste an Menschenleben lag im Gedanken der Wahrung des Weltfriedens durch ein striktes Gewaltverbot bei gleichzeitiger Unverletzlichkeit staatlicher Souveränität das Gründungsmotiv der Weltorganisation. 1973 wurden auch die Bundesrepublik Deutschland und die DDR Vollmitglieder.

Die Bundeswehr stellt seit den 1990er-Jahren Militärbeobachter und Stabsoffiziere für UN-Friedensmissionen, die sich seit ihren Anfängen im Jahr 1948 konzeptionell ständig weiterentwickelten. Das Foto vom April 2004 zeigt UN-Beobachter aus Deutschland, Bolivien und Russland sowie einen nationalen Beobachter der Sudan People's Liberation Army (SPLA) bei der Befehlsausgabe im Camp Rumbek des OCHA (Office for the Coordination of Humanitarian Affairs), Sudan.

■ Beobachtermissionen der Vereinten Nationen

Zur internationalen Konfliktbeilegung unterscheidet die UN-Charta Maßnahmen der friedlichen Streitschlichtung nach Kap. VI (Verhandlung, Vermittlung, Vergleich, Untersuchung, Schiedsspruch usw.) und kollektive Zwangsmaßnahmen unter Einschluss von Gewalt nach Kap. VII. Konsens und Kompromiss mit den streitenden Parteien stehen also in den Mandaten nach Kap. VI zivilen Sanktionen und militärischer Gewalt nach Kap. VII gegenüber. Der Einsatz von Soldaten unter blauem Barett oder blauem Helm zur Überwachung von Waffenstillständen und Friedensprozessen erfolgte bis in die frühen 1990er-Jahre grundsätzlich nicht nach Kap. VII, sondern immer unbewaffnet oder nur zur Selbstverteidigung ausgerüstet nach einem imaginären Kap. »sechseinhalb«. Denn in der Charta der Vereinten Nationen sind Friedenstruppen unter UN-Kommando eigentlich gar nicht vorgesehen. Inzwischen stützen sich viele Friedensmissionen auch auf UN-Polizei und ziviles Personal. Gleichwohl spielten Militärs aufgrund der geforderten Fachkompetenz und der praktischen Begleitumstände von Anfang an eine führende Rolle in UN-Missionen – und sie tun dies bis heute. Ihr zweiter Generalsekretär Dag Hammerskjöld brachte dies auf die viel zitierte Formel: »Peacekeeping is not a job for soldiers, but only soldiers can do it.«

Auf ihre erste Beobachtermission, die UN Truce Supervision Organization (UNTSO), entsandten die Vereinten Nationen in den gerade begonnenen ersten Nahostkrieg im Juni 1948 ein Kontingent von internationalen Offizieren noch während der laufenden Kämpfe, um der Forderung nach Waffenruhe Nachdruck zu verleihen und die im Land aktive UN-Waffenstillstandskommission zu unterstützen. Darauf folgte 1949 eine Mission zur Überwachung der indisch-pakistanischen Grenze in Kaschmir (UN Military Observer Group in India and Pakistan, UNMOGIP). UNTSO und UNMOGIP dauern noch immer an. Am Ende der Suez-Krise 1956 kam es zum ersten »echten« Blauhelmeinsatz mit ganzen Truppenverbänden auf dem Sinai. Zur UN Emergency Force (UNEF I) gehörten bis zu 6000 Soldaten aus zehn Ländern.

Von solchen Friedensmissionen hielt sich die Bundesrepublik bis Ende der 1980er-Jahre fern. Erst im Sommer 1989 entsandte Bonn 50 Beamte des Bundesgrenzschutzes nach Namibia, die – ebenso wie etwa 30 Polizisten aus der DDR – zum 1000 Mann starken Polizeikontingent der United Nations Transition Assistance Group (UNTAG) gehörten und freie Wahlen in dem südwestafrikanischen Land überwachen sollten. Für die Bundeswehr begannen UN-geführte Einsätze mit der Abstellung von Einzelpersonal für die UN Special Commission on Iraq (UNSCOM, 1991–1998; deutsche Beteiligung bis 1996) und im Kontingentsrahmen mit der Entsendung von Sanitätspersonal sowie eines Feldlazaretts nach Kambodscha 1992/93 (UNAMIC/UNTAC; vgl. den Beitrag von Peter Hazdra). Truppenverbände sollte die Bundeswehr danach noch zweimal dem direkten Kommando der Vereinten Nationen unterstellen: 1993/94 für die UN Operation in Somalia (UNOSOM II) und vor der libanesischen Küste als Teil der UN Interim Force in Lebanon (UNIFIL II) seit Oktober 2006 (vgl. die Beiträge von Bernhard Chiari, Von der Escort Navy, und Thomas Breitwieser, Die Vereinten Nationen und der Nahost-Konflikt). Außerdem wurde der Schnelle Einsatzverband der UN Protection Force (UNPROFOR) im ehemaligen Jugoslawien 1995 außer von Kampfflugzeugen noch von einem Kontingent der Bundeswehr unterstützt, das im Dezember des Jahres in der UN-mandatierten Implementation Force (IFOR) aufging (vgl. den Beitrag von Agilolf Keßelring, Der Krieg der NATO gegen Jugoslawien).

Zu den Beobachterdelegationen und Truppenentsendungen treten Beratungs- und Unterstützungsmissionen der UN. Die UN Assistance Mission in Afghanistan (UNAMA), im Frühjahr 2002 eingerichtet, begleitete die Einberufung der verfassungsgebenden Loya Jirga (2004) und die Wahl des Staatspräsidenten (2004 und 2009) sowie des Parlaments (2005) in dem Land am Hindukusch. Ihr Auftrag gilt u.a. der Förderung rechtsstaatlicher Strukturen und der Koordination aller dort am Wiederaufbau des Landes und im humanitären Bereich arbeitenden UN-Agenturen und Nichtregierungsorganisationen. Um in militärischen Angelegenheiten zu beraten, gehören auch einige Offiziere zu UNAMA. Seit Mai 2004 hat die Bundeswehr einen Stabsoffizier dorthin abgestellt, der jeweils ein Jahr auf Posten bleibt; eine anspruchsvolle Aufgabe in gegenwärtig exponierter Gefahrenlage.

Im September 2009 waren in 15 Peacekeeping-Missionen der Vereinten Nationen – dazu zählt als politische Mission z.B. UNAMA trotz ihrer militärischen Beratergruppe nicht – knapp 84 000 Soldaten im Einsatz. Gelegentlich wird deshalb auf eine Militarisierung der Friedenseinsätze nach dem Ende des Ost-West-Konflikts geschlossen. Tatsächlich aber ist im vergangenen Jahrzehnt eine doppelläufige Entwicklung festzustellen: Denn parallel zum verstärkten Einsatz von Militär werden die Missionen der UN komplexer und beinhalten Aufgaben der zivilen Friedenskonsolidierung sowie der Unterstützung staatlichen Wiederaufbaus. Dazu zählen beispielsweise die Entwaffnung und Eingliederung früherer Kombattanten ins Zivilleben, die Mithilfe bei nationalen Versöhnungsprozessen, die Durchsetzung von Rechtsstaatlichkeit, der Aufbau einer funktionierenden, demokratisch geprägten Justiz, Polizei und Armee sowie die Unterstützung von Wahlen. Das UN-Hauptquartier in New York hat auf diese neuen Anforderungen mit dem Konzept integrierter Missionen reagiert, die militärische Friedenssicherung und zivile Friedenskonsolidierung unter eine gemeinsame Führung stellen sollen.

picture-alliance/dpa/Syed Jan Sabawoon

Kinder eines Kabuler Waisenhauses lassen Drachen steigen. Am 21. September 2006 organisierte die UN Assistance Mission in Afghanistan (UNAMA) den International Day of Peace.

Die Bundeswehr und die Entwicklung des UN Peacekeeping

Der Einsatz von unbewaffneten Offizieren als Militärbeobachter oder von leichtbewaffneten Truppen, die an Konfliktlinien zwischen verfeindeten Staaten als Puffer wirken (manchmal auch beide Komponenten zusammen), ist das Merkmal der sogenannten ersten Generation von Friedenseinsätzen. Als traditionelles oder klassisches Peacekeeping bezeichnet, besteht ihre Aufgabe in der Überwachung von Waffenstillständen. Die Konfliktparteien haben zuvor dem Einsatz von Blauhelmen ausdrücklich zugestimmt. Verletzungen vertraglicher Bestimmungen werden durch die UN-Beobachter gemeldet, doch sie greifen niemals selbst in die Konflikte ein. Die Anwendung von Gewalt geschieht ausschließlich zur Selbstverteidigung. Der Dienst der Militärbeobachter wird mit Feldstecher und Notizblock, nicht mit der Waffe geleistet.

Das Engagement der Bundeswehr in solchen klassischen Beobachtermissionen begann mit der 1993 mandatierten UN Observer Mission in Georgia (UNOMIG), in die ab März 1994 deutsche Sanitäter und Militärärzte und in der Folge dann auch Militärbeobachter geschickt wurden. Die Angehörigen der Mission überwachten die Sicherheits- und die Verbotszone für schwere Waffen aus dem abchasischen Sezessionskrieg 1992/93 entlang des Inguri-Flusses. UNOMIG hat jedoch nicht nachhaltig zu einer Entspannung zwischen Abchasien und Georgien im Kodori-Tal beitragen können. Nach anderthalb Jahrzehnten wurde das Mandat der Mission wegen eines russischen Vetos im Juni 2009 nicht mehr verlängert. Die Vereinten Nationen und das Mitglied des Sicherheitsrats Russland konnten sich nicht über die weitere Ausgestaltung des Mandats einigen. In der Struktur war UNOMIG eine Mission der ersten Generation, ohne Blauhelmtruppen zum eigenen Schutz; an der Spitze stand daher auch kein Force Commander, sondern nach früherem Muster ein Chief Military Observer.

Im Unterschied zu Georgien führte den militärischen Anteil der UN Mission in Ethiopia and Eritrea (UNMEE) ein solcher Truppenkommandeur. In den Jahren 2000 bis 2008 überwachte UNMEE den Waffenstillstand zwischen Äthiopien und Eritrea, auf operativer Ebene in enger Zusammenarbeit mit einem eigenen Kontingent der Organisation für Afrikanische Einheit (OAU Liaison Mission in Ethiopia-Eritrea, OLMEE). Der Auftrag von UNMEE bestand in der Kontrolle einer demilitarisierten Pufferzone entlang der gemeinsamen Staatsgrenze, ergänzt um ein humanitäres Minenräumprogramm. Von Februar 2004 bis März 2008 beteiligte sich die Bundeswehr mit zwei Militärbeobachtern an dem Einsatz, danach mit noch einem. Wie UNOMIG ist auch UNMEE letzten Endes gescheitert. Der Grund ist nicht in der Blockadehaltung eines permanenten Sicherheitsratsmitgliedes zu suchen, sondern in der Weigerung Eritreas, weiterhin zu kooperieren.

Erst gegen Ende der 1980er-Jahre erhielten UN-Friedenseinsätze eine neue Qualität. In ihrer zweiten Generation engagierten sich die Vereinten Nationen nicht mehr nur in der *Überwachung*, sondern auch in der *Überwindung* von Konflikten. Dieses sehr ambitionierte Multidimensional Peacekeeping zielt also auf die Lösung der politischen, gesellschaftlichen und wirtschaftlichen Ursachen von Krisen. Als gelungene Beispiele für diesen neuen Typus von Einsätzen gelten Missionen der frühen 1990er-Jahre in Afrika, Mittelamerika und Südostasien, zum Beispiel unter Beteiligung der Bundeswehr in Kambodscha (UNTAC). Erfolge dort weckten Erwartungen in eine ersprießliche Zukunft der UN-Friedensmissionen, die jedoch in neuen, fast zeitgleichen Einsätzen enttäuscht wurden. Ins Bewusstsein der deutschen Politik und Öffentlichkeit traten hier vor allem die Kriege im vormaligen Jugoslawien. Aber auch der Völkermord in Ruanda und die grausamen bürgerkriegsähnlichen Zustände in Liberia, im Kongo und in Somalia verdeutlichten, dass die UN gerade bei gewaltsamen innerstaatlichen Konflikten – in denen keine Aussicht auf Vermittlung und Verständigung bestand – mit ihren diplomatischen und militärischen Mitteln am Ende waren. Für ein bewaffnetes Eingreifen in Somalia mandatierte daher der Sicherheitsrat die Truppen einer von den USA geführten freiwilligen Koalition (Unified Task Force, UNITAF), anschließend dann die Neuauflage der aus New York unmittelbar geführten UNOSOM II nach Kap. VII der UN-Charta. Damit war die dritte Generation der Friedenseinsätze, das sogenannte robuste Peacekeeping, geboren. In Somalia allerdings geschah, was dem ursprünglichen Gedanken von Friedensmissionen zuwiderläuft: Die UN wurden zur Kriegspartei. Der Einsatz von UNOSOM II mündete aufgrund eines nicht durchsetzbaren Mandats und der Unerfahrenheit im Umgang mit Zwangsmaßnahmen in einem überstürzten Rückzug aus dem ostafrikanischen Land und endete als politisches Debakel. Dies wiederum ließ die Bereitschaft westlicher Staaten sinken, in größerem Umfang Truppen für die Vereinten Nationen zu stellen. Die Missionen der dritten Generation gelten heute als zumeist gescheitert. Als frühes Gegenbeispiel ist jedoch die UN Transitional Authority in Eastern Slavonia, Baranja and Western Sirmium (UNTAES) zu sehen, die zwischen Januar 1996 und Januar 1998 erfolgreich den Übergang des Mandatsgebietes aus lokaler serbischer Verwaltung zurück unter kroatische Hoheit verwaltete.

Dennoch hat sich seit der Milleniumswende die Einsicht durchgesetzt, dass auch Mandate der zweiten und vierten Generation robust, also nach Kap. VII mandatiert sein sollten. Nur so werden UN-Missionen in die Lage versetzt, ihren Auftrag gegebenenfalls gegen Widerstände durchzusetzen – insbesondere dann, wenn es um den Schutz von Zivilisten in Krisengebieten geht. Während der Amtszeit der Generalsekretäre Boutros Boutros-Ghali (1992–1996) und Kofi Annan (1997–2006) vollzog sich also ein allmählicher Wandel im Verständnis von Peacekeeping: Die UN beobachten und vermitteln nicht mehr nur bei *zwischenstaatlichen* Konflikten, sondern intervenieren auch anlässlich *innerstaatlicher* Auseinandersetzungen, die den Weltfrieden gefährden können oder auf gravierende Weise Menschenrechtsverletzungen nach sich ziehen. Im Jahr 2005 trat daher das bis heute völkerrechtlich nicht unumstrittene Prinzip der Responsibility to Protect (R2P) als Leitlinie des Handelns neben den klassischen Grundsatz der Staatensouveränität: Die vormals eherne Regel von der Unverletzlichkeit staatlicher Grenzen verliert demnach dort ihre Gültigkeit, wo Staaten Menschenrechte fundamental brechen.

Die erwähnten Generationen lösten sich nicht etwa nacheinander ab, sondern entwickelten sich nebeneinander fort. In einer vierten Generation von Friedenseinsätzen, auch als Peace Support Operations bezeichnet, haben die Vereinten Nationen übergangsweise sogar administrative und exekutive Aufgaben der Regierungsgewalt übernommen. Erste Ansätze für diese Aufgabenerweiterung gab es schon bei UNTAC in Kambodscha; drei UN-geführte Unternehmen dieser vierten Generation folgten. Während UNTAES in Ostslawonien und die Übergangsverwaltung der UN Transitional Authority in East Timor (UNTAET, 1999–2002) ihre Mandate beendet haben, nimmt die 1999 eingerichtete UN Interim Administration Mission in Kosovo (UNMIK) diese Aufgabe bis heute wahr, unterstützt von der ebenfalls UN-mandatierten Kosovo Force (KFOR) (vgl. den Beitrag von Agilolf Keßelring, Der Krieg der NATO gegen Jugoslawien).

Das Beispiel UNMIS

Die 2005 eingerichtete UN Mission in Sudan (UNMIS) ist die einzige verbliebene Friedensmission, in die Deutschland neben Stabspersonal derzeit Militärbeobachter entsendet. Die Höchstgrenze des Bundestagsmandats für diesen Einsatz liegt bei 75 Soldaten. Ende 2009 waren in dem flächenmäßig größten afrikanischen Land allerdings nur etwas über 30 deutsche Soldaten aktiv, um die Umsetzung des Vertrags zwischen der Regierung in Khartum und der Sudan People's Liberation Movement/Army (SPLM/A) zu überwachen. Oft als Auseinandersetzung zwischen dem arabisch-islamischen Norden und dem afrikanisch-christlichen Süden beschrieben, ist der Konflikt im Sudan weitaus komplexer und hat neben religiösen und historischen Wurzeln vor allem ökonomische Ursachen (Zugang zu Ölreserven und Aufteilung des daraus gewonnenen Einkommens). Nach fast 20 Jahren Bürgerkrieg näherten sich der Norden und der Süden des Landes ab 2002 einander an. Afrikanische Staaten und die UN vermittelten und moderierten den Dialog.

Noch vor Unterzeichnung des Comprehensive Peace Agreement (CPA) im Januar 2005 wurde mit der UN Advance Mission in Sudan (UNAMIS) eine politische Vorausdelegation entsandt, die ihr Augenmerk sowohl auf den Nord-Süd-Konflikt als auch auf die Lage in Darfur richtete. Die nach Unterzeichnung des CPA etablierte UNMIS integriert unter einem Dach eine militärische Komponente (bis zu 10 000 Soldaten, davon maximal 750 Militärbeobachter – tatsächlich waren es im September 2009 nicht einmal 500), eine polizeiliche (bis zu 700 Polizisten) und eine zivi-

picture-alliance/dpa

Ein Konvoi des UN World Food Programme (WFP) in der libyschen Wüste, aufgefahren in der Nähe der Grenze zum Tschad, November 2004.

le (im September 2009 knapp 3500 Personen starke) Komponente. Jedoch verfügt UNMIS im Unterschied zur Vorausmission UN-AMIS lediglich über ein Mandat für die Lösung der Auseinandersetzung zwischen dem Norden und dem Süden des Landes. Soweit es den Schutz der UN, aber auch der sudanesischen Bevölkerung betrifft, ist UNMIS nach Kap. VII mandatiert.

Nachdem der Nord-Süd-Konflikt in den letzten Jahren in den Schatten der Darfur-Problematik geraten war, ist er seit 2008 wieder etwas stärker in das Interesse der Internationalen Gemeinschaft gerückt: zunächst durch die Zerstörung der Stadt Abyei im Mai 2008 bei Kämpfen zwischen der SPLA und der Armee des Nordens; dann durch anhaltende blutige Übergriffe der Lord's Resistance Army, einer inzwischen zu mörderischen Banditen degenerierten Rebellengruppe aus Uganda, im äußersten Süden des Sudan; schließlich seit April 2009 durch noch immer andauernde, brutale Gewaltausbrüche zwischen unterschiedlichen Stämmen im Südosten.

New York reagierte sehr schnell und betonte mit der Resolution des Sicherheitsrats 1870 im April 2009 noch einmal nachdrücklich das UNMIS-Mandat zum Schutz von Zivilisten. Jedoch setzt die geringe Zahl der zur Verfügung stehenden Blauhelme diesem Auftrag in der Praxis enge Grenzen. Die politische Lage hat sich gegenwärtig insgesamt verschlechtert: Die Ergebnisse einer Volkszählung aus dem Jahr 2008 werden vom Süden nicht anerkannt, die gemäß CPA vorgesehenen Wahlen sind von 2009 auf 2010 verschoben worden. Ob das für 2011 vorgesehene Referendum über die mögliche Unabhängigkeit des Südsudan stattfinden kann, erscheint unter diesen Vorzeichen eher zweifelhaft.

Die Bundeswehr besetzt im UNMIS-Hauptquartier vier Dienstposten, darunter den Chief J2 (bei den UN verantwortlich für »Informationsanalyse«, also de facto das militärische Nachrichtenwesen, aber ohne eigene spezielle Aufklärungskräfte und -mittel) und den Chief Monitoring & Verification, der für die Überwachung der Einhaltung der militärischen Bestimmungen des CPA zuständig ist. In Juba, der Hauptstadt des Südens, vertritt in herausgehobener Verwendung ein deutscher Offizier im Dienstgrad Oberst den Force Commander. Die Mehrzahl der Bundeswehrsoldaten aber sind Militärbeobachter.

Wie in vergleichbaren UN-geführten Operationen auch, handeln diese bei UNMIS außerhalb von NATO oder EU in einem internationalen Umfeld, in dem Truppenteile häufig aus Ländern kommen, mit denen die Bundeswehr sonst keine engeren militärischen Kontakte unterhält, etwa aus Südostasien, aus Südamerika oder aus Subsahara-Afrika. Unterschiedliche kulturelle, mentale und religiöse Hintergründe müssen bei der gemeinsamen Erfüllung des Auftrags ebenso berücksichtigt werden wie die Besonderheiten des Einsatzlandes mit ihrer ethnischen und religiösen Vielfalt, dem oft ungewohnten Klima und den aus westlicher Sicht schwer erträglichen Lebensbedingungen.

Die Militärbeobachter tun jeweils zu zweit Dienst in einer der etwa 25 Team Sites. Diese wurden im Verantwortungsbereich von UNMIS in den Sektoren nördlich und südlich der vorläufigen Grenzlinie eingerichtet, die in Ost-West-Richtung quer durch den Sudan verläuft. Im Alltag überwachen die Offiziere die Truppenentflechtung und -rücknahme von SPLA und Nordarmee auf jeweils ihre Seite der Grenzlinie, beobachten den Aufbau gemischter Nord-Süd-Einheiten als Nukleus einer zukünftigen gemeinsamen sudanesischen Armee – falls im Referendum nicht für eine Trennung, sondern die künftige Einheit des Landes votiert wird – und erstellen Profile zur sozialen Lage von Ortschaften im Einsatzraum, auf die dann UN-Hilfsagenturen zurückgreifen können.

Schwerfällig ist 2008 ein zweites Engagement der Vereinten Nationen im Sudan angelaufen. Eine nur von den afrikanischen Staaten getragene Friedensmission in Darfur hatte zuvor bereits wenig Durchsetzungskraft gezeigt. Schon diese African Union Mission in Sudan (AMIS I 2004; AMIS II 2004–2007) wurde von der Bundeswehr unterstützt, so etwa beim Transport von Soldaten aus Gambia und Polizisten aus Ghana in die Krisenregion (vgl. den Beitrag von Frank Hagemann). Es gelang jedoch nicht, das UNMIS-Mandat auf den Darfur-Konflikt auszuweiten, denn die sudanesische Regierung wehrte sich gegen eine alleinige Verantwortung der UN in dem Gebiet. Daher ist die United Nations and African Union Mission in Darfur (UNAMID) – eine sogenannte Hybridmission, in der Vereinte Nationen und Afrikanische Union gemeinsam Verantwortung tragen – ein Schritt über die Zusammenarbeit von UNMEE und OLMEE in Äthiopien-Eritrea hinaus. UNAMID folgt Kap. VII der UN-Charta: Doch die Umsetzung scheitert an der in Darfur noch weniger als im Süden des Sudan vorhandenen Fähigkeit der Blauhelme zum effektiven Handeln. Deutschland kann laut Bundestagsmandat bis zu 250 Soldaten als Stabs-, technisches oder fliegendes Personal in die Mission einbringen. In Wirklichkeit befand sich im Sommer 2008 nur ein einzelner deutscher Soldat dort im Einsatz; inzwischen sind es sieben, darunter allerdings keine Beobachter. Die Bundeswehr zählt diesen Einsatz daher ebenso wie UNAMA und EUSEC RD Congo – wo im Auftrag der EU drei Bundeswehroffiziere die Reform des Sicherheitssektors begleiten – zu den Beratungs- und Unterstützungsmissionen.

Die Bundesregierung unterstützte die Afrikanische Union bei der Durchführung der Überwachungsmission African Union Mission im Sudan (AMIS). Dabei kamen u.a. Lufttransportkräfte der Bundeswehr zum Einsatz.

Bundeswehr/Helge Treybig

Schlussbemerkung

Heute gilt als empirisch gesichert, dass UN-Friedenstruppen bei der Stabilisierung eines Friedensschlusses relativ erfolgreich wirken können, jedoch nicht zuvor bei der Beendigung von Kriegen mit militärischen Mitteln und auch nicht während einer langfristigen Friedenskonsolidierung. Die Vereinten Nationen können demnach den Übergang zum Frieden militärisch unterstützen, aber sie können einen laufenden gewaltsamen Konflikt nicht dauerhaft eindämmen, denn: »there must be a peace to keep«. Und selbst wenn diese Voraussetzung gegeben sein sollte, sind Friedenstruppen lediglich in der Lage, die Bildung zivilstaatlicher Institutionen und den wirtschaftlichen Wiederaufbau flankierend zu sichern; sie können diesen Prozess nicht selbst in die Wege leiten. Gerade bei der Umsetzung von Friedensschlüssen kommt allerdings Militärbeobachtern eine entscheidende Funktion zu.

Im »Weißbuch 2006 zur Sicherheitspolitik Deutschlands und zur Zukunft der Bundeswehr« erklärt die deutsche Regierung, im Rahmen der Vereinten Nationen Mitverantwortung für die Wahrung des Weltfriedens und der internationalen Sicherheit zu übernehmen. Die Bereitschaft der Bundesrepublik zu personalintensiven militärischen Verpflichtungen bei Friedensmissionen unter UN-Kommando ist zwar mit Ausnahme von UNIFIL eher gering; Priorität genießen die Verpflichtungen gegenüber NATO und EU. Dennoch ist der deutsche Beitrag zu UNMIS immerhin der personell stärkste unter den Militärbeobachtern; bei UNAMID ist Deutschland neben Frankreich sogar der wichtigste westliche Truppen- und Polizeisteller. Auch in Georgien war das Bundeswehrkontingent unter den mehr als 30 UNOMIG-Truppenstellern das größte der ganzen Mission. Da der Sicherheitsrat der Vereinten Nationen die letzte Instanz für die Rechtmäßigkeit internationaler Gewaltanwendung ist, legitimiert die Beteiligung gerade an UN-geführten Friedensmissionen das internationale Engagement Berlins völkerrechtlich auf stabilste Art und damit politisch besonders glaubwürdig.

Armin Wagner

Acht Jahre nach der Konferenz auf dem Petersberg bei Bonn ist Afghanistan weit entfernt von Frieden und Stabilität. Die Anzahl sicherheitsrelevanter Zwischenfälle – etwa Raketen- oder Mörserangriffe sowie Attacken mit Improvised Explosive Devices (IED) – lag am 1. September 2009 mit rund 10 000 bereits deutlich höher als im gesamten Vorjahr (9300). Die Zahl der Selbstmordanschläge – bis 2005 in Afghanistan eine praktisch unbekannte Bedrohung – dürfte sich Ende 2009 erneut auf der Höhe des Vorjahres (ca. 130) bewegen.

Gegnerische Militante Kräfte (Opposing Militant Forces, OMF) gehen gezielt gegen die afghanische Regierung und die International Security Assistance Force (ISAF) vor. Schwerpunkte der Übergriffe sind der Süden und Osten des Landes, auf den Verantwortungsbereich des deutsch geführten Regional Command North (RC North) hingegen entfallen nur wenige Prozent. 2009 kam es allerdings auch hier verstärkt zu Gefechten längerer Dauer und höherer Intensität. Die Eskalation verdeutlicht ein Beispiel: Am 4. September forderte der örtliche Kommandeur in Kundus Luftunterstützung an, um zwei von den Taliban entführte und am Ufer des Kundus-Flusses festgefahrene Sprittransporter zu bekämpfen. Beim Einsatz zweier Kampfflugzeuge vom Typ F-15 starben außer zahlreichen Taliban-Kämpfern auch afghanische Zivilisten. In Deutschland verstärkte der Vorfall die öffentliche Diskussion um die Zukunft der ISAF-Mission insgesamt und führte zu personellen Konsequenzen im Bundesministerium der Verteidigung.

■■■ Grenzüberschreitende Sicherheit? ISAF, Afghanistan und Pakistan

Glaubt man westlichen Medien, die in Afghanistan einen bevorstehenden Sieg der Taliban befürchten, so geht die Strategie der Extremisten auf, mithilfe gezielter Anschläge und immer professionellerer Propaganda den durch den Westen abgesicherten Wiederaufbau zum Scheitern zu bringen und die afghanische Regierung nachhaltig zu schwächen. Tatsächlich waren sowohl die Zentralregierung von Hamid Karsai als auch die militärische Präsenz der ISAF bislang nicht in der Lage, die gewaltbereite Opposition in Afghanistan zurückzudrängen.

In den Südprovinzen tobte 2009 ein regelrechter Krieg. Als Schreckgespenst für die NATO gilt dort seit dem Frühjahr 2007 das südafghanische Helmand. Große Teile der Provinz befanden sich bis zum Spätherbst dieses Jahres unter Kontrolle der Taliban. Diese setzten militärische Schwerpunkte nach Belieben. Allein in den nördlichen Distrikten Naw Zad, Musa Kala, Kajaki und Sangin kamen vermutlich 2000 ihrer Kämpfer zum Einsatz. Als Ergebnis gewaltsamer Auseinandersetzungen flohen mehrere Tausend Menschen aus der Region. Der Einfluss der Regierung beschränkte sich lediglich auf den Großraum der Provinzhauptstadt Lashkar Gar sowie auf wenige Ortschaften mit internationaler Truppenpräsenz. Die Stammesältesten hatten kaum die Möglichkeit und vielfach nicht den Wunsch, den Gotteskriegern nachhaltigen Widerstand entgegenzusetzen.

2009 konnten die Taliban solche spektakulären Operationen nicht wiederholen. ISAF gelangen im Verbund mit afghanischen Sicherheitskräften militärische Erfolge gegen deren mangelhaft koordinierte Einheiten. Dennoch blieb mancherorts die Lage für die westlichen Kräfte – nun zunehmend mit asymmetrischen Bedrohungsszenarien konfrontiert – prekär.

In Kundus und im Westen des von Deutschland geführten Regional Command North nahm seit 2008 die Gewalt sogar deutlich zu. Selbst und gerade in der Hauptstadt Kabul ereigneten sich weltweit beachtete Anschläge. Standen Anfang 2007 etwa 44 000 Soldaten unter dem Mandat von ISAF bzw. OEF (Operation Enduring Freedom) im Land, waren es im Oktober

2009 etwa 67 000 ISAF-Soldaten aus 42 Staaten, geführt vom US-General Stanley A. McChrystal, sowie 35 000 OEF-Kräfte.

Die ekalierende Gewalt im Lande unterstrich auf dramatische Weise die Notwendigkeit einer Gesamtstrategie für Afghanistan. Die Entstehung eines funktionsfähigen afghanischen Zentralstaates, dessen Macht in alle Regionen reicht und der über verlässliche Sicherheitskräfte verfügen kann, liegt trotz Teilerfolgen in manchen Bereichen – so etwa beim Aufbau der mittlerweile etwa 94 000 Mann starken Afghan National Army (ANA) oder im Bildungs- und Gesundheitswesen – insgesamt noch in ferner Zukunft. Afghanistans staatliche Organe und seine Polizei leiden unter regionalen Machtkämpfen, Korruption, mangelnder Ausbildung und der Verstrickung ihrer Repräsentanten in die Strukturen der Organisierten Kriminalität. Fallweise schließt die Polizei lokale Abkommen mit militanten Gruppen, duldet deren Operationen oder verkauft sogar Waffen an ihre Gegner.

Nicht alle Afghanen nehmen den Kampf militanter Aufständischer ausschließlich als terroristische Bedrohung wahr. Über ethnische und soziale Grenzen hinweg gibt es Vorbehalte gegenüber einer westlich geprägten Politik des Wiederaufbaus, die als eine Gefahr für örtlich gewachsene Werte und traditionelle Vorstellungen empfunden wird. Einen modernen Zentralstaat lehnen manche Menschen ebenso als etwas von außen Aufgezwungenes, Fremdes ab, wie die Präsenz westlicher, nicht-muslimischer Soldaten. Bei dem Wunsch, die eigene, nach wie vor nach herkömmlichen Stammesgesetzen organisierte Kultur zu schützen, schwanken die Einstellungen regional, lokal oder individuell zwischen Unterstützung, Ablehnung und Bekämpfung. Die vorsichtige oder kritische Haltung gegenüber westlicher Präsenz kann dabei durchaus einhergehen mit einer positiven Bewertung konkreter und greifbarer Aufbauarbeit.

Zivile Opfer im Verlauf von Kampfeinsätzen schaffen Distanz und Ablehnung gegenüber der ISAF und der Internationalen Gemeinschaft. Die ungelöste Problematik der Drogenwirtschaft, fehlende ökonomische Alternativen sowie – aufseiten der Aufbauhelfer – mangelndes Verständnis für die traditionellen Funktionsmechanismen der afghanischen Gesellschaft sowie die unzureichende Koordinierung des zivilen und militärischen Vorgehens verstärken die Spannung zwischen westlichen Vorstellungen von

Staat und Gesellschaft einerseits und dem »Afghan Face« andererseits. Die Internationale Gemeinschaft hat sich die Beachtung kul-
tureller Eigenheiten auf die Fahnen geschrieben, ohne die damit
verbundenen Ansprüche in der Praxis immer einzulösen.

ISAF und die Internationale Gemeinschaft vor Ort sind Teil
eines komplizierten Gesamtsystems, in dem die Machtverhältnisse ständig neu definiert werden. Noch 2005 herrschte ein
instabiles politisches Gleichgewicht zwischen Zentralregierung
und Provinzen. Durch die offensichtliche Schwäche Kabuls kon-
trollieren heute (November 2009) teils erneut regionale Machthaber und Warlords – nun legitimiert als Provinz- und Distrikt-
gouverneure – sowie im Süden die Taliban das Geschehen. Der
afghanischen Regierung und der ISAF gelingt es mancherorts
nicht, dringend benötigte positive Signale im Sinne zunehmender Stabilität zu setzen.

picture-alliance/dpa/Sabawoon

Hamid Karsai auf einer Wahlveranstaltung in Kabul, 7. August 2009. Das Plakat im
Vordergrund zeigt den Kandidaten gemeinsam mit zwei wichtigen Gefolgsleuten:
rechts Vizepräsident Abdul Karim Khalili, einer der Führer der von der Ethnie der
Hasara dominierten Wahdat-Partei, links der Tadschike Mohammed Kasim Fahim,
Verteidigungsminister in der afghanischen Übergangsregierung bis 2004.

Staatschef Hamid Karsai erreichte in den unter erheblichen Sicherheitsvorkehrungen durchgeführten Präsidentenwahlen vom 20. August 2009 zwar 54,6 Prozent der Stimmen und ließ seinen wichtigsten Herausforderer Abdullah Abdullah mit 27,8 Prozent deutlich hinter sich, konnte jedoch zunächst sein Amt nicht antreten. Eine von den Vereinten Nationen unterstützte Beschwerdekommission (ECC) verband den Vorwurf des Wahlbetrugs mit der Forderung nach Neuauszählung der Stimmen aus knapp zehn Prozent der afghanischen Wahllokale. Die teilweise Neuauszählung zeigte Karsai dann knapp unter der 50-Prozent-Marke. Aus der für diesen Fall vorgesehen Stichwahl zog sich Gegenkandidat Abdullah Anfang November zurück. Daraufhin bestätigte die Unabhängige Wahlkomission (IEC) Präsident Karsai im Amt.

Verband bei der ersten demokratischen Präsidentenwahl 2004 noch ein Großteil der Bevölkerung mit der Person Karsais große Hoffnungen auf rasche Stabilisierung und Wiederaufbau, so sind die Erwartungen zu Beginn der zweiten Amtszeit des Staatsoberhauptes eher verhalten. Im Vorfeld der Wahlen war Hamid Karsai verstärkt darum bemüht, die einstigen Kriegsfürsten in den afghanischen Machtpoker einzubinden. Dies und die Verschlechterung der Sicherheitslage förderten nicht gerade das Vertrauen in einen afghanischen Zentralstaat.

Facetten des Widerstands

Landesweite Statistiken und globale Bewertungen der Sicherheitslage lenken ab von der großen Heterogenität Afghanistans. Spektakuläre Medienberichte lassen leicht in Vergessenheit geraten, wie ungleichmäßig sicherheitsrelevante Zwischenfälle verteilt sind. Intensität und Qualität des Widerstandes unterscheiden sich in verschiedenen Landesteilen grundlegend. Etwa 70 Prozent der bekannten Zwischenfälle entfallen auf nur zehn Prozent der insgesamt fast 400 afghanischen Distrikte. Schwerpunkte sind die Gebiete im südlichen und östlichen Verlauf der Ringstraße sowie anderer wichtiger Nachschubrouten. Nahm die Anzahl der Übergriffe im RC North in Kundus und Faryab zu, blieb sie 2009 in anderen Provinzen des Nordens gleich oder ging sogar zurück. Dabei ist das individuelle Gefühl von »Sicherheit«

oder »Unsicherheit« subjektiv, das Empfinden des Einzelnen kann sich deutlich von den Ergebnissen militärischer Analysen unterscheiden, und entsprechende Aussagen stehen stets auch im Zusammenhang mit Gesprächssituation und -partner: 76 Prozent der Afghanen, die Wissenschaftler der Freien Universität Berlin beispielsweise in Kundus, Tachar, Baghlan und Badachschan befragten, gaben an, die Sicherheitslage habe sich dort in den zwei Jahren zuvor stark verbessert (Februar 2008).

Die afghanische Regierung und die Internationale Gemeinschaft sehen sich nicht einem flächendeckend strukturierten, abgestimmt operierenden Gegner, sondern vielmehr einer Vielzahl sich permanent verändernder Interessengruppen gegenüber. Diese umfassen vielfältige soziale und (schatten-)wirtschaftliche Strukturen, Milieus und Akteure, die zeitweise und punktuell gemeinsame Interessen verfolgen, um sich wenig später gegenseitig zu bekämpfen.

Versucht man die gewaltbereite Opposition zu strukturieren, so speist sich der Widerstand aus zwei Bereichen. Im Sprachgebrauch der ISAF sind dies erstens die bewaffneten Aufständischen der OMF, neuerdings auch als »insurgents« bezeichnet. Sie lehnen die Regierung in Kabul kategorisch ab und bekämpfen sie mit militärischen wie auch terroristischen Mitteln. Zweitens zählen zur Opposition Personen und Gruppen »illegaler Parallelstrukturen«, die zum Teil mit staatlichen Amtsträgern, aber auch mit den OMF kooperieren. Die Existenz zumindest schwacher Staatlichkeit liegt allerdings in ihrem Interesse, weil das in Afghanistan bestehende administrative System insgesamt gute Rahmenbedingungen für die Verfolgung eigener Ziele bietet.

Hinter den »illegalen Parallelstrukturen«, die in Afghanistan selbst Regierung und staatliche Verwaltung durchdringen, stehen Akteure wie Stammes- und Klanchefs oder Dorfälteste. Für ihre Klientel garantieren sie Sicherheit und ökonomisches Überleben. Während im Norden Afghanistans überwiegend die früheren Angehörigen der militärischen und administrativen Eliten dominieren, steht in den Süd-, Ost- und Westprovinzen eher der Einfluss der Stammesverbände und ihrer Führer im Vordergrund. Die Tätigkeit der Machthaber vollzieht sich zum Teil abseits legaler Sicherheits-, Verwaltungs- und Regierungsstrukturen. Neben der

Nachhaltigkeit traditioneller Verhältnisse wirkt sich hier auch die Zerstörung der ohnehin schwach ausgeprägten Staatlichkeit in den Jahren der sowjetischen Besatzung und des Bürgerkriegs aus: Ihre Machtstellung haben die »power brokers« oft schon zu sowjetischen Zeiten als Mudschaheddin im Kampf erworben.

Der Reichtum lokaler Machthaber und damit ihre Fähigkeit, den eigenen Einflussbereich durch die Vergabe materieller Vergünstigungen und den Einsatz bewaffneter Gewalt nach außen wie innen zu sichern, basiert nach westlichem Verständnis überwiegend auf illegalen Machenschaften. Insbesondere in den Hochburgen von Mohnanbau und Opiumproduktion steht die Drogenwirtschaft im Vordergrund. Andere Felder der Organisierten Kriminalität wie Schmuggel und Waffenhandel treten hinzu. Selbst von den Operationen des bewaffneten Widerstandes versuchen die lokalen Machthaber zu profitieren, indem sie im Rahmen der Beschaffung von Waffen und Munition Anspruch auf »Zölle« oder einen Teil der Lieferungen erheben, die eigenes Gebiet passieren. Ein beliebtes Mittel, Gewinne abzuschöpfen, ist die Errichtung von Checkpoints an wichtigen Verkehrsverbindungen. Dort werden »Maut« erhoben und vor allem Einheimische ausgeraubt oder getötet.

Die vergleichsweise niedrigen Gehälter innerhalb der staatlichen Behörden begünstigen die weitverbreitete Bestechung. Nicht selten üben stark kompromittierte Lokalpotentaten parallel zu ihren Geschäften selbst staatliche Ämter aus. Ein Beispiel für die schwer zu durchschauenden Verbindungen zwischen den OMF, der Organisierten Kriminalität und lokalen bzw. regionalen »power brokern« ist der RC North, wo häufig politisch motivierte Anschläge nicht von der in vielen Bereichen vorhandenen Alltagskriminalität zu unterscheiden sind.

Die angesprochenen Kräfte verfügen über ein erhebliches Gewaltpotenzial. Dieses setzen sie trotz anders lautender Erklärungen und Bekenntnisse gegebenenfalls kompromisslos ein. Zu den einschlägigen Verteilungskämpfen mit der größten Brisanz gehört jener um die im Land produzierten Drogen, die weiterhin an Bedeutung gewonnen haben und den überwiegenden Teil der afghanischen »Wirtschaftsleistung« ausmachen. Stören internationale Kräfte das Umfeld lokaler Machthaber und gefährden damit deren Stellung und Verdienstmöglichkeiten, können oberflächliche Freundlichkeit und Akzeptanz jederzeit in offene Ablehnung bis hin zu gewaltsamen Angriffen umschlagen.

Auch die massenhafte Rückkehr von Flüchtlingen stellt ein Problem dar. Seit 2001 kamen insgesamt weit mehr als fünf Millionen Menschen in ihre angestammte Heimat zurück – etwa 45 Prozent ließen sich in den städtischen Zentren Kabul und Nangarhar nieder –, die heute etwa 20 Prozent der afghanischen Gesamtbevölkerung ausmachen. Die Heimkehrer fordern ihren oft schon seit Jahren durch ortsansässige Familien belegten Besitz zurück, vor allem das knappe landwirtschaftlich nutzbare Land sowie Rechte bei der Wasserverteilung. Diese Konkurrenzsituation führt einerseits dazu, dass Flüchtlinge der ISAF gegenüber als angebliche Kämpfer der Taliban oder Urheber von Anschlägen diskreditiert werden. Häufig soll dadurch von illegalen Handlungen der Ortsansässigen abgelenkt werden. Andererseits bilden die am Rande der Gesellschaft stehenden, benachteiligten Rückkehrer in der Tat ein ideales Rekrutierungspotenzial für radikale Gruppierungen: Manche von ihnen haben ihre Heimat schon vor mehr als 30 Jahren verlassen oder sind in den Flüchtlingslagern Pakistans oder Irans geboren und der afghanischen Gesellschaft weitgehend entfremdet.

Oppositionelle Militante Kräfte (OMF)

Der Sammelbegriff für die zweite große Fraktion des Widerstandes, die OMF, umfasst seit dem Ende der Taliban-Herrschaft 2001 alle Gruppen, die mit asymmetrischen und terroristischen Methoden bis hin zu offenen militärischen Angriffen gegen die Zentralregierung vorgehen. Westliche Einflüsse in Afghanistan lehnen sie ab. Sie verfolgen das Ziel, einen Staat zu errichten, der auf den Gesetzen des Islams basiert. Motivlage und Zusammensetzung sind jedoch selbst innerhalb einzelner Gruppierungen vielschichtig. Neben religiöse oder ideologische Überzeugungen treten positive Anreize wie Einfluss oder Geld, aber auch Zwangsmittel wie Druck und Einschüchterung. Eine trennscharfe Unterscheidung zwischen OMF und den bereits dargestellten »illegalen Parallelstrukturen« ist häufig nicht möglich.

Die paschtunischen Siedlungsgebiete in Süd- und Ostafghanistan sowie im Norden Pakistans gelten als Kernland der OMF.

Den militärischen Widerstand gegen die Regierung Karsai organisiert eine verhältnismäßig kleine Gruppe überzeugter und kaum von außen beeinflussbarer Führer. Sympathisanten finden sie oft über die klassischen Rekrutierungspools der Flüchtlingslager und religiösen (Hoch-)Schulen (Medressen) in Pakistan. Neben religiöser Überzeugung fördern die meist desolate wirtschaftliche und soziale Situation der Flüchtlinge, aber auch Verpflichtungen gegenüber Familie und Stamm oder persönliche Rachemotive den Zulauf. Alleine in Pakistan verzeichnen die Behörden immer noch offiziell 2,15 Millionen afghanische Flüchtlinge, während im zweitwichtigsten Aufnahmeland Iran bis heute 900 000 Flüchtlinge leben. In beiden Ländern dürfte die Dunkelziffer sogar um einiges höher liegen, zumal sich Flüchtlinge und Arbeitsmigranten kaum mehr voneinander trennen lassen.

Den militanten Widerstand dominieren die Taliban (Singular talib, eigentlich Koranschüler in der Ausbildung zum Mullah), die Afghanistan zwischen 1996 und 2001 mittels radikal-islamischer Gesetze beherrschten und heute erneut zu einer wichtigen Kraft vor allem im Süden und Osten des Landes geworden sind. Ihr Hauptoperationsgebiet umfasst die Provinzen Helmand, Konar, Paktika, Sabul, Nurestan, Kandahar und Urusgan. Die Operation ENDURING FREEDOM und der militärische Sieg der Nordallianz schwächten die Organisation zunächst empfindlich. Viele ihrer Führer kamen um. Von diesem Schlag erholten sich die Taliban jedoch weitgehend. Seit 2006 zeigt sich dies in einer steigenden Anzahl von Anschlägen gegen die Sicherheitskräfte.

Die aktuelle Aufstandsbewegung umfasst zum einen Anhänger des alten Taliban-Regimes. Zahlenmäßig weit stärker sind zum anderen Personen vertreten, welche die Gotteskrieger weniger aus religiösen und politischen, sondern eher aus wirtschaftlichen Gründen oder aus einer allgemein antiwestlichen Haltung heraus unterstützen. Finanzielle Zuwendungen islamistischer Kreise aus der ganzen Welt sowie die landesüblichen Einnahmen aus Mohnanbau und Drogenhandel ermöglichen den Taliban Waffenkäufe, die großzügige Besoldung von Kämpfern und auch die Einflussnahme im innerafghanischen Machtpoker.

Die Taliban besitzen die Fähigkeit, von Pakistan aus Operationen – einschließlich begleitender Informationskampagnen – in größerem Rahmen zielgerichtet zu planen. Hierfür steht ein

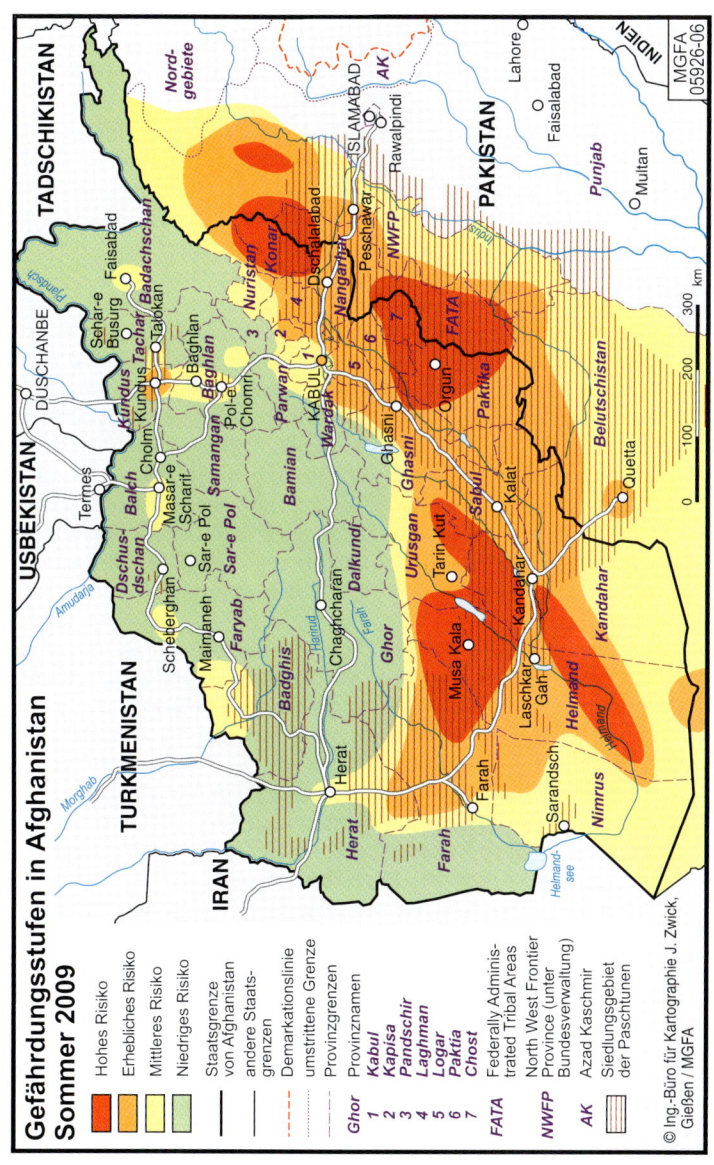

Gefährdungsstufen in Afghanistan Sommer 2009

- Hohes Risiko
- Erhebliches Risiko
- Mittleres Risiko
- Niedriges Risiko

Staatsgrenze von Afghanistan

andere Staatsgrenzen

Demarkationslinie

umstrittene Grenze

Provinzgrenzen

Ghor Provinznamen

1 *Kabul*
2 *Kapisa*
3 *Pandschir*
4 *Laghman*
5 *Logar*
6 *Paktia*
7 *Chost*

FATA Federally Administrated Tribal Areas

NWFP North West Frontier Province (unter Bundesverwaltung)

AK Azad Kaschmir

Siedlungsgebiet der Paschtunen

© Ing.-Büro für Kartographie J. Zwick, Gießen / MGFA

MGFA 05926-06

System sogenannter Schuras (Singular Schura, islamische Rats-
versammlung) zur Verfügung. Die Schuras (die wichtigsten an-
gesiedelt in den pakistanischen Städten Quetta und Peschawar)
sind nicht mit dem westlichen Verständnis einer militärischen
oder bürokratischen Aufbauorganisation zu begreifen, sondern
spiegeln landestypische Formen von Problemlösung und Entscheidungsfindung wider. Ihre Beschlüsse weisen aber auf der
Basis persönlicher Loyalitäten und Gefolgschaften einen hohen
Grad an Verbindlichkeit und Durchschlagskraft auf.

In den zahlreichen Gefechten im Süden des Landes erlitten
die Einheiten der Aufständischen 2008 erhebliche Verluste. Sie
verloren neben mehreren höheren Kommandeuren auch einen
bedeutetenden Teil ihrer mittleren Führungsschicht. Die Zunahme direkter Zusammenstöße hat auch mit einer verstärkten
Präsenz von ISAF und der afghanischen Sicherheitskräfte in der
Fläche zu tun. Der erkennbare Übergang der OMF zu Methoden der asymmetrischen Kriegführung spiegelt nicht nur deren
verstärkten Offensivwillen, sondern auch ihre Unterlegenheit in
der offenen Auseinandersetzung mit regulärem Militär wider,
das die neue US-Regierung unter Barack Obama 2010 nochmals
substanziell verstärken wird.

Anschläge, die sich gegen deutsche ISAF-Kräfte im Norden
Afghanistans richten, sind eher Ausdruck der komplizierten Verteilungskämpfe und Konflikte innerhalb der Bevölkerung. Direkte Angriffe der OMF gegen die ISAF bilden bei Betrachtung des
gesamten RC North bislang die Ausnahme. Lokal operierende
Aufständische konzentrieren sich vor allem auf den Raum Kundus sowie das Grenzgebiet zum RC West. Ende 2008 schlug die
afghanische Regierung den dortigen Distrikt Ghowrmach, bis
dahin Teil der Provinz Badghis und des italienisch geführten
RC West, der Provinz Faryab und damit dem Verantwortungsbereich des unter deutscher Führung stehenden RC North zu.
Der auf dem Landweg für die eigentlich zuständigen italienischen und spanischen ISAF-Truppen praktisch unerreichbare
Landstrich im Grenzgebiet zwischen beiden Provinzen galt als
Hochburg des Widerstandes und als Schlupfloch für in die Nord-
region eindringende Kämpfer. Die Grenzverschiebung ermöglichte – zumindest phasenweise – eine verstärkte ISAF-Präsenz
unter einheitlicher Führung.

Insgesamt ist für den Norden davon auszugehen, dass die Militanten bislang lediglich zur Durchführung punktueller Operationen fähig sind. Entsprechende Aktionen können nur mit Wissen und Zustimmung der örtlichen Machthaber stattfinden. Diese verbindet mit militanten Akteuren mitunter die Ablehnung der Regierung in Kabul sowie der Internationalen Gemeinschaft, doch werden beispielsweise nicht-paschtunische Akteure im RC North kaum zulassen, dass paschtunische Gruppen aus dem Westen oder Süden des Landes ihre eigene Handlungsfreiheit oder örtliche Macht- und Einflussbereiche einschränken.

Minen und improvisierte Sprengfallen stellen im Norden die größte Gefahr dar. Bei ihrem Einsatz legen die OMF Flexibilität und Einfallsreichtum an den Tag. So reagierten sie 2009 auf den verstärkten Einsatz von in Fahrzeugen eingebauten »Jammern«, die die Funkfernauslösung von Bomben verhindern sollen, unter anderem mit einfachen, drahtausgelösten Sprengkörpern oder mit der Verlegung von Panzerminen, die auf Druck reagieren.

Die pakistanischen Grenzgebiete als »Safe Haven« der OMF

Die Sicherheit Afghanistans ist untrennbar mit der politischen Entwicklung des seit 1947 souveränen Nachbarn Pakistan verbunden. Spannungen des pakistanisch-afghanischen Verhältnisses rührten lange Jahre vor allem aus dem Anspruch Afghanistans, die Belange der pakistanischen Paschtunen zu vertreten. 1955, 1961 und 1977/78 standen beide Staaten am Rande eines Krieges. Während der sowjetischen Besatzung unterstützte Pakistan dann aktiv den »Heiligen Krieg« der Mudschaheddin gegen die Invasoren. Die Regierung in Islamabad änderte ihre Politik in der Paschtunistan-Frage und förderte, unterstützt durch die USA, den militärischen Kampf paschtunischer Gruppen und deren Einfluss in Afghanistan. Dabei ging die pakistanische Hilfe vor allem an »islamische« Parteien wie die Hezb-e Islami Gulbuddin (HIG): Die Regierung hoffte darauf, mit der Schaffung einer islamischen Bewegung ethnische Probleme im eigenen Land zu entschärfen oder zu umgehen, und trug so entscheidend zur Entstehung und Ausbreitung gewaltbereiter Netzwerke bei. Hinter der Unterstützung paschtunischer Gruppen stand auch der pakistanische Wunsch, in Kabul eine von Islamabad aus beeinflussbare Regierung zu errichten und so die guten Verbindungen zwischen Afghanistan und dem pakistanischen Rivalen Indien zu unterbrechen. Als es nach dem Ende der sowjetischen Besatzung nicht gelang, die HIG als führende Kraft in Afghanistan zu etablieren, begann Pakistan mit der Unterstützung der Taliban, um der Willkürherrschaft der afghanischen Warlords Grenzen zu setzen. Die Erfolge der Taliban wären ohne die massive Hilfe durch die pakistanische Armee und den Geheimdienst ISI nicht möglich gewesen. Erst die Anschläge vom 11. September 2001 bewirkten die offizielle Abkehr Pakistans von seiner interventionistischen Politik in Afghanistan, doch bestehen die Verbindungen zwischen Armee und Geheimdienst und islamistischen Gruppierungen weiter.

Von Pakistan aus wirken zahlreiche innergesellschaftliche Konflikte sowie der Gegensatz mit Indien in der Kaschmir-Frage destabilisierend auf die gesamte Region. Religiöse und ethnische Auseinandersetzungen kennzeichnen das politische System der Atommacht Pakistan ebenso wie Verteilungs- und Machtkämpfe zwischen Parteien, Militärs und Feudalherren. Gewalt, Menschenrechtsverletzungen und weitverbreitete Bestechung lähmen den Aufbau eines leistungsfähigen und stabilen Staates. Über ethnische und politische Grenzen hinweg wirkt allerdings der Islam als verbindende Klammer der Gesellschaft: Die islamische Identität kommt ebenso im Anspruch auf das mehrheitlich von Moslems besiedelte Kaschmir zum Ausdruck wie in der Einflussnahme auf die Entwicklung in Afghanistan.

Trotz formal demokratischer Regierungsformen putschte sich das pakistanische Militär immer wieder an die Macht. Die Streitkräfte, die sich auch als Schutzmacht der Muslime im Land definieren, besetzen eine innenpolitische Schlüsselstellung. Wiederholt bediente sich die pakistanische Regierung trotz der erklärten Unterstützung des US-geführten Anti-Terrorkampfes der Kräfte des militanten Islamismus, um ihre Ziele bezüglich Kaschmir und Afghanistan zu verfolgen; sie sieht sich allerdings in jüngster Zeit selbst durch den Terror bedroht.

Trotz der guten Integration paschtunischer Eliten in Administration, Armee und Geheimdienst Pakistans – beispielsweise war der pakistanische Präsident von 1958 bis 1969, General Mohammed Ayub Khan, Paschtune – blieb die Frage paschtunischer Eigenständigkeit eine erhebliche Belastung für Pakistan wie Afghanistan. Die etwa 2600 Kilometer lange Grenze im Verlauf der Durand-Linie auf Höhen zwischen 600 und 7500 Meter spielt in der Wahrnehmung der Paschtunen kaum eine Rolle: Bis heute denken Stammeskrieger nicht in staatlichen Kategorien, sondern orientieren sich an ihren Siedlungsgebieten. Obwohl die pakistanischen Grenzgebiete immer wieder Schauplatz von Militäroperationen der pakistanischen Armee sowie in Einzelfällen der US-Streitkräfte waren, erfüllen sie für Taliban und al-Qaida nach wie vor die Funktion eines »Safe Haven«. Faktisch entzieht sich das Grenzgebiet der Kontrolle durch den pakistanischen Staat, während grenzüberschreitende Operationen von afghanischem Territorium aus zu erheblichen diplomatischen Verwicklungen und Unmut in der ortsansässigen Bevölkerung führen.

In den Grenzgebieten herrschen paschtunische Stämme, die in Pakistan nach den Pundschabis und den Sudhis die drittgrößte Bevölkerungsgruppe stellen. Eine große Zahl von Flüchtlingen sowie der Machtanspruch lokaler und regionaler Potentaten begrenzen die Einflussmöglichkeiten der pakistanischen Regierung zusätzlich. Die paschtunischen Stammesgesellschaften sind in Pakistan noch fester gefügt als auf afghanischer Seite, da hier die katastrophalen Auswirkungen von Jahrzehnten des Bürgerkriegs fehlen.

Viele Familien profitieren von der Drogenökonomie als einem der wenigen funktionierenden Erwerbszweige. In der Grenzregion liegt das Pro-Kopf-Einkommen nur etwa bei der Hälfte des pakistanischen Durchschnitts. Mangelnde Zukunftsperspektiven fördern die Landflucht der Bevölkerung. Dies vergrößert die sozialen Probleme in den Städten und lässt dort Slums entstehen, die ebenso wie die Flüchtlingslager ideale Rekrutierungsbasen für radikale Gruppierungen darstellen. Ohne finanzielle Unterstützung vor allem durch die USA, die keineswegs der Volkswirtschaft zugute kam, sondern in die Aufrüstung des Militärs floss, wäre Pakistan wohl bereits bankrott.

Ebenso wie auf afghanischer Seite kämpfen auch in den pakistanischen Stammesgebieten militante Extremisten und

Stammeskrieger gegen den Zentralstaat und jedwede »Verwestlichung«, als deren Hauptrepräsentant die Vereinigten Staaten angesehen werden. Sie beabsichtigen die Einführung der Scharia und gehen gegen westliche Musik, Mädchenschulen oder moderne Kleidung vor. Spektakuläre Anschläge gegen militärische oder zivile Ziele ereignen sich fast wöchentlich.

Extremistische Gruppen planen ihre Operationen im pakistanisch-afghanischen Grenzgebiet und frischen in diesem Rückzugsraum ihre Kräfte auf. Die große Eigenständigkeit dieser Grenzgebiete hat historische Gründe. Nach der Unabhängigkeit Indiens von Großbritannien hatten paschtunische Separatisten zunächst die Schaffung eines selbstständigen Staates gefordert. Wichtige paschtunische Siedlungsgebiete wurden dann jedoch als Nordwestgrenzprovinz (North West Frontier Province, NWFP) sowie als Stammesgebiete unter Bundesverwaltung (Federally Administrated Tribal Areas, FATA) dem pakistanischen Staat eingegliedert (vgl. die Karte auf S. 141). Die dort garantierte Autonomie der Stämme reicht bis in die Zeit der britischen Herrschaft zurück und sollte die Grenzregion zwischen dem damals noch ungeteilten Indien und Afghanistan stabilisieren. Den FATA kommt ein verfassungsmäßiger Sonderstatus zu; die pakistanische Regierung erkannte sie als Enklave an. Bis heute nehmen die pakistanische Polizei und die staatlichen Gerichte in den FATA faktisch keine hoheitlichen Aufgaben wahr. Die Streitkräfte operierten hier überhaupt erstmals 2002 im Rahmen des US-geführten Kampfes gegen den Terrorismus.

Im Swat-Tal (NWFP) gelang den Taliban im Februar 2009 die Einführung der Scharia und die Übernahme der Macht. Die pakistanische Regierung erkannte diesen Schritt zunächst an, startete aber angesichts zunehmender Gewalt bereits wenige Wochen später eine groß angelegte Militäroperation im Swat-Tal. Diese endete im Sommer mit einem »Sieg« der pakistanischen Sicherheitskräfte, Hunderttausende Menschen befanden sich auf der Flucht.

Die meisten Militanten haben familiäre Bindungen in die Region, in der sie ihren bewaffneten Kampf durchführen. Lokale Gruppen in Pakistan operieren insgesamt überwiegend auf eigenem Territorium. Grenzüberschreitende Angriffe finden nur in Ausnahmefällen statt, doch planen afghanische Kommandeure der Taliban von Städten wie Peschawar und Quetta aus Operati-

Pakistanische Soldaten und zurückkehrende Flüchtlinge in Mingora, der größten Stadt des Swat-Tals (Aufnahme vom 13. August 2009). Die Regierung erklärte, die Militanten aus dem früheren Touristengebiet vertrieben zu haben, doch dürften die meisten Taliban-Führer Unterschlupf in den unzugänglichen Gebirgsregionen sowie in den Nachbardistrikten gefunden haben.

onen in ihren Herkunftsgebieten. Auch die Führer der al-Qaida und anderer Terrororganisationen betreiben mit Zustimmung und als Gäste örtlicher Machthaber Ausbildungscamps und Medressen für die Rekrutierung von Nachwuchs.

Die große Mehrzahl der Bevölkerung und der lokalen Stammesführer sieht sich mit den Militanten in einem ausgeprägten Antiamerikanismus verbunden, lehnt allerdings deren Methoden überwiegend ab. Fallweise bekämpfen Stammesmilizen mit Wissen oder Unterstützung der pakistanischen Regierung die Aufständischen, sie sehen diese Aktionen selbst allerdings meist als ein Mittel, um die pakistanische Regierung und ihre Sicherheitskräfte aus dem eigenen Einflussbereich hinauszudrängen. Die OMF ihrerseits gingen – ebenso wie in Afghanistan – in der Vergangenheit immer wieder gegen widerspenstige Stammesführer vor, bedrohten oder töteten Älteste, die mit Regierung und Militär zusammenarbeiteten.

Grenzsicherung

Die Grenze zu Afghanistan sichert Pakistan mit etwa 1100 permanenten Kontroll- und Beobachtungsposten, das Land ist jedoch zu einer wirksamen Überwachung nicht in der Lage. Die Schwierigkeiten effektiver Kontrolle illustriert der Umstand, dass nur drei von 100 Grenzgängern überhaupt einen Ausweis besitzen. Auf pakistanischer Seite tun überwiegend Einheiten des territorial organisierten Frontier Corps Dienst, das in der Nordwestprovinz (Hauptquartier in Peschawar) über rund 35 000 Mann und in Belutschistan (Hauptquartier in Quetta) über etwa 40 000 Mann verfügt. Die paramilitärischen »Corps« (Regimenter) rekrutieren sich aus den Stämmen der Region. Zusammen mit Polizeikräften kann die pakistanische Regierung damit auf nahezu 100 000 Mann an Sicherheitskräften zurückgreifen, von denen jedoch nur ein kleiner Teil tatsächlich an der Grenze im Einsatz steht. Mit Ausnahme einiger Spezialverbände weisen diese einen niedrigen Ausbildungsstand auf und sind überwiegend nicht zur Bekämpfung der hoch motivierten Aufständischen in der Lage, zumal ihre Angehörigen selbst fest in die örtlichen Stammes- und Clanstrukturen integriert sind.

Die Afghanische Grenzpolizei (Afghan Border Police, ABP) auf der anderen Seite hat landesweit eine Soll-Stärke von 18 000 Mann, erreichte im Januar 2009 aber erst 12 000. Sie wird unterstützt durch Truppen der ISAF und der afghanischen Streitkräfte. Auch die ABP leidet unter erheblichen Defiziten bei Ausbildung und Ausrüstung, ihr Personal stammt überwiegend aus dem grenznahen Raum. In Einzelfällen profitieren selbst ranghohe Offiziere vom grenzüberschreitenden illegalen Handel. Monatelang

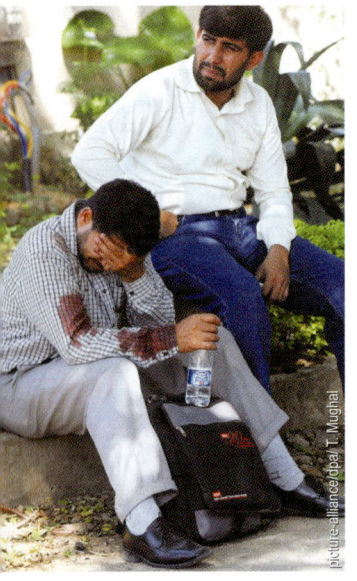

Anschlag in Islamabad: Ein Selbstmordattentäter zündete am 5. Oktober 2009 eine Bombe auf dem Gelände des Welternährungsprogramms (World Food Programme, WFP) in der pakistanischen Hauptstadt und riss fünf Menschen mit in den Tod. Die pakistanischen Taliban bekannten sich zu dem Anschlag gegen die Vereinten Nationen, die im Land die »amerikanische Agenda« unterstützten. Nach dem Angriff forderten die pakistanischen Behörden dazu auf, UNO-Büros in das abgeriegelte Diplomatenviertel der Stadt zu verlegen.

ausbleibende Gehaltszahlungen erschweren die konsequente Verfolgung krimineller Elemente ebenso wie die Einflüsse der Stammesloyalität.

Um der Sicherheitsproblematik im Grenzgebiet Herr zu werden, strebt die pakistanische Regierung unter dem am 25. März 2008 vereidigten Premierminister Yousaf Raza Gilani verstärkt den Dialog mit verhandlungsbereiten Stämmen und den Abschluss tragfähiger Abkommen an. Zudem sollen die bislang vernachlässigten paschtunischen Stammesgebiete zukünftig vermehrt von staatlicher Aufbauhilfe profitieren. Gleichzeitig fördert der Staat die Rückkehr der in den Grenzgebieten lebenden Flüchtlinge in ihre Heimat. Als integraler Bestandteil der staatlichen Strategie gilt schließlich weiterhin die gezielte militärische Bekämpfung gewaltbereiter Aufständischer.

Im Rahmen einer Initiative zur verbesserten Bekämpfung militanter Strukturen im afghanisch-pakistanischen Grenzgebiet wurden an einigen Stellen die vorhandenen Grenzübergänge ausgebaut und Grenzzäune verstärkt. Darüber hinaus errichten Afghanistan, Pakistan und die USA gemeinsam betriebene »Joint Coordination Centers«, welche die Durchlässigkeit der Grenze verringern sollen. Ob die geplanten Maßnahmen die Präsenz des pakistanischen Staates in den Grenzgebieten tatsächlich verbessern können, bleibt abzuwarten. Neben fehlenden finanziellen Mitteln wird staatliches Eingreifen dadurch erschwert, dass weder die zivile Regierung noch das pakistanische Militär Rückhalt in der Bevölkerung der Stammesgebiete genießen und als Handlanger des Westens abgelehnt werden.

Mögliche Entwicklungen

Mit der Verschärfung der Sicherheitslage in Afghanistan verschlechtern sich die Arbeitsbedingungen der Nichtregierungsorganisationen (NGOs). Waren Angriffe der Taliban gegen diese Organisationen bislang eher die Ausnahme, so geraten sie nun – ebenso wie im Lande arbeitende Journalisten – ebenfalls ins Visier der Aufständischen. Drohungen – beispielsweise nachts hinterlassene Warnbriefe – und eine steigende Anzahl direkter Angriffe und Entführungen sprechen diesbezüglich eine deutliche Sprache.

Das Wegbrechen von Aufbauleistungen träfe eine Bevölkerung, die in einem wirtschaftlich kaum entwickelten Raum meist unter ärmlichsten Bedingungen lebt.

Obwohl in Afghanistan nach wie vor eine einheitliche Führung des Widerstandes fehlt, und dieser sich in Qualität und Intensität landesweit sehr stark unterscheidet, beeinträchtigen die Angriffe gegen den afghanischen Staat und ISAF/OEF in ihrer Summe die Glaubwürdigkeit der Staatsgewalt und der Internationalen Gemeinschaft doch empfindlich. Die afghanische Regierung ebenso wie ISAF sind gezwungen, auf Provokationen zu reagieren, um nicht die Funktionsfähigkeit des »Modells Afghanistan« infrage zu stellen. Die Erfolge der Taliban im Süden haben diesbezüglich eine Signalwirkung vor allem im rein paschtunischen Siedlungsgebiet in Pakistan und Afghanistan, aber auch für den afghanischen Norden. Dort setzen die Kräfte der ehemaligen Nordallianz bei einem weiteren Erstarken der Taliban im Süden wieder vermehrt auf den Aufbau eigener Strukturen, um der befürchteten Konkurrenz in den eigenen Einflussbereichen entgegenzuwirken. Dies läuft dem erklärten Ziel der Internationalen Gemeinschaft zuwider, eine zentralstaatliche Verwaltung aufzubauen.

Hier zeigt sich ein grundsätzliches Dilemma: Einerseits ist ziviler Wiederaufbau ohne die dauerhafte Präsenz der afghanischen Sicherheitskräfte und der ISAF unmöglich. Militärische Mittel müssen erkennbare Entwicklungsfortschritte absichern und die Voraussetzungen für die »Afghan Ownership«, die Übernahme staatlicher Verantwortung durch die Administration in Kabul sowie für den Abzug ausländischer Truppen schaffen. Die aktuelle, innerhalb der ISAF praktizierte Counter-Insurgency Doctrine der USA umschreibt dies mit der Begriffskette »Clear« (für die militärische Bekämpfung der Aufständischen), »Hold« (die dauerhafte Präsenz in einer »befriedeten« Region) und »Build« (für den Aufbau funktionsfähiger staatlicher Strukturen). Zentrale Bedeutung kommt in diesem Zusammenhang der Ausbildung und Ausrüstung der mittlerweile in der Bevölkerung gut angesehenen ANA sowie der ANP (Afghan National Police) zu, die ohne substanzielle internationale Hilfe nicht gelingen kann.

Ein ausgeweiteter Kampfeinsatz ruft andererseits Gegenreaktionen regionaler und lokaler Netzwerke hervor und treibt die

Anzahl sicherheitsrelevanter Zwischenfälle weiter in die Höhe. Mittelfristig könnte ein solches Vorgehen das Ende des bislang praktizierten Zweiklangs von militärischer Sicherung und zivilem Wiederaufbau hin zur militärischen Konfrontation bewirken. Die Internationale Gemeinschaft geriete damit endgültig zur Konfliktpartei, in den Augen der Bevölkerung schlimmstenfalls zu einer Besatzungsarmee.

In der jüngeren Vergangenheit beschäftigte in diesem Zusammenhang die Beteiligung der Taliban an den Machtstrukturen mehrere Ratsversammlungen (Dschirgas) in Afghanistan und Pakistan. Hamid Karsai empfahl sich im Spätherbst 2008 seinen potenziellen Wählern mit der Aussage, Verhandlungen mit den Taliban notfalls auch gegen den Willen des Westens führen zu wollen, öffentlichkeitswirksam als starker Präsident. Die Einbindung der Militanten müsste allerdings teilweise außerhalb der von der Internationalen Gemeinschaft vertretenen Strukturen erfolgen, da die Taliban einen Staat nach mehr oder weniger westlichem Muster strikt ablehnen. Einschlägige Gespräche, wie sie etwa Präsident Karsai im September 2008 nach saudi-arabischer Vermittlung in Mekka führte, und wie sie selbst im Umfeld des neuen US-Präsidenten Barack Obama als strategische Option diskutiert werden, stellen einerseits ein erhebliches Risiko dar. Andererseits können sie – begleitet von permanentem militärischen Druck auf die Aufständischen – ein Fenster für Friedensverhandlungen öffnen.

Afghanistan befindet sich heute an einem Scheidepunkt. Gelingt es der Regierung und der Internationalen Gemeinschaft nicht, die laufenden Auseinandersetzungen in den Griff zu bekommen und alle ethnischen Gruppen sowie Teile der antiwestlich eingestellten Aufständischen in den afghanischen Staat einzubinden, besteht die Gefahr der weiteren Eskalation bis hin zu einem neuen Bürgerkrieg. Staat und Gesellschaft mit »Afghan Face«, die dann eben auch landestypische Züge von Kultur und Problemlösung zeigen, setzen allerdings die Bereitschaft der Internationalen Gemeinschaft voraus, die Abweichung von westlichen Vorstellungen nicht als Misserfolg, sondern als Ausweg aus einer krisenhaften Situation zu begreifen.

Bernhard Chiari

Schon 1948 hatte es im Parlamentarischen Rat, der – bestehend aus 65 Ländervertretern – am 1. September in Bonn zusammengetreten war und die Urfassung des Grundgesetzes formuliert hatte, Debatten um die Aufstellung und die Verwendung westdeutscher Streitkräfte gegeben. Die heftig und leidenschaftlich geführte Diskussion ging als »Kampf um den Wehrbeitrag« in die deutsche Zeitgeschichte ein. In den Jahren 1952 und 1953 sah sich das Bundesverfassungsgericht erstmals zur Beschäftigung mit Art. 24 Abs. 2 GG (»Der Bund kann sich zur Wahrung des Friedens einem System gegenseitiger kollektiver Sicherheit einordnen; er wird hierbei in die Beschränkungen seiner Hoheitsrechte einwilligen, die eine friedliche und dauerhafte Ordnung in Europa und zwischen den Völkern der Welt herbeiführen und sichern«) und der Frage einer Verfassungsänderung oder -ergänzung gezwungen. Beinahe ausschließlich unter innenpolitischen Aspekten zog sich der gesellschaftliche Diskurs bis zur Verabschiedung der sogenannten Notstandsverfassung 1968 hin. Damals erhielt Art. 87a GG, der die Aufstellung sowie die Aufgaben der Streitkräfte regelt, seine heute gültige Fassung (vgl. Infokasten S. 156).

■ Verfassungshistorische und verfassungsrechtliche Aspekte der Auslandseinsätze

Die Diskussion um die Auslandseinsätze ist ohne die aus den Erfahrungen der Kaiserzeit, der Weimarer Republik und der Diktatur des »Dritten Reiches« gespeiste, diffuse Angst vor dem Einsatz der Streitkräfte im Innern nicht zu verstehen. Während der Inlandseinsatz sehr leidenschaftlich und intensiv in der gesamten Gesellschaft diskutiert wurde, führte die Debatte um die Auslandseinsätze nur ein verhältnismäßig kleiner Kreis von Politikern, Juristen und Soldaten. Für Letztere ging es in den frühen 1990er-Jahren vor allem darum, ob der soldatische Eid überhaupt Verwendungen unter dem blauen Helm der Vereinten Nationen (UN) umfasse. Viele Soldaten der älteren Generation hatten aus der Überzeugung heraus den Dienst aufgenommen, die Heimat und die Demokratie gegen den Feind aus dem Osten zu verteidigen. Sie hatten wenig Verständnis dafür, unter Umständen ihr Leben auch in Asien oder in Afrika einsetzen zu müssen. Es bereitete ihnen große Mühe, die Worte »treu zu dienen« und »das Recht und die Freiheit des deutschen Volkes tapfer zu verteidigen« mit den neuen Anforderungen in Einklang zu bringen.

Ohne dass bereits Streitkräfte aufgestellt waren, wurde die Bundesrepublik am 9. Mai 1955 in die NATO aufgenommen. Damit wurde die lange diskutierte Verfassungsergänzung notwendig, die mit der 2. Wehrnovelle vom 22. März 1956 Art. 87a GG in seiner Urfassung in das Grundgesetz einfügte. Damals lautete er: »Die zahlenmäßige Stärke der vom Bunde zur Verteidigung aufgestellten Streitkräfte und die Grundzüge ihrer Organisation müssen sich aus dem Haushaltsplan ergeben.« Der »Kampf um den Wehrbeitrag« schien entschieden; der Weg zur Gründung der Bundeswehr war geebnet.

Bereits in der ersten Fassung enthält Art. 87a GG zwei wesentliche Kriterien: 1. Die Streitkräfte dienen der Verteidigung, und 2. Über den Haushaltsplan kontrolliert das Parlament zahlenmäßige Stärke und die Grundzüge der Organisation. Damit ist die Bundeswehr als Parlamentsheer verfassungsmäßig verankert.

Das dritte wesentliche Kriterium fehlt indes noch. Art. 87a GG lässt die Frage des Einsatzes der Streitkräfte völlig offen. Dafür erhielt Art. 143 GG folgende Fassung: »Die Voraussetzungen, unter denen es zulässig wird, die Streitkräfte im Falle eines inneren Notstandes in Anspruch zu nehmen, können nur durch ein Gesetz geregelt werden, das die Erfordernisse des Art. 79 erfüllt.« Aus der Verfassungssprache übersetzt heißt das: Die Inanspruchnahme – das Wort »Einsatz« hatte man sorgfältig vermieden – der Streitkräfte im Innern ist so lange verboten, bis eine weitere Verfassungsänderung oder -ergänzung sie gestatten wird. Obwohl der Begriff »Inanspruchnahme der Streitkräfte« scheinbar jede Verwendung der Streitkräfte im Innern verbot, setzte sich alsbald die Meinung durch, die rein technische und unbewaffnete Verwendung der Bundeswehr in der Erntehilfe oder bei Naturkatastrophen sei davon nicht erfasst.

Als Anfang März 1960 ein verheerendes Erdbeben die marokkanische Stadt Agadir zerstörte, beauftragte Verteidigungsminister Franz Josef Strauß die Lufttransporttruppe, Hilfseinsätze in die Erdbebenregion zu fliegen, und verlegte Sanitätskräfte sowie Teile einer ABC-Abwehrkompanie dorthin. Die allererste Auslandsverwendung der Bundeswehr fand sogleich außerhalb des NATO-Bündnisgebietes statt. Über die Bewaffnung der verwendeten Kräfte, und sei es auch nur zum Selbstschutz, wurde damals nicht diskutiert, so selbstverständlich schien die sofortige Hilfeleistung angesichts einer humanitären Katastrophe. Die »Inanspruchnahme« der Bundeswehr – um in der Diktion des Art. 143 GG zu bleiben – während der Hamburger Sturmflut 1962 gegen Marodeure und Plünderer wurde hingegen zumindest als verfassungsrechtlich bedenklich, wenn nicht verfassungswidrig angesehen. Denn die Feldjäger nahmen bewaffnet Polizeiaufgaben wahr.

Der Begriff »Verteidigung« wird in Art. 87a GG oder andernorts im Grundgesetz nicht definiert. Durch die außen- und sicherheitspolitischen Entwicklungen seit 1949 scheint klar, dass das überkommene Verständnis von »Verteidigung« des Territoriums der Bundesrepublik im Bündnis gegen einen Feind aus dem Osten nun in der Verfassung verankert ist. Die aus Art. 5 des NATO-Vertrages sich ergebende Möglichkeit, dass die Bundesrepublik um Beistand im Bündnis für einen anderen Staat gebeten wird und Streitkräfte einsetzen könnte, ohne dass sie selbst angegriffen wird, findet keinerlei Beachtung. Nach dem Verständnis der Zeit – und im Übrigen bis zur Herstellung der Deutschen Einheit – hieß »Verteidigung im Bündnis« stets: »Die anderen für uns.« Noch Anfang der 1990er-Jahre erschien im »Deutschen Allgemeinen Sonntagsblatt« eine Zeichnung des Karikaturisten Jupp Wolter. Der deutsche Michel sagt: »Ich? Nö, ich lasse verteidigen.«

Die in Art. 143 GG vorgesehene Änderung und Ergänzung der Wehrverfassung erfolgte mit der sogenannten Notstandsverfassung am 24. Juni 1968. Damals gelangten nicht nur die Art. 80a und 115a bis l ins Grundgesetz, sondern auch Art. 87a GG in seiner aktuellen Fassung. Die bisherige Fassung des Art. 87a GG wurde zu Abs. 1 und in zwei Sätze aufgeteilt. Grundfunktion der Streitkräfte ist und bleibt die Verteidigung.

Im neuen Abs. 2 ist zum ersten Mal von »Einsatz« die Rede. Die Vorschrift lautet: »Außer zur Verteidigung dürfen die Streitkräfte nur *eingesetzt* werden, soweit dieses Grundgesetz es *ausdrücklich* zulässt.« [Hervorhebungen durch den Verf.] Darüber hinaus gelang es, in den Abs. 3 und 4 des Art. 87a und in Art. 35 Abs. 2 und 3 GG, die »Inanspruchnahme« der Streitkräfte im Innern zu regeln.

Das Wort »ausdrücklich« wurde überwiegend als Zitiergebot verstanden. Nur wenn im Grundgesetz eine Verwendung

Art. 87a GG

(1) Der Bund stellt Streitkräfte zur Verteidigung auf. Ihre zahlenmäßige Stärke und die Grundzüge ihrer Organisation müssen sich aus dem Haushaltsplan ergeben.

(2) Außer zur Verteidigung dürfen die Streitkräfte nur eingesetzt werden, soweit dieses Grundgesetz es ausdrücklich zulässt.

(3) Die Streitkräfte haben im Verteidigungsfalle und im Spannungsfalle die Befugnis, zivile Objekte zu schützen und Aufgaben der Verkehrsregelung wahrzunehmen, soweit dies zur Erfüllung ihres Verteidigungsauftrages erforderlich ist. Außerdem kann den Streitkräften im Verteidigungsfalle und im Spannungsfalle der Schutz ziviler Objekte auch zur Unterstützung polizeilicher Maßnahmen übertragen werden; die Streitkräfte wirken dabei mit den zuständigen Behörden zusammen.

(4) Zur Abwehr einer drohenden Gefahr für den Bestand oder die freiheitliche demokratische Grundordnung des Bundes oder eines Landes kann die Bundesregierung, wenn die Voraussetzungen des Art. 91 Abs. 2 vorliegen und die Polizeikräfte sowie der Bundesgrenzschutz nicht ausreichen, Streitkräfte zur Unterstützung der Polizei und des Bundesgrenzschutzes beim Schutze von zivilen Objekten und bei der Bekämpfung organisierter und militärisch bewaffneter Aufständischer einsetzen. Der Einsatz von Streitkräften ist einzustellen, wenn der Bundestag oder der Bundesrat es verlangen.

der Streitkräfte wörtlich aufgeführt war, etwa in Art. 35 Abs. 2 und 3 GG, sollte der Einsatz außerhalb der Verteidigung verfassungsgemäß sein. Freilich war auch das Ausdrücklichkeitsgebot 1968 eher mit dem Blick nach innen als mit dem Blick nach außen formuliert worden. Denn mangels voller Souveränität und Mitgliedschaft in Systemen gegenseitiger kollektiver Sicherheit gemäß Art. 24 Abs. 2 GG kam 1968 eine bewaffnete Verwendung der Bundeswehr außerhalb der Verteidigung im Bündnis ohnehin nicht in Betracht.

Was dem Begriff »Einsatz« zugeordnet werden sollte, resultierte letztlich aus dem speziell deutschen Verständnis von Außen- und Sicherheitspolitik, das auf die verfassungsrechtliche

Diskussion durchgeschlagen war. »Einsatz« sollte nur der »bewaffnete Einsatz von Streitkräften« sein, von Streitkräften mit Kampffähigkeit und Kampfauftrag. Wann immer hingegen die besonderen Fähigkeiten der Streitkräfte in den Bereichen Logistik, Informationstechnik, Sanitätsdienst und Pionierwesen oder lediglich ihr Material oder ihre Liegenschaften genutzt wurden, sollte es sich nicht um »Einsatz«, sondern um »Hilfeleistung« oder »Unterstützung« handeln.

Diese Unterscheidung der Verwendungen ist ausschließlich vermeintlichen innenpolitischen Zwängen geschuldet und mag bis 1973 eine gewisse Berechtigung gehabt haben. Spätestens mit dem Beitritt zu den Vereinten Nationen erscheint sie als verfassungspolitische Spitzfindigkeit. Vollends fragwürdig wird diese Unterscheidung bei Verwendung der Streitkräfte unter zeitgenössischen Mandaten von Systemen gegenseitiger kollektiver Si-

picture-alliance/dpa/Blumenberg

Am 3. Dezember 1962 verlieh Innensenator Helmut Schmidt in der Litzmann-Kaserne in Hamburg-Wandsbek die Dankmedaille der Freien und Hansestadt Hamburg an 400 Soldaten für deren Einsatz während der Flutkatastrophe im Februar 1962.

cherheit, denn heute ist ein Fähigkeitsspektrum gefragt, das von der Anwendung militärischer Gewalt in friedensschaffenden Einsätzen bis hin zur Absicherung von Wahlen, dem Wiederaufbau staatlicher Strukturen und der Ausbildung von Militär reicht, mithin friedensschaffende und friedenskonsolidierende Komponenten in sich vereint.

Deutsche Völkerrechtler mussten sich des Themas »Auslandseinsätze der Bundeswehr« erstmals 1972 annehmen. In jenem Jahr begannen die Verhandlungen über die Aufnahme der Bundesrepublik Deutschland und der Deutschen Demokratischen Republik in die Vereinten Nationen. Das außerhalb der Charta der Vereinten Nationen entstandene Modell des Peacekeeping war längst Völkergewohnheitsrecht geworden. Als Mitglied der Vereinten Nationen musste die Bundesrepublik Deutschland daher mit Anfragen rechnen, an der einen oder anderen Mission oder Operation unter dem blauen Helm teilzunehmen. Der damalige Leiter des Völkerrechtsreferats des Auswärtigen Amtes, Carl August Fleischhauer, hatte bei der Vorbereitung der Aufnahme in die Vereinten Nationen dazu die allseits akzeptierte Position entwickelt, dass ein Einsatz der Bundeswehr außerhalb des NATO-Bündnisgebietes auch im Rahmen von UN-Operationen nicht infrage komme. Damit sollte verhindert werden, dass Angehörige der Bundeswehr Soldaten der Nationalen Volksarmee in Konfliktregionen bewaffnet gegenüberstünden.

Diese Position übernahm zehn Jahre später der Bundessicherheitsrat in seinem Beschluss vom 3. November 1982. Danach sollten (bewaffnete) Einsätze der Bundeswehr außerhalb des Vertragsgebietes der NATO nur zulässig sein, wenn der Konflikt sich zugleich als Angriff auf die Bundesrepublik Deutschland darstelle. Sämtliche Bundesregierungen bis 1990 machten sich diese Haltung zu eigen, wobei sie sich auch auf die fehlende volle Souveränität der Bundesrepublik Deutschland beriefen.

Dabei war die Bundeswehr seit 1968 keineswegs untätig gewesen. Bis 1990 hat sie weit über 100 Hilfseinsätze in fast allen Erdteilen erfolgreich hinter sich gebracht. Zumeist waren Lufttransportkräfte, Heeresflieger, Sanitätskräfte und Pioniere im Einsatz. Die westdeutsche Bevölkerung nahm diese weltweiten Hilfeleistungen mit freundlichem Desinteresse zur Kenntnis.

Von UNEF II zu Artemis

Wie tiefgreifend sich das Verfassungsverständnis der Wörter »einsetzen« und »ausdrücklich« in 30 Jahren gewandelt hat, zeigen beispielhaft zwei Einsätze mit beinahe identischen Aufgaben. Am 18. September 1973 waren die Bundesrepublik Deutschland und die DDR in die Vereinten Nationen aufgenommen worden. Am 25. Oktober 1973 hatte der Sicherheitsrat der Vereinten Nationen mit Resolution 340 (1973) die United Nations Emergency Force II (UNEF II) ins Leben gerufen, um den Waffenstillstand zwischen Israel und Ägypten nach dem Jom-Kippur-Krieg abzusichern. Sogleich hatten die Vereinten Nationen die Bundesrepublik ausdrücklich um Unterstützung gebeten, und die Bundesregierung hatte sich zu logistischer Hilfe bereit erklärt. So transportierte die Luftwaffe senegalesische Truppenkontingente für die Vereinten Nationen nach Ägypten. Dies dürfte der erste Einsatz der Bundeswehr auf der Grundlage eines Mandats der UNO gewesen sein. Laut Bulletin der Bundesregierung vom 21. Dezember 1973 hatten das Bundeskabinett und der Haushaltsausschuss des Deutschen Bundestages diese Beteiligung beschlossen. Bereits damals gab es also eine Parlamentsbeteiligung im kleinen Rahmen und auf freiwilliger Basis.

Die Position des Auswärtigen Amtes und der Bundesregierung zu derartigen Einsätzen soll damit nicht durchbrochen worden sein, auch wenn der Einsatz unbestreitbar außerhalb des NATO-Bündnisgebietes stattfand. Die Flugzeuge und die Besatzungen seien nämlich nicht in UNEF II eingegliedert worden. Daher liege kein »Einsatz« im Sinne der Verfassung vor, sondern nur eine technische Verwendung.

Die Unterscheidung hinsichtlich eines Einsatzes im Sinne des Grundgesetzes danach, ob Truppenkontingente in die Friedenstruppen der Vereinten Nationen eingegliedert werden, oder ob sie diese unterstützen sollen, erscheint nach dem Wortlaut des operativen Paragrafen 5 der Resolution 340 (1973) recht willkürlich. Er lautet in Übersetzung: »[Der Sicherheitsrat] ersucht alle Mitgliedstaaten, ihre volle Zusammenarbeit mit den Vereinten Nationen auf die Umsetzung dieser Resolution wie auch der Resolutionen 338 (1973) und 339 (1973) zu erstrecken.« Die Vereinten Nationen baten also alle Mitgliedstaaten um Zusammenarbeit bei der Umsetzung auch der neuesten Resolution zum Nahost-Konflikt. »Zusammenarbeit« ist indes ein sehr weitgefasster Begriff. Während die einen UN-Mitglieder Truppenkontingente bereitstellen, sorgen andere dafür, dass diese Truppenkontingente auch ihren Einsatzraum erreichen. Das mag ein unterschiedlicher Grad der Zusammenarbeit sein, was Engagement und Dauer angeht, ändert freilich nichts daran, dass die Zusammenarbeit auf der Grundlage der Resolution 340 (1973) geschieht. Ohne Mandat und ohne die Bitte der Vereinten Nationen um Beteiligung hätten Bundesregierung und Haushaltsausschuss den Einsatzbeschluss nicht gefasst. Sie stellten der UNO damit dringend benötigtes Personal und Material zur Verfügung, das diese selbst und die Republik Senegal nicht hatten. Entscheidend für die Frage des Einsatzes war, dass das mit der Ausführung beauftragte Lufttransportgeschwader 63 genau die Leistung erbrachte, die seinem militärischen Auftrag entsprach, nämlich Soldaten und Ausrüstung von einem Ort an den anderen zu verlegen.

Ein ganz ähnliches Szenario lag 30 Jahre später der deutschen Beteiligung an der Operation ARTEMIS der Europäischen Union in der Provinz Ituri im Nordosten der Demokratischen Republik Kongo vom 5. Juni bis 1. September 2003 zugrunde. Stationiert in Deutschland und in Entebbe in Uganda, transportierte die deutsche Luftwaffe Nachschub für die französischen Bodentruppen von Europa nach Afrika und beteiligte sich am Betrieb der logistischen Basis. Mehrere Stabsoffiziere waren in den Operationsstab nahe Paris entsandt. In Köln-Wahn wurde das Luftrettungssystem AIRBUS A 310 MEDEVAC bereitgehalten. Nach dem Bundestagsbeschluss durften bis zu 350 Militärpersonen eingesetzt werden. Tatsächlich waren es etwa 100. Niemand sprach indes von einer Unterstützung der EU-Operation ARTEMIS oder einer lediglich technischen Verwendung der Streitkräfte. Ganz selbstverständlich beteiligte sich Deutschland an diesem ersten friedensschaffenden EU-Einsatz in Afrika, der ohne Mitwirkung der NATO auskam. Für einen Einsatz auf direkter Grundlage eines UN-Mandats kann jedoch kaum etwas anderes gelten als für einen Einsatz unter Gemeinsamer Aktion des Rates der Europäischen Union auf der Grundlage eines UN-Mandats.

Das voll souveräne Deutschland

Die Herstellung der Deutschen Einheit durch den Grundlagenvertrag und das Erlangen voller Souveränität führten einmal mehr zu vielfältigen Diskussionen über den Einsatz deutscher Streitkräfte im Ausland und dessen verfassungsrechtliche Zulässigkeit. Dass das bisherige Verständnis der Wehrverfassung auf neue Anforderungen keine Antworten bereithielt, wurde bereits deutlich, als die Türkei während des Zweiten Golfkrieges an den Bündnisfall nach Art. 5 des NATO-Vertrages rührte und die NATO um Unterstützung zur Abwehr eines möglichen Angriffs irakischer Truppen bat. Die türkische Regierung befürchtete irakische Vergeltungsschläge, weil die amerikanische Luftwaffe Einsätze von türkischen Stützpunkten aus flog, um die völkerrechtswidrige Besetzung Kuwaits im Jahre 1990 rückgängig zu machen. Zwar stellte damals der NATO-Rat den Bündnisfall nicht fest, beschloss aber am 2. Januar 1991 die Verlegung von Teilen der Allied Mobile Force (AMF) in die Türkei. Und so fanden sich deutsche Angehörige der AMF in Erhac und Dyarbakir wieder.

Nun zeigte sich, dass »Beistand« im Sinne des NATO-Vertrages nicht ausschließlich durch die Formulierung »zur Rettung der Bundesrepublik« ergänzbar war, sondern dass Deutschland durchaus auch aufgefordert sein könnte, sich militärisch am Rande Europas und des Bündnisgebietes zu engagieren, ohne dass das eigene Territorium bedroht wurde.

UNTAC und UNOSOM II

Welche Mühen die Politik indes noch in den 1990er-Jahren darauf verwandte, der deutschen Bevölkerung Einsätze unter dem Mandat der Vereinten Nationen als Hilfeleistung und Unterstützung nahezubringen, zeigt die Beteiligung an der UNAMIC-Mission (Resolution 717 [1991] vom 16.10.1991; United Nations Advance Mission in Cambodia) und am UNTAC-Einsatz (Resolution 745 [1992] vom 28.2.1992; United Nations Transitional Authority in Cambodia) in Kambodscha. Ab November 1991 waren etwa 15 Angehörige des Sanitätsdienstes für UNAMIC im Einsatz. Am 8. April 1992 beschloss die Bundesregierung, der Bitte des Generalsekretärs der Vereinten Nationen zu entsprechen und sich mit Sanitätspersonal am UNTAC-Einsatz zu beteiligen. Von Mai 1992 bis November 1993 betrieb der Sanitätsdienst der Bundeswehr in Phnom Penh ein Militärkrankenhaus mit den Fähigkeiten eines Kreiskrankenhauses und insgesamt 60 Betten, in dem zivilen und militärischen Angehörigen der UNTAC-Mission allgemeinärztliche sowie ambulante und stationäre fachärztliche Behandlung zuteil werden sollte. Der deutschen Öffentlichkeit wurde dieser Einsatz als humanitäre Hilfe für Kambodscha vermittelt. Auch der größere Teil des 140-köpfigen Sanitätspersonals, soweit es nicht unmittelbar im Stab der UNTAC Dienst tat, sah sich in dieser Helferrolle und behandelte alsbald so viele Kambodschanerinnen und Kambodschaner, dass kaum noch Kapazitäten für erkranktes UN-Personal blieben. Diese prekäre, nationalen Befindlichkeiten geschuldete Situation veranlasste die Vereinten Nationen schließlich zu scharfem Protest und führte beinahe zum unrühmlichen Ende der deutschen Beteiligung an UNTAC, hätte die Bundesregierung nicht eingelenkt.

Hatte man die bisherigen Verwendungen deutscher Streitkräfte zugunsten der Vereinten Nationen mit einigem sprachlichen Aufwand gerade noch als Unterstützungsleistungen und humanitäre Hilfe innenpolitisch rechtfertigen können, ohne an das Ausdrücklichkeitsgebot des Art. 87a Abs. 2 rühren zu müssen, wurde das nun zunehmend schwieriger. Nur drei Monate nach Beginn des UNTAC-Einsatzes begann die bis dahin größte Operation der Bundeswehr unter dem blauen Helm: Von August 1993 bis März 1994 beteiligte sich Deutschland unter Resolution 814 (1993) und dem Beschluss der Bundesregierung vom 21. April 1993 mit einem verstärkten Nachschub- und Transportbataillon an der Operation UNOSOM II der Vereinten Nationen in Somalia. Stützpunkte waren Mogadischu und Belet Uen in Somalia sowie Mombasa in Kenia. Da der zu versorgende indische Infanterieverband nie in Somalia eintraf, fiel die Erfolgsbilanz etwas mager aus. Auch dieser Einsatz wurde der deutschen Öffentlichkeit als humanitäre Hilfe vermittelt, nachdem schon im August 1992 eine Luftbrücke von Kenia nach Somalia zur Linderung von Not und Leid der Zivilbevölkerung eingerichtet worden war, und die in Belet Uen stationierten Soldaten Brunnen bauten und Schulgebäude wiederherstellten.

Das Verfassungsurteil vom 12. Juli 1994

Zu verfassungsrechtlichen Streitigkeiten, die schließlich zum zweiten Mal seit 1952/53 das Bundesverfassungsgericht mit Einsatzfragen der Streitkräfte beschäftigen sollten, führten jedoch vor allem jene Einsätze, die gleichsam vor der Haustür, auf dem Balkan, stattfanden.

Das Bundesverfassungsgericht hat mit seinem wegweisenden Urteil vom 12. Juli 1994 Verfassungsgeschichte geschrieben. Dass die Entsendung von Truppenkontingenten unter dem Mandat von Systemen gegenseitiger kollektiver Sicherheit bereits aus Art. 24 Abs. 2 GG und nicht erst aus Art. 87a GG folge, war in dieser Deutlichkeit ebenso neu wie die Notwendigkeit, im Regelfall jeweils vorher einen konstitutiven Beschluss des Deutschen Bundestages herbeizuführen. Dies deshalb, weil es seit 1918 deutscher Verfassungstradition entspreche und trotz der Aufhebung des Art. 59a GG im Zuge der Notstandsverfassung nicht habe beseitigt werden sollen. Mit Berufung darauf, dass Art. 24 bereits in der Urfassung des Grundgesetzes enthalten war, und Art. 87a erst nach zweimaliger Grundgesetzergänzung seine derzeit geltende Fassung erhalten habe, die Beteiligung an Systemen gegenseitiger kollektiver Sicherheit aber auch die Beteiligung an Einsätzen umfasse, die von diesen mandatiert seien, wich das Bundesverfassungsgericht freilich den drängenden Fragen nach »Verteidigung« und »Einsatz« aus. Lediglich in einem Nebensatz erteilte es der Verklammerungsthese, derzufolge »Verteidigung« nach Art. 87a GG und »Verteidigungsfall« nach Art. 115a GG identisch seien, eine Absage. In der mündlichen Verhandlung hatten diese Fragen hingegen eine große Rolle gespielt.

Die Bundesregierung, die mit dem Ziel in das Verfahren gegangen war, ohne Parlamentsbeteiligung Beschlüsse zur Truppenentsendung fassen zu dürfen, erlitt eine empfindliche Niederlage. Die SPD, die schon 1968 im Zuge der Debatte über die Notstandsverfassung für eine konstitutive Parlamentsbeteiligung eingetreten war, jedoch in Art. 80a GG nur ein Rückholrecht hatte durchsetzen können, konnte das Urteil medial jedoch nicht als Erfolg umsetzen.

Fast nebenbei führte das Bundesverfassungsgericht seine Rechtsprechung zum Wesen der NATO weiter und erklärte diese ebenfalls zu einem System gegenseitiger kollektiver Sicherheit. Aus heutiger Sicht wirkt diese Einordnung äußerst weitsichtig, denn längst ist die NATO so etwas wie eine Regionale Abmachung im Sinne von Kapitel VIII der Charta und Auftragnehmerin der Vereinten Nationen auf dem Balkan (IFOR, SFOR, KFOR) sowie in Afghanistan (ISAF) geworden. Zuletzt am 3. Juli 2007 bestätigte das Bundesverfassungsgericht diese Rechtsprechung, indem es Anträge der Fraktion der PDS/Die Linke in Verbindung mit einer weiteren deutschen Beteiligung am ISAF-Einsatz der NATO zurückwies.

Die Operation Allied Force

Der umstrittenste Einsatz der Bundeswehr war die Beteiligung des Einsatzgeschwaders 1 der deutschen Luftwaffe an der Operation ALLIED FORCE der NATO. Vor zehn Jahren führten die NATO und die Bundeswehr zum ersten Mal seit ihrer Gründung bzw. Aufstellung Krieg. Vom 24. März bis 10. Juni 1999 flog das Einsatzgeschwader 1 vom italienischen Piacenza aus über 500 Einsätze im Luftraum über der Bundesrepublik Jugoslawien. Nach weit überwiegender Auffassung handelte es sich bei ALLIED FORCE um einen völkerrechts- und verfassungswidrigen Angriffskrieg, der mit dem in der Völkerrechtstheorie diskutierten Institut der Humanitären Intervention gerechtfertigt wurde. Gerade nach den Erfahrungen aus ALLIED FORCE verfolgt man die Humanitäre Intervention kaum noch weiter. Sie ist inzwischen durch die sogenannte Schutzverantwortung des Sicherheitsrates der Vereinten Nationen (Responsibility to Protect, R2P) ersetzt worden. Bisher ist R2P allerdings nur ein politisches Instrument, völkerrechtliche Verbindlichkeit hat sie noch nicht erlangt.

Während das Grundgesetz mit der detaillierten Regelung der Verwendung der Streitkräfte im Inneren gemäß Art. 35 und Art. 87a GG sehr genau unterscheidet, ob Hilfeleistung, Verteidigung oder Einsatz vorliegen, bleibt es für die Verwendung der Streitkräfte in anderen Szenarien außerhalb der Grundfunktion »Verteidigung« völlig offen. 1968 konnte sich der Verfassungsgesetzgeber bewaffnete weltweite Verwendungen der Streitkräfte nicht vorstellen. Die westdeutsche Bundesrepublik war ja nicht einmal Mitglied der Vereinten Nationen. Die NATO agierte noch als klassisches Militärbündnis und nicht als gelegentliche Auftragnehmerin der UNO oder als kriegführende Interventionsstreitmacht. An eine Gemeinsame Außen- und Sicherheitspolitik oder eine Europäische Sicherheits- und Verteidigungsinitiative einer Europäischen Union, die sich als sicherheitspolitischer Akteur im Kaukasus, in Zentralasien, im Vorderen Orient und in Schwarz-Afrika versteht, war noch nicht zu denken.

ALLIED FORCE: Die »USS Gonzalez« feuert am 31. März 1999 in der Adria einen TOMAHAWK-Marschflugkörper ab.

Unter diesen Gesichtspunkten ist es verständlich, wenn interessierte Kreise der Politik seit 2001 bei jeder sich bietenden Gelegenheit eine weitere Ergänzung des Grundgesetzes anmahnen. Im Hinblick auf die Völkerrechtsfreundlichkeit des Grundgesetzes, wie sie aus Art. 24 bis 26 GG spricht, erscheint jedoch selbst eine klarstellende Regelung überflüssig, vielleicht sogar schädlich. Durch seine Offenheit dem sich in ständiger Entwicklung befindlichen Völkerrecht gegenüber ist das Grundgesetz bestens für künftige Mandate und Szenarien gerüstet.

Viel eher müsste die politische Klasse definieren, was deutsche Interessen in der Welt sind, und die außen- und sicherheitspolitischen Ziele strategisch bestimmen. Dies wird unter den Anforderungen neuer Konfliktszenarien, knapper werdender Ressourcen sowie der rasanten Entwicklung der Völkerrechtspolitik immer drängender.

Thomas Breitwieser

Bewaffnete Auslandseinsätze der Bundeswehr bedürfen der Zustimmung des Deutschen Bundestages (Parlamentsvorbehalt). So bestimmte es das Bundesverfassungsgericht mit Urteil vom 12. Juli 1994. Damit hat das deutsche Parlament im Kernbereich heutiger Sicherheitspolitik, den Auslandseinsätzen, so weitgehende Befugnisse wie kaum eine andere Volksvertretung der Welt.

Wie funktioniert die Parlamentsbeteiligung in der Praxis, wie wirkt sie sich aus? Auf welcher Informationsgrundlage und nach welchen Kriterien entscheiden die Abgeordneten? Welche Rolle spielen dabei parteipolitische Interessen? Wie wird die Wirksamkeit von Auslandseinsätzen bewertet? Wie weit sind sich die Parlamentarier der Konsequenzen ihrer Entscheidungen bewusst – gerade für die Soldaten und ihre Angehörigen? Was wissen sie überhaupt von den Einsatz- und Lebensbedingungen im Kosovo, in Nordafghanistan oder auf den Marineschiffen am Horn von Afrika? Wie trägt das Parlament der Tatsache Rechnung, dass die Bundeswehreinsätze immer Teil eines internationalen Engagements der Stabilisierung und Friedenskonsolidierung, von Staatsaufbau und Entwicklung sind? Wie weit hat sich die Parlamentsbeteiligung bewährt, wo gibt es Verbesserungsbedarf? Der Autor des folgenden Beitrags, Winfried Nachtwei, wirkte von 1994 bis 2009 im Verteidigungsausschuss, davon acht Jahre in der Oppositionsrolle sowie sieben Jahre in einer Koalition und damit in Regierungsmitverantwortung.

■■■ Bundestag, Parlamentsarmee und Parteienstreit

Auf die Tagesordnung des Bundestages kommt ein geplanter Auslandseinsatz der Bundeswehr durch Antrag der Bundesregierung. Dem geht ein wochen- bis monatelanger Prozess der politischen Willensbildung im Sicherheitsrat der Vereinten Nationen, in den Spitzengremien von EU und/oder NATO sowie in der Bundesregierung voraus. Dabei geht es zunächst darum, auf internationaler Ebene einen Konsens über die Notwendigkeit eines Einsatzes herzustellen. Nach einer grundsätzlichen Einigung stehen die Definition des Auftrages, die Operationsplanung und – oft besonders schwierig – die Aufgaben- und Lastenverteilung zwischen den einsatzwilligen Nationen auf der Tagesordnung. Eine Resolution des UN-Sicherheitsrates und darauf gestützt ein Beschluss des NATO-Rates bzw. des Europäischen Rates bilden die ersten politischen Startschüsse für einen Auslandseinsatz (vgl. etwa die Beiträge von Jörg Hillmann und Frank Hagemann).

In der Vergangenheit waren Bundesregierungen gut beraten, den Bundestag in Gestalt der Außen- und Verteidigungspolitiker der Fraktionen möglichst frühzeitig informell in diesen Prozess einzubeziehen. Umgekehrt hatten vor allem die Obleute der Fraktionen in dieser Frühphase noch am ehesten die Möglichkeit, auf die Position der Bundesregierung Einfluss zu nehmen. Hier haben die Koalitionsfraktionen naturgemäß die größten Wirkungsmöglichkeiten. Ob sie diese auch nutzen, hängt von ihrem Selbstverständnis zwischen Loyalität und Eigenständigkeit gegenüber der Regierung ab.

In jedem Fall kommt den Fraktionen die Aufgabe zu, mit Hilfe ihrer Fachpolitiker die Absicht eines Auslandseinsatzes im Vorfeld zu diskutieren und zu prüfen. Mit parlamentarischen Anfragen an die Bundesregierung, Briefen an die Minister usw. versuchen vor allem Oppositionsfraktionen ihre Informationsbasis zu verbreitern und abzusichern. Um die Leistbarkeit und Verantwortbarkeit eines geplanten Einsatzes abschätzen zu können, ist für die Verteidigungspolitiker der kompetente und ungeschminkte Rat der militärischen Fachleute von ganz besonderer Bedeutung.

Bewährt haben sich in dieser Frühphase fraktionsinterne Beratungspapiere, die wesentliche Informationen zusammenfassen und Schlüsselfragen formulieren. In diesen Beratungsprozess werden auch Fachleute außerhalb des Parlaments einbezogen. Bei einer guten Vernetzung liegen bereits binnen weniger Tage zahlreiche kritisch-konstruktive Rückmeldungen von Regionalexperten, erfahrenen Soldaten, Diplomaten, Entwicklungshelfern, Polizisten und Wissenschaftlern vor. Wo es machbar war, kam es auch zu »Fact-Finding-Missions« einzelner Abgeordneter in ein künftiges Einsatzgebiet. Im Vorfeld von EUROR RD Congo beispielsweise halfen Erkundungsreisen von Parlamentariern nach Kinshasa ganz wesentlich, die politische und die Sicherheitslage vor Ort differenzierter wahrnehmen zu können. Wichtige und zügige Beratung leisten die Stiftung Wissenschaft und Politik (SWP) mit ihren zeitnahen Studien und Fachgesprächen sowie das Zentrum Internationale Friedenseinsätze (ZIF), das den direkten und ressortübergreifenden Austausch mit Missionspraktikern ermöglicht.

picture-alliance/dpa/Wolfgang Kumm

Soldaten des Wachbataillons der Bundeswehr vor der Kulisse des Reichstagsportals. Am 15. Mai 2001 fand im Ehrenhof des neuen Bundeskanzleramts die erste Probe für das Abschreiten der Ehrenformation bei Staatsbesuchen statt.

Hilfreich für die Prüfung eines Einsatzvorhabens ist der parallele Austausch, manchmal Streit mit engagierten Kollegen in den jeweiligen Parteien. Gerade Konflikte mit grundsätzlichen Einsatzskeptikern üben einen oft heilsamen Legitimationsdruck auf die »Entscheider« in den Fraktionen aus.

Parlamentarische Beschlussfassung

Die formelle Beteiligung des Parlaments an Einsatzbeschlüssen regelt seit dem 18. März 2005 das »Parlamentsbeteiligungsgesetz«. Das Gesetz fixierte und präzisierte, was sich bis dahin als Regierungs- und Parlamentspraxis herausgebildet hatte. Demnach bedarf der »Einsatz bewaffneter Streitkräfte« grundsätzlich der vorherigen konstitutiven (rechtsbegründenden) Zustimmung des Deutschen Bundestages. Nicht zustimmungspflichtig sind humanitäre Hilfsdienste und Hilfeleistungen im Ausland, sofern die Soldaten nicht in bewaffnete Unternehmungen einbezogen werden. Bei Einsätzen geringerer Intensität und Tragweite sowie bei bloßen Mandatsverlängerungen kann die Zustimmung im vereinfachten Verfahren, also ohne die mehrstufige parlamentarische Beratung erfolgen. Wenn eine Fraktion oder fünf Prozent der Abgeordneten es verlangen, muss der Bundestag voll befasst werden.

Bei »Gefahr im Verzug«, beispielsweise bei Evakuierungen oder Geiselbefreiung, unterrichtet die Bundesregierung die Spitzen der Fraktionen streng vertraulich. Der Einsatz muss dann nachträglich vom Bundestag genehmigt werden. Dieses Verfahren erfordert besonderes Vertrauen zwischen Regierung und Parlament. Das hat bisher vonseiten des Parlaments immer funktioniert.

Routineverwendungen in ständigen Hauptquartieren und Stäben unterliegen nicht dem Parlamentsvorbehalt. Als zum Beispiel ab Sommer 2009 Angehörige des Stabes des 1. Deutsch-Niederländischen Korps aus Münster zum ISAF-Hauptquartier in Kabul entsandt wurden, war dies nicht zustimmungspflichtig. Das Parlament hat ein Rückholrecht für laufende Einsätze. Bisher wurde das Recht nicht in Anspruch genommen.

Der Kabinettsbeschluss wird federführend vom Auswärtigen Amt unter Mitwirkung der anderen zuständigen Ressorts, insbesondere Verteidigung, Justiz und Finanzen, formuliert. Der Beschluss macht Aussagen zum Auftrag, zu Einsatzraum und -dauer, zu Fähigkeiten und Kräften (Obergrenzen), zu den Befugnissen im Einsatz und zu den Kosten. Parallel stellt die Bundesregierung dem Parlament weitere schriftliche und mündliche Informationen zur Verfügung.

Der Beschluss geht als Antrag der Bundesregierung an den Bundestag, der ihn öffentlich in erster Lesung im Plenum berät und dann an die Ausschüsse überweist, die unter Ausschluss der Öffentlichkeit tagen. Auf der Grundlage der Ausschussberatungen und Abstimmungen formuliert der federführende Auswärtige Ausschuss eine Beschlussempfehlung für den Bundestag, der in abschließender zweiter Lesung darüber berät und abstimmt.

Das Parlament kann dem Antrag der Bundesregierung nur zustimmen oder ihn ablehnen, aber ihn nicht verändern. Allerdings vermag der Bundestag den Antrag zu ergänzen oder einzugrenzen: Etwa durch eine mit der Bundesregierung im Auswärtigen Ausschuss vereinbarte Protokollnotiz zur Nichtbeteiligung an direkter Drogenbekämpfung in Afghanistan oder durch einen politischen Entschließungsantrag zum Antrag der Bundesregierung, in dem Schritte der politischen Konfliktlösung gefordert werden.

Die Abstimmung über Auslandseinsätze erfolgt immer namentlich, sodass im Sitzungsprotokoll für die Öffentlichkeit nachzulesen ist, wie ein Abgeordneter abgestimmt hat. Relativ oft begründen deshalb Einzelne oder Gruppen von Abgeordneten ihr Abstimmungsverhalten in einer persönlichen Erklärung, die ebenfalls im Sitzungsprotokoll veröffentlicht wird (www.bundestag.de).

Im Vergleich zu den Entscheidungsprozessen auf internationaler und Regierungsebene laufen die formellen parlamentarischen Beratungen in auffällig kurzer Zeit. Eine Zeitspanne von zwei Sitzungswochen, also lediglich acht bis 14 Tage, bildet keine Ausnahme. Was bei bloßen Mandatsverlängerungen unproblematisch erscheint, kann jedoch im Fall eines neuen und strittigen Auslandseinsatzes die Ausschüsse und insbesondere die Fraktionen erheblich unter Zeitdruck setzen. Darunter leidet die Gründlichkeit der Beratungen, denn die meisten Parlamentarier haben in einer Sitzungswoche zeitgleich auch zahlreiche andere Themen zu bearbeiten.

Hoher Zeitdruck wirkt gerade deshalb besonders problematisch, weil Auslandseinsätze im Unterschied zu vielen anderen Beratungsthemen im Bundestag in hohem Maße als Gewissensentscheidungen gelten, die also in besonderer Weise nach einem selbstständigen Urteil des Einzelnen verlangen. Denn bei Auslandseinsätzen geht es um den Einsatz bewaffneter Streitkräfte – und damit um ein besonders teures, riskantes und gegebenenfalls tückisches Mittel staatlicher Politik, konkret um erhebliche Risiken für Leib und Leben der entsandten Soldaten.

Das ist der Hintergrund dafür, warum sich bisher jede Bundesregierung darum bemühte, für Auslandseinsätze möglichst viel Zustimmung auch vonseiten der Opposition zu gewinnen, und sich nicht mit der »natürlichen« Mehrheit der eigenen Koalition begnügte. Diesen besonderen Konsensbedarf sehen auch alle diejenigen Fraktionen des Bundestages, die Auslandseinsätze nicht grundsätzlich ablehnen. Dem Parlament ist bewusst, wie wichtig eine große parlamentarische Mehrheit gerade auch für die in den Einsatz geschickten Soldaten ist. Parlamentarische Debatten zu Auslandseinsätzen sind deshalb vergleichsweise weniger von parteipolitischem Streit geprägt. Umso höher schlagen immer wieder die Wellen zwischen den grundsätzlichen Befürwortern von Auslandseinsätzen (CDU/CSU, SPD, FDP, Bündnis 90/Die Grünen) und ihren prinzipiellen Gegnern (Die Linke).

Bei der Entscheidungsfindung des Bundestages und seiner Abgeordneten kommen verschiedene Beweggründe und Interessen zusammen. Auf der Sachebene geht es neben der völkerrechtlichen Legalität, der notwendigen Voraussetzung, zuerst um die sicherheitspolitische Dringlichkeit des Einsatzes und einer deutschen Beteiligung daran, um Sicherheitsinteressen und Verantwortung. Einige zentrale Fragen bestimmen immer wieder die Diskussion: Wie notwendig ist der Einsatz für die internationale kollektive Sicherheit, für die europäische und deutsche Sicherheit? Gibt es nichtmilitärische Alternativen und in welchem Maße sind sie ausgeschöpft? Inwieweit steht hier ein Deutschland in der Pflicht, das ein verlässliches Mitglied von UN, EU und NATO sein will und als führende Handelsnation elementar auf internationale Sicherheit angewiesen ist? Im Unterschied zu manchen anderen Verbündeten spielen in der bundesdeutschen

Debatte um Auslandseinsätze nationale geostrategische und Einflussinteressen keine sonderliche Rolle, auch wenn sie häufig von Gegnern der Auslandseinsätze unterstellt werden.

An zweiter Stelle stehen die Umsetzbarkeit, Erfolgschancen und Verantwortbarkeit zur Debatte. Ist der Einsatz angesichts eigener Fähigkeiten und Kapazitäten überhaupt leistbar? Wenn ja, in welchem Umfang? Wieweit ist der Einsatz eingebettet in ein tragfähiges Konzept politischer Konfliktlösung und Stabilisierung, welches die Voraussetzung für eine Abzugsperspektive ist? Ist er im Hinblick auf absehbare Risiken gegenüber den eigenen Soldaten und ihren Angehörigen auch verantwortbar?

Über die konkrete sicherheitspolitische Ebene hinaus können allgemeine politische und individuelle Erwägungen eine erhebliche Rolle spielen, so aufseiten einer Bundesregierung Solidarität und Glaubwürdigkeit im Bündnis sowie die Weiterentwicklung der Europäischen Sicherheits- und Verteidigungspolitik (ESVP). Bei Koalitionsfraktionen tritt die Unterstützung der eigenen Regierung hinzu: Eine Zustimmungsverweigerung würde die Regierungsfähigkeit infrage stellen. Bei allen Fraktionen besteht das Grundinteresse an einem möglichst geschlossenen Abstimmungsverhalten, das als Ausweis von Handlungsfähigkeit gilt, und schließlich müssen Fraktionen und Abgeordnete Rücksicht auf die eigenen Wähler und allgemeine Stimmungslagen nehmen. Problematisch wird es, wo solche Beweggründe – in der Realität dann meist unausgesprochen – die sicherheitspolitischen Erwägungen dominieren.

Die Meinungsbildung zu einem Auslandseinsatz beschränkt sich nicht auf den parlamentarischen Raum. Sie findet gleichzeitig in der Öffentlichkeit über die Medien und – mit unterschiedlicher Intensität – auch in den verschiedenen Parteien statt. Hier sind vor allem die außen- und verteidigungspolitischen Sprecher der Fraktionen wichtige Akteure und Multiplikatoren. Sie können zur Versachlichung der Debatte auf einem Politikfeld beitragen, das den meisten Bürgern wenig vertraut, ja fremd ist.

Bei Parteien, die Militäreinsätze grundsätzlich skeptischer gegenüberstehen, kann dies mit heftigen Auseinandersetzungen einhergehen. Die Partei Bündnis 90/Die Grünen führte mehrere Sonderparteitage durch, um sich gegenüber anstehenden Einsätzen zu positionieren. Über die Konflikte um den Kosovo-

picture-alliance/dpa/Tom Maelsa

Demonstration gegen die Bombenangriffe der US-Streitkräfte auf Afghanistan am 13. Oktober 2001 in Berlin. Aus Protest gegen die Militärschläge gingen in der Hauptstadt weit mehr als 10 000 Menschen auf die Straße.

Luftkrieg 1999 und den ersten Afghanistaneinsatz im Rahmen der Operation ENDURING FREEDOM wandten sich etliche Grünen-Anhänger von der Partei ab, die eine wesentliche Wurzel in der Friedensbewegung der 1980er-Jahre hat.

Um die Entscheidungen über Auslandseinsätze systematischer und nachvollziehbarer zu machen, haben in den letzten Jahren Sicherheitspolitiker verschiedener Fraktionen Kriterien für Auslandseinsätze vorgelegt.

Parlamentarische Kontrolle der Einsätze und Mandatsverlängerungen

Das Bundesministerium der Verteidigung berichtet wöchentlich in seinen vertraulichen »Unterrichtungen des Parlaments« (UdP) den zuständigen Ausschüssen über besondere Vorkommnisse, insbesondere Sicherheitsvorfälle in den Einsatzgebieten. Das Auswärtige Amt informiert in größeren Abständen über Krisen-

picture-alliance/dpa/Maurizio Gambarini

Die Bundestagsabgeordneten Birgit Homburger (FDP), Henning Otte (CDU), Rainer Arnold (SPD), Paul Schäfer (Die Linke) und Winfried Nachtwei (Bündnis 90/ Die Grünen, v.l.n.r.) nehmen am 1. Oktober 2008 während ihres Besuches bei der Bundeswehr in Kundus an einer Patrouille teil. Der Bundestag beriet im Oktober über die Verlängerung des ISAF-Mandates um 14 Monate und die Aufstockung des Kontingents um 1000 auf bis zu 4500 Soldaten.

regionen mit besonderem deutschem Engagement, über Afghanistan umfassend alle zwei, drei Monate. Die Unterrichtungen des Bundesinnenministeriums über polizeiliche Auslandseinsätze galten lange Zeit als besonders zurückhaltend.

Die zuständigen Bundestagsausschüsse beraten sehr unterschiedlich über die Auslandseinsätze. Bei Weitem am häufigsten geschieht dies im Verteidigungsausschuss, der sich in jeder Sitzung etwa zwei Stunden mit den Einsätzen befasst. Hinzu kommen vertrauliche Obleuteunterrichtungen durch den Minister, alle paar Monate unter der Einstufung »Geheim« zum Beispiel über Einsätze von Spezialkräften. Um bestimmte Sachverhalte wie etwa den Stand des Polizeiaufbaus in Afghanistan oder den Bestand an geschützten Fahrzeugen in bestimmten Einsatzgebieten umfassend zu ermitteln und der Öffentlichkeit zugänglich zu machen, richten vor allem die Oppositionsfraktionen parlamentarische Anfragen an die Bundesregierung. Vor Mandatsverlängerungen legt die Bundesregierung bilanzierende Berichte vor.

Elementar für die Urteilsfähigkeit des Parlaments sind Besuche verantwortlicher Abgeordneter in den Einsatzgebieten. Sie liefern ein realitätsnäheres und plastisches Bild von den Bedingungen und der Situation. Natürlich bieten Kurzvisiten von wenigen Tagen nur begrenzte Einblicke, erst recht im großen Pulk einer Ministerreise. Und das Risiko, mittels perfekter Besuchsorganisation etwas »vorgespielt« zu bekommen, ist unübersehbar. Der Erkenntnisgewinn kann dennoch, ein vielseitiges Besuchs- und Gesprächsprogramm vorausgesetzt, erheblich sein, wenn man sich vor Ort Zeit nimmt, genau hinhört, hinsieht, fragt, wenn man einen Besuch intensiv nachbereitet und vor allem einen Einsatzraum wiederholt besucht. Einzelne Abgeordnete machen ihre Erfahrungen mit Hilfe sorgfältiger Reiseberichte einem breiteren Publikum zugänglich (z.B. www.nachtwei.de).

Problemfelder der parlamentarischen Kontrolle

Einen ersten Problembereich stellt die Vermittlung von Lagebildern dar. Stellungnahmen der Bundesregierung zu einzelnen Einsätzen sind nützlich, aber nicht ausreichend. In ihnen kommt die Perspektive der Führungsebene zum Ausdruck, wo Beschönigungen längst nicht immer vermieden werden. Der parlamentarische Einblick verschlechtert sich mit dem »Nebel des Krieges«, der bei wirklichen Kampfeinsätzen auch in Berlin hochsteigt. Diesen strukturellen Problemen können Parlamentarier nur entgegenwirken, indem sie sich intensiv um weitere Quellen bemühen. Kontakten zu Soldaten, Polizisten, Entwicklungsexperten usw. im Einsatz oder mit Einsatzerfahrung kommt in diesem Zusammenhang zentrale Bedeutung zu. Abgeordnete können nur dann ihre parlamentarische Kontrollpflicht ausüben, wenn ihnen auch die Soldaten und Offiziere vor Ort offen und ehrlich begegnen, eben als Staatsbürger in Uniform. Notwendig erscheint eine kontinuierliche, öffentliche Einsatzunterrichtung durch die Bundesregierung, wie sie etwa in den USA üblich ist.

picture-alliance/dpa/Jörg Carstensen

Die ersten 70 Bundeswehrsoldaten für die internationale Schutztruppe in Afghanistan (ISAF) besteigen am 8. Januar 2002 auf dem Militärflughafen Köln-Wahn ihre Transall-Maschinen.

Einen zweiten kritischen Aspekt bringt die Frage nach der Wirksamkeit des jeweiligen Engagements mit sich. Die politischen Diskussionen über Auslandseinsätze kreisten lange Zeit in erster Linie um deren Rechtfertigung. Erst seit einigen Jahren wird verstärkt auch nach ihrer Wirksamkeit gefragt. Junge Soldaten, die jeden Tag in Kundus und anderswo Leib und Leben riskieren, fragen am eindringlichsten danach. Ohne Erfolgsaussichten macht auch das Notwendige auf die Dauer keinen Sinn.

Mehrere Faktoren erschweren allerdings eine Wirksamkeitsanalyse: Kriseneinsätze sind immer multinational und multidimensional (diplomatische, militärische, polizeiliche, zivile Komponente), was erhebliche Schwierigkeiten bei dem Versuch mit sich bringt, die Effizienz eines deutschen militärischen Beitrages zu bewerten. Bilanzierende Berichte der Bundesregierung begnügen sich in der Regel mit Aktivitätsnachweisen (input) und allgemeinen politischen Einschätzungen. Seriöse Wirksamkeitsanalysen kommen schon deshalb nicht zustande, weil bisher keine überprüfbaren Zwischenziele (benchmarks) definiert wurden. Andere Nationen zeigen inzwischen, dass seriöse Wirksamkeitsbewertungen sehr wohl möglich sind (Kanada in Kandahar, Afghanistan). Seit Langem steht auch eine evaluierende Gesamtbilanz der Auslandseinsätze der letzten 16 Jahre, ihrer Leistungsfähigkeiten und Grenzen an.

Einen dritten Sonderfall bildet die Kontrolle von Spezialeinsätzen. Diese unterliegen striktester Geheimhaltung. Der Verteidigungsausschuss als Untersuchungsausschuss in Sachen des Deutschtürken Murat Kurnaz (von 2002 bis 2006 Häftling im US-amerikanischen Sondergefängnis Guantánamo Bay und in Afghanistan angeblich von Soldaten des Kommandos Spezialkräfte, KSK, misshandelt) sowie mit Blick auf den Einsatz des KSK in Afghanistan 2002 offenbarten, dass die schärfste Komponente des deutschen Afghanistaneinsatzes faktisch außerhalb einer seriösen parlamentarischen Kontrolle zur Anwendung kam. So war es möglich, dass das KSK jahrelang nicht wegen sicherheitspolitischer Dringlichkeit, sondern primär aus symbolpolitischen Erwägungen gegenüber den USA an der Operation ENDURING FREEDOM teilnahm. Hier sind Mechanismen der direkten parlamentarischen Kontrolle überfällig. Darüber hinaus wird kritisiert, dass eine vollständige Geheimhaltung der KSK-Einsätze zum Schutz von Personen und Operationen nicht nötig sei, dafür aber Legendenbildung und Skandalgerüchte fördere.

Viertens stellt sich immer wieder die Frage nach zivil-militärischer Ausgewogenheit: Militärische Stabilisierungseinsätze sollen ein sicheres Umfeld für den Aufbau schaffen und Zeit »kaufen« für politische Konfliktlösungen. Begünstigt durch den Parlamentsvorbehalt kreisen die parlamentarischen Debatten und noch mehr die öffentliche Wahrnehmung weit überproportional um die militärische Seite von Krisenengagement. Gegenüber dieser »Militärlastigkeit« haben es die anderen Ressorts sehr schwer, Aufmerksamkeit zu gewinnen und Ressourcen zu mobilisieren. Ein krasses Beispiel dafür bildet die Hilfe zum Polizeiaufbau in Nachkriegsgebieten: Was unbestritten eine Aufgabe von strategischer Bedeutung ist, wurde vom Bundestag über die Jahre kaum begleitet, geschweige denn gefördert und kontrolliert.

Schließlich erscheint fünftens der Aspekt des Zusammenwirkens (Kohärenz) in kritischem Licht: Die Erfahrungen gerade aus Stabilisierungseinsätzen zeigen übereinstimmend, dass deren Erfolg entscheidend von der Stimmigkeit der verfolgten

Ziele und dem guten Zusammenwirken der internationalen und einheimischen, staatlichen und nichtstaatlichen Akteure abhängt. Den ersten entscheidenden Schritt dahin bildet die Zusammenarbeit der zuständigen Ressorts der Bundesregierung – von der verbesserten Koordination bis zu Möglichkeiten ressortgemeinsamer Planung, Führung, Auswertung und vor allem Ausbildung. Ein erheblicher Nachholbedarf an ressortübergreifender Zusammenarbeit besteht aber auch aufseiten des Bundestages. Das Mitberatungsprinzip bei Bundestagsdrucksachen kann ausschussgemeinsame Beratungen zum Beispiel zu Fragen der Sicherheitssektorreform und der Zivil-Militärischen Zusammenarbeit im Einsatz nicht ersetzen.

Auswirkungen und Perspektiven der Parlamentsbeteiligung

Die Parlamentsbeteiligung hat sich grundsätzlich bewährt. Ohne sie wäre die im Vergleich zu 1995 erreichte Konsensbildung in Politik und Gesellschaft zu Auslandseinsätzen nicht möglich gewesen. Gerade für die entsandten Soldaten kommt der parlamentarischen Legitimation entscheidende Bedeutung zu. Dass die deutsche Außen- und Sicherheitspolitik trotz der vielen bisherigen Auslandseinsätze vergleichsweise zurückhaltend mit diesem Instrument umgeht, lässt sich nicht unwesentlich auf die Parlamentsbeteiligung zurückführen. Diese beförderte schon im Vorfeld die deutsche Absage an den Irakkrieg und trug dazu bei, dass es bisher zu keiner Ausweitung des Bundeswehreinsatzes auf den umkämpften afghanischen Süden kam.

Die Begrenzung der Auslandseinsätze, die Einsatzausstattung und der bestmögliche Schutz der Soldaten stehen immer wieder im Mittelpunkt von Parlamentsberatungen. In den letzten Jahren kam der Umgang mit Einsatzfolgen hinzu, vor allem mit den psychischen Verwundungen einer steigenden Anzahl von Soldaten. Demgegenüber gibt es unterschiedliche Auffassungen darüber, ob sich das Parlament manchmal nicht zu sehr mit taktischen und Ausrüstungsfragen beschäftige (»parlamentarischer Feldherrnhügel«) und darüber strategische Fragen vernachlässige.

Unübersehbar ist, dass es auch dem Parlament nicht gelang, die vielfach vermisste breite sicherheits- und friedenspolitische Debatte und Verständigung in Politik und Gesellschaft voranzubringen. Die Kluft zwischen den Einsatzerfahrungen und inzwischen auch Kriegserfahrungen von Soldaten und der hiesigen Zivilgesellschaft wächst. Die bisherigen parlamentarischen »Vermittlungsbemühungen« wirkten dem nur geringfügig entgegen. Zu wenig nutzte der Bundestag seine Möglichkeiten, den Rückstand bei den Fähigkeiten ziviler Krisenbewältigung zu überwinden. Dies aber ist elementar, um die deutschen Beiträge zu internationaler Friedenssicherung erfolgversprechender zu machen. Hier könnte der Vorschlag eines »umfassenden« oder »erweiterten« Mandats weiterhelfen, in dem nicht nur die militärischen Aufgaben und Fähigkeiten festgeschrieben werden, sondern auch zentrale Komponenten des zivilen Aufbaus.

Parlamentsbeteiligung braucht keine Beschleunigung der Verfahren, sondern mehr Strategiebildung, Ressortgemeinsamkeit, Wirksamkeitsorientierung und öffentliche Kommunikationsfähigkeit. Als wesentlicher Teil des Primats der Politik gegenüber den Streitkräften steht der Deutsche Bundestag in der Pflicht, seine Fähigkeiten der Parlamentsbeteiligung bei Auslandseinsätzen zu verbessern – in Verantwortung für deutsche und europäische Sicherheit, in Verantwortung aber vor allem für die Soldaten, die Bundestag und Bundesregierung in belastende und riskante Einsätze befehlen.

Winfried Nachtwei

Die Gemeinsame Außen- und Sicherheitspolitik (GASP) der Europäischen Union (EU) bildet die Grundlage für Europas internationales Handeln. Die Entscheidung über den Einsatz ziviler und militärischer Kräfte in diesem Rahmen trifft der (Minister-)Rat der EU auf zwischenstaatlicher Ebene. Die Kontrolle über Kernbereiche staatlicher Souveränität wie Außenpolitik, Sicherheit und Verteidigung haben die Regierungen im Gegensatz zu einer Reihe anderer Politikfelder bislang allerdings nicht an die EU abgetreten.

Das Politische und Sicherheitspolitische Komitee (PSK), der Militärausschuss der EU (EUMC) sowie der Militärstab der EU (EUMS) unterstützen den Rat der EU bei seiner Entscheidungsfindung. Eine wichtige Rolle für Planung und Ausgestaltung fällt außerdem dem Hohen Vertreter für die GASP zu. Von 1999 bis Dezember 2009 übte der Spanier Javier Solana in Personalunion dieses Amt und das des Generalsekretärs des Rates der EU aus. Das Bild zeigt Solana am 25. November 2009 mit seiner Nachfolgerin als »Außenministerin«, der Engländerin Lady Catherine Ashton, die seit Inkrafttreten des Vertrags von Lissabon am 1. Dezember außerdem die Funktion der stellvertretenden Kommissionspräsidentin wahrnimmt.

Um auf internationale Krisen effizienter militärisch reagieren zu können, hat die EU eine schnelle Eingreiftruppe (EU-Battlegroups) aufgestellt. Neben militärischen verfügt sie zudem über zivile Fähigkeiten zur Krisenreaktion und unterscheidet sich darin zurzeit von allen anderen multinationalen Organisationen.

Europäische Entscheidungsfindung und Operationsplanung im Rahmen der Gemeinsamen Außen- und Sicherheitspolitik

Im Dezember 2003 verabschiedete der Europäische Rat eine vom Hohen Vertreter für die GASP, Javier Solana, entwickelte Europäische Sicherheitsstrategie (ESS), die den Beinamen »Ein sicheres Europa in einer besseren Welt« (»A Secure Europe in a Better World«) erhielt. Die ESS bildet den vorläufigen Gipfelpunkt der sich seit 1998 mehrenden Debatten über die Ausrichtung und Zielsetzung einer Europäischen Sicherheits- und Verteidigungspolitik (ESVP). Diese vollzogen sich vor dem Hintergrund des am 7. Februar 1992 unterzeichneten Vertrages von Maastricht über die Europäische Union.

Mit der in der ESS abgegebenen Erklärung, Europa sei fortan ein globaler Mitgestalter, verband sich der Anspruch, dass die Union eine signifikante Verantwortung in der Welt spielen müsse. Die Europäische Sicherheitsstrategie definiert die zukünftige Rolle Europas im Zusammenspiel mit strategischen Partnern wie den Vereinten Nationen und der NATO insgesamt als aktiver, leistungsfähiger und geschlossener (»more active, more capable and more coherent«) als bisher. Den in diesem Zusammenhang genannten Hauptbedrohungen Terrorismus, Verbreitung von Massenvernichtungswaffen, Zunahme regionaler Konflikte und gesamtstaatlicher Zusammenbrüche sowie Anstieg der Organisierten Kriminalität will die Gemeinschaft wirkungsvoll begegnen, indem sie zivile und militärische Kräfte abgestimmt zum Einsatz bringt. In dieser Kernfähigkeit unterscheidet sie sich von allen anderen internationalen Organisationen. Sie ist diesbezüglich nicht mit der NATO als reinem Verteidigungsbündnis zu vergleichen, Parallelen können vielmehr am ehesten zu den Vereinigten Staaten von Amerika gezogen werden.

Bereits im ersten »Headline Goal 2003« aus dem Jahr 1999 hatte sich die Europäische Union das ambitionierte militärische Ziel gesetzt, in 60 Tagen 60 000 Soldaten für ein Jahr durchhaltefähig in ein Einsatzgebiet verlegen zu können. Räumlich war ein

Einsatzradius von 10 000 km um Brüssel definiert worden. Der sich anschließende Analyseprozess orientierte sich an den Fragestellungen: Was soll bis 2003 erreicht werden? Welche Fähigkeiten sind dazu erforderlich? Welche Kräfte können und wollen die Mitgliedstaaten der Europäischen Union hierfür zur Verfügung stellen? Wo bestehen Defizite – was fehlt der Europäischen Union? Wie kann diesen Mängeln wirkungsvoll begegnet werden?

Nach 2003 verabschiedeten die 25 EU-Mitgliedstaaten ein neues militärisches »Headline Goal« mit Zieldatum 2010. Ausdifferenzierter als zuvor wurden Szenare entwickelt, die militärisches Handeln auf einer Skala von militärischem Eingreifen mit hohem Wirkungsgrad bis zu humanitären Hilfeleistungen beschrieben. Die Reaktionszeit der Europäischen Union, d.h. der Zeitpunkt von der politischen Entscheidung für ein militärisches Eingreifen bis zur Einsatzbereitschaft im Operationsgebiet, wurde auf höchstens 30 Tage festgelegt. Im Jahr 2007 kam unter portugiesischer Ratspräsidentschaft ein Fortschrittskatalog zustande, der das Potenzial der Gemeinschaft erfasste und vorhandene Fähigkeitslücken aufzeigte.

Eine Revision dieses Fortschrittskatalogs im Jahr 2009 ließ keine wesentlichen Verbesserungen erkennen. In der Europäischen Union traten vergleichbare militärische Defizite zutage, wie sie auch in der NATO festgestellt wurden. (Bei 21 von 28 NATO-Nationen handelt es sich zugleich um EU-Mitgliedstaaten.) So fehlt beispielsweise die Fähigkeit zum strategischen Lufttransport, und auch hinsichtlich des taktischen Lufttransports bleiben die vorhandenen Mittel sehr begrenzt. Neben der – stets auf Freiwilligkeit fußenden – Bereitschaft der Mitgliedstaaten, derartige Unzulänglichkeiten durch Eigeninitiative rüstungs- oder ausbildungstechnisch, personal- oder materialwirtschaftlich zu beheben, soll nun mit Hilfe der 2004 gegründeten Europäischen Verteidigungsagentur (European Defence Agency, EDA) der Versuch unternommen werden, Fähigkeitslücken gesamteuropäisch zu begegnen.

Parallel zum militärischen entwickelte die Europäische Union auch einen zivilen »Headline-Goal-Prozess«, um personelle und materielle zivile Fähigkeitsmängel festzustellen. Ebenfalls szenarbasiert soll dies längerfristig die Durchführung ziviler Missionen der Europäischen Union verbessern.

Krisenreaktionsfähigkeiten der EU

Die ESS sowie die laufenden Headline-Goal-Prozesse konnten bislang Zweifel nicht ausräumen, ob die Europäische Union ihren Maximen tatsächlich gerecht zu werden vermag. Mit der Aufstellung von pro Halbjahr jeweils zwei verfügbaren sogenannten Battlegroups – schnell verlegbare, kohärente und multinationale Gefechtsverbände für die Krisenreaktion – versucht die Europäische Union ihre militärische Handlungsfähigkeit zu verbessern. Innerhalb von zehn Tagen soll eine ca. 1500 Soldaten umfassende Battlegroup im Krisengebiet einsetzbar sein – ergänzt durch Unterstützungsanteile und auf die Operation zugeschnittene Zusatzverbände. Der hierzu erforderliche hohe Bereitschaftsgrad ist für die betreffenden Mitgliedstaaten personal-, material- und kostenintensiv und stellt daneben aufgrund des zumeist multinationalen Charakters auch eine besondere Herausforderung mit Blick auf Koordination und Führung dar.

Neben dieser eher landzentrierten militärischen Reaktionsmöglichkeit, die allerdings durch See- und Luftstreitkräfte unterstützt werden kann, pflegt die Europäischen Union zwei Datenbasen, welche die Verfügbarkeit von See- und Luftbereitschaftskräften in festgelegten Zeiträumen erfassen.

Insgesamt kann die Europäische Union also auf ein breites Spektrum militärischer und ziviler Fähigkeiten zurückgreifen, die entweder schon zur schnellen Krisenreaktion bereitstehen oder bereitgestellt werden können und damit dem politischen Willen der Gemeinschaft nachhaltig Gewicht verleihen. Zu dieser Situation ist es allerdings bisher noch nicht gekommen, was bei einigen Mitgliedstaaten die Frage nach dem Sinn der Battlegroups aufwarf, die ständig quasi Gewehr bei Fuß und »ready to be deployed« stehen. Brüssel beantwortet solche Kritik etwas lapidar mit dem Hinweis, dass es eben noch keine Krise gegeben habe, die den Einsatz europäischer Eingreifkräfte erfordert hätte.

Fest steht, dass eine schnelle militärische, aber auch eine rasche zivile Krisenreaktion eingespielter Verfahren bedarf, damit der Entscheidungs- und Planungsprozess zielgerichtet und effektiv ablaufen kann. Gleiches gilt für solche Missionen, die keine unverzügliche Reaktion erfordern und damit den Charakter einer »normalen« militärischen oder zivilen Intervention haben.

Entscheidungs- und Planungsprozesse

Grundvoraussetzung allen Handelns ist der politische Wille der EU-Mitgliedstaaten, militärische und/oder zivile Fähigkeiten einzusetzen, um einer Krisensituation zu begegnen. Die Generierung dieses politischen Willens kann allerdings sehr unterschiedlich ablaufen: Durch eine UN-Sicherheitsresolution, mediengesteuert durch sich aufbauenden politischen Druck, von einem oder mehreren Mitgliedstaaten herbeigeführt oder auch nach der europaweiten Feststellung einer Krisensituation, beispielsweise nach einer Naturkatastrophe.

Den Anstoß, die Frage zu beantworten, ob die Europäische Union einer Krise militärisch begegnen möchte, liefert ein sogenanntes Krisenmanagement-Konzept. Dieses beschreibt die Gesamtausrichtung und -zielsetzung einer möglichen Operation. Versehen mit einer Empfehlung des Militärausschusses (EUMC) legt das Politische Sicherheitskomitee (PSK), als ständiges Botschaftergremium in Brüssel für alle Fragen der ESVP zuständig, dem Ministerrat eine endgültige Version des Konzepts zur Genehmigung vor. Nach Beschluss wird der Militärstab der EU (EUMS) über das Militärkomitee (EUMC) beauftragt, militärstrategische Optionen zu entwickeln, also Möglichkeiten des Handelns aufzuzeigen, Vor- und Nachteile gegeneinander abzuwägen und der Politik Entscheidungsalternativen anzubieten. Die militärstrategischen Optionen werden zumeist sorgfältig durch Erkundungsmissionen vor Ort gespeist und können so ein realistisches Bild der Lage zeichnen.

Das PSK empfiehlt letztlich dem Rat eine bevorzugte Handlungsoption. Die Entscheidung muss im Konsens erfolgen. Das bedeutet, dass 27 EU-Mitgliedstaaten im Rat der Europäischen Union zustimmen müssen – sei es aktiv oder durch Nicht-Einspruch. Zumeist geschieht dies in einem schriftlichen Umspruchverfahren: Damit wird vermieden, dass alle Staats- und Regierungschefs nach Brüssel reisen müssen. Die Entscheidung zu handeln (»to take action«) wird in einer gemeinsamen Erklärung, der »joint action«, festgelegt. Sie bildet den Auftakt für den nun einsetzenden militärischen Planungsprozess, welcher der ständigen politischen Kontrolle durch das PSK unterliegt. Nach Bestimmung eines Operation Commander (OpCdr) und der Benennung eines Operation Headquarters (EU OHQ) laufen nach einem festgelegten Schema Planung, Streitkräftegenerierungsprozess und der personelle »Befüllungsmechanismus« für das jeweilige Hauptquartier an.

Um militärische Einsätze zu führen, haben sich fünf Mitgliedstaaten bereiterklärt, der EU auf freiwilliger Basis im Bedarfsfall ein Hauptquartier zur Verfügung zu stellen. Es handelt sich um OHQ in Großbritannien (Northwood), Frankreich (Mont Valérien bei Paris), Italien (Centocello bei Rom), Griechenland (Larissa) und Deutschland (Potsdam). Einsatzerfahrung haben mittlerweile Deutschland mit der Operation zur Wahlsicherung im Kongo im Jahr 2006 und Frankreich mit EUFOR Tschad im Jahr 2008 sammeln können (vgl. die Beiträge von Magnus Pahl und Frank Hagemann). Derzeit ist das britische OHQ in Northwood für die Operation ATALANTA vor dem Horn von Afrika aktiviert.

Frankreichs Präsident Nicolas Sarkozy (Mitte rechts) begrüßt einen Veteranen des Zweiten Weltkriegs. Mit einer Zeremonie am 18. Juni 2008 auf dem Mont Valérien bei Paris gedachte Frankreich des 68. Jahrestags einer Radioansprache, in der General Charles de Gaulle von England aus zum Widerstand gegen die deutsche Besatzung aufgerufen hatte. Heute betreibt Frankreich auf dem Gelände der Festung sein EU OHQ, das europäische Militäroperationen in der ganzen Welt führen kann.

Darüber hinaus hat die Europäische Union die Möglichkeit, auf die Planungs- und Führungskompetenzen des NATO OHQ bei SHAPE (Supreme Headquarters Allied Powers Europe) zurückzugreifen. Die Grundlage hierfür bilden besondere Vereinbarungen der EU mit der NATO (Berlin-Plus-Abkommen). Der Stellvertreter des Oberkommandierenden des NATO-Hauptquartiers Europa (Deputy SACEUR, Supreme Allied Commander Europe) wird in einem derartigen Fall automatisch zum Operation Commander. Derzeit ist das OHQ aktiviert und führt die Operation ALTHEA (Nachfolgeoperation der NATO-Operation SFOR in Bosnien-Herzegowina). Die Europäische Union betreibt ferner ein eigenes aufwuchsfähiges Operationszentrum direkt in Brüssel (Operation Centre), das für kleinere Operationen genutzt werden kann. Diskussionen, ob langfristig ein eigenständiges EU OHQ in Brüssel entstehen soll, werden zurzeit noch ergebnisoffen geführt.

Parallel zu den Aktivitäten in Brüssel laufen in jenen Mitgliedstaaten, die sich zur Teilnahme an einer Operation entschieden haben und nationale Streitkräfte unter EU-Mandat stellen wollen, nationale Abstimmungs- und Genehmigungsprozesse. In Deutschland muss der Deutsche Bundestag zustimmen (vgl. den Beitrag von Winfried Nachtwei). Die Komplexität des hier nur grob umrissenen Gesamtprozesses lässt ahnen, wie schwierig sich Entscheidungs- und Planungsprozesse dann gestalten würden, wenn eine schnelle Krisenreaktion und der Einsatz einer Battlegroup erforderlich sein sollten. Bestimmte Planungsschritte müssten entfallen und die Entscheidung des Rates auf Grundlage eines rasch zu erstellenden Krisenmanagement-Konzepts sowie einer militärstrategischen Option getroffen werden. Letzthin legt dann der Operation Commander nur noch seinen Operationsplan dem PSK zur Genehmigung vor und lässt die Battlegroup in das Einsatzgebiet verlegen.

Entscheidungs- und Planungsprozess der zivilen Missionen vollziehen sich nach gleichem Muster, jedoch mit wechselnden Akteuren. An die Stelle des Militärausschusses tritt das Zivile Komitee (CivCom), der Operation Commander ist der Leiter des für die Führung ziviler Missionen eingerichteten Hauptquartiers in Brüssel (Civilian Planning and Conduct Capabilty, CPCC). In seine Verantwortung fallen zurzeit alle 14 laufenden zivilen Missionen. Die Leitung im Einsatzgebiet obliegt dem sogenannten Head of Mission, zumeist ein erfahrener Diplomat oder ehemaliger Militär – vergleichbar einem Force Commander.

Ausblick

Anders als andere supranationale Organisationen kann die Europäische Union im Rahmen der Europäischen Sicherheits- und Verteidigungspolitik gleichermaßen zivile und militärische Fähigkeiten zur Krisenreaktion einsetzen. Mit der Implementierung des am 13. Dezember 2007 unterzeichneten und am 1. Dezember 2009 in Kraft getretenen Vertrages von Lissabon wird sich an der europäischen Grundausrichtung nichts ändern. Das Abkommen bedeutet vielmehr einen weiteren Schritt in Richtung eines gesamteuropäischen vernetzten Sicherheitsansatzes bei zunehmender Stärkung der Zivil-Militärischen Zusammenarbeit.

Die Mitgliedstaaten der Union sind sich allerdings darüber im Klaren, dass bei einer Bedrohung ihrer Außengrenzen oder bei einer sich abzeichnenden umfangreichen kriegerischen Auseinandersetzung keine andere Organisation als die NATO dazu imstande sein wird, wirksam einzuschreiten. Der Bündnisfall nach Art. 5 des NATO-Vertrags, das ständig aktivierte NATO HQ SHAPE sowie das transatlantische Militärpotenzial bieten die einzige Gewähr, auch einer größeren Krise Herr zu werden. Entscheidungs- und Planungsprozesse verlaufen dabei in vergleichbaren Strukturen wie in der EU.

Jörg Hillmann

Am 28. Januar 2008 gab der Rat der Europäischen Union (EU) offiziell den Startschuss für eine militärische Operation in Zentralafrika unter
dem französischen Namen »EUFOR Tchad/RCA«. Die Vorbereitungen
für die europäische Friedensmission (im Bild eine schwedische Patrouille) waren bereits im Juli 2007 angelaufen, konnten jedoch erst nach langen und schwierigen Verhandlungen in Brüssel abgeschlossen werden.
Einmal mehr zeigte sich, dass der Planungs- und Entscheidungspro-
zess für militärische Operationen der EU – nicht anders als in der NATO
– komplex und zeitaufwendig ist. Während die Kompetenzen für eine
Reihe von Politikfeldern (beispielsweise für Landwirtschaft und Binnen-
markt) bereits 1993 mit dem Vertrag von Maastricht an die EU übertragen
wurden, bewahrten die Mitgliedstaaten ihre nationalen Rechte in Kernbe-
reichen staatlicher Souveränität, wie etwa bei der Außenvertretung und
dem Einsatz der Streitkräfte. Die gemeinsame Außen-, Sicherheits- und
Verteidigungspolitik der EU ist dementsprechend »intergovernemental«
angelegt. Nicht die Kommission, sondern die im (Minister-)Rat der EU
vertretenden Regierungen der Mitgliedstaaten treffen hierbei einstimmig
alle Entscheidungen.

■■■■ Der lange Weg zu EUFOR Tschad: Die Europäische Union in Zentralafrika

Der Krieg in Darfur (Sudan) löste eine humanitäre Tragödie mit mindestens 200 000 Toten und mehr als 2,5 Millionen Flüchtlingen aus. Die Gewalt nahm 2003 ihren Anfang, als eine Rebellenbewegung die sudanesische Regierung unter Präsident Hassan Omar al-Bashir der Unterdrückung der schwarzafrikanischen Bevölkerung zugunsten arabischer Afrikaner bezichtigte. Seitdem destabilisierte der Konflikt zwischen verschiedenen schwarzafrikanischen Rebellengruppen auf der einen und den sudanesischen Streitkräften und afroarabischen Milizen auf der anderen Seite nicht nur Darfur, sondern auch die angrenzenden Regionen. Neben zahllosen Flüchtlingen überquerten schwarzafrikanische Zaghawa-Milizen die Grenze, um den Osten Tschads und den Nordosten der Zentralafrikanischen Republik (ZAR) als Rückzugsräume zu nutzen. Im Gegenzug unterstützte die sudanesische Regierung Rebellengruppen im Tschad, wo die kleine ethnische Minderheit der Zaghawa über eine Mehrheit von 97 Prozent der Bevölkerung herrscht. Als Folge der überlappenden Konflikte hielten sich 2007 etwa 200 000 Darfur-Vertriebene und 150 000 Binnenflüchtlinge im Osten Tschads sowie weitere 200 000 Flüchtlinge im Nordosten der ZAR auf.

Vor diesem Hintergrund beschloss die Internationale Gemeinschaft im Frühjahr 2007 den Aufbau einer 20 000 Soldaten umfassenden Hybridmission der Vereinten Nationen (UN) und der Afrikanischen Union (AU) in Darfur. Diese erhielt die Bezeichnung UNAMID (United Nations – African Union Mission in Darfur). Zur gleichen Zeit wurde der Ruf nach einer parallelen Stabilisierungsoperation in den angrenzenden Regionen Tschads und der ZAR laut. Der französische Außenminister Bernard Kouchner schlug daraufhin eine EU-geführte militärische Operation zur Unterstützung der Vereinten Nationen vor.

Während die französische Initiative in New York auf Interesse stieß, zeigten die Mitgliedstaaten der EU in Brüssel von Beginn an große Zurückhaltung. Einen Grund hierfür bildeten Bedenken – geäußert freilich meist hinter vorgehaltener Hand –, dass möglicherweise nationale Interessen hinter dem französischen Vorschlag stehen könnten. Die ehemalige Kolonialmacht Frankreich kritisierte zwar seit den 1980er-Jahren das Regime im Tschad unter Präsident Idriss Deby im Hinblick auf die Demokratisierung und die Einhaltung der Menschenrechte. Dessen ungeachtet stellte Frankreich mit einer 1100 Soldaten umfassenden Truppenpräsenz (Operation EPERVIER) militärische Hilfe in den Bereichen Luftunterstützung, Logistik und Aufklärung bereit und sicherte so die Überlegenheit der tschadischen Regierungstruppen gegenüber den Rebellen.

Eine weitere Sorge in Brüssel betraf den Aufwuchs der UN/AU-Hybridmission. Viele EU-Mitgliedstaaten beteiligten sich am internationalen Engagement in Darfur. Da schon UNAMID erheblichen Problemen bei der Generierung der erforderlichen Kräfte gegenüberstand, schien der parallele Aufbau einer weiteren militärischen Operation Kräfte zu binden, die dann in Darfur fehlen würden. Dementsprechend gelang es der französischen Regierung im Juni 2007 zunächst nicht, in der EU Zustimmung für ein schnelles militärisches Eingreifen im Tschad und der ZAR zu gewinnen.

picture-alliance/dpa/Maxppp/Sebastien Nogier

EUFOR Tschad, Aufnahme vom 6. September 2008.

In Brüssel gingen Vertreter des Ratssekretariats und der Kommission der EU daran, ein Krisenmanagementkonzept (KMK) zu erarbeiten. Dabei handelt es sich um ein Grundlagendokument im Rahmen der gemeinsamen Sicherheits- und Verteidigungspolitik, das ein strategisches »Design« für das zivile und militärische Engagement der EU in einer bestimmten Krisenregion mit langfristiger Perspektive entwickelt. Der französische Außenminister reiste währenddessen nach N'Djamena und rang dort Präsident Deby die Zustimmung zur Verlegung einer europäischen Friedenstruppe (EUFOR) in den Osten Tschads ab. Anschließend beauftragte der UN-Sicherheitsrat in New York, wiederum auf französische Initiative, die Ausarbeitung eines multidimensionalen internationalen Einsatzkonzeptes. Dieses umfasste eine humanitäre, eine polizeiliche und eine militärische Komponente. Die Vereinten Nationen erhielten die Verantwortung für die Unterstützung der tschadischen Regierung beim Aufbau einer neuen Polizeitruppe. Die EU-Mission sollte im Osten Tschads und im Nordosten der ZAR die Flüchtlingslager schützen und dort humanitäre Hilfe leisten. Eine dritte militärische Komponente hatte das zivile, humanitäre und polizeiliche Engagement in der Region abzusichern und zu unterstützen. Auf dieser Grundlage stimmte schließlich der Rat der EU am 24. Juli 2007 der Entsendung europäischer Truppen nach Zentralafrika zu.

Strategische Planung für EUFOR Tschad

Trotz dieser Grundsatzentscheidung bestanden weiterhin vielfältige Bedenken gegen die nun zu planende EU-Operation. Insbesondere die Vorbereitung der Mission durch Frankreich im Frühsommer 2007 hatte in einigen Hauptstädten Anlass zu Irritationen gegeben und vorhandene Vorbehalte eher bestärkt als beseitigt. Zwar stellte sich kein Mitgliedstaat gegen die Initiative der Regierung in Paris, aber das militärische Engagement der EU in Zentralafrika wurde von vornherein auf ein Jahr begrenzt. Die beiden wichtigsten Partner Frankreichs, Deutschland und Großbritannien, hatten zudem bereits eine Woche vor der Ratsentscheidung signalisiert, dass sie sich nicht mit Truppen an der Operation beteiligen würden. Demgegenüber bekunde-

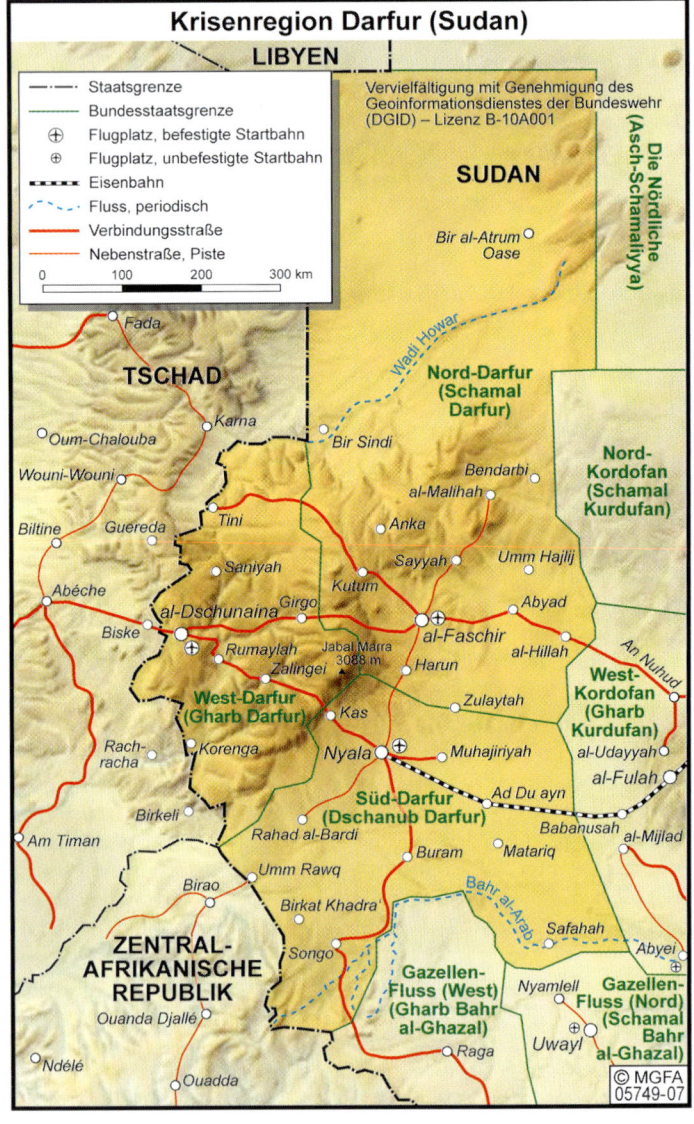

Krisenregion Darfur (Sudan)

LIBYEN

—·—·—	Staatsgrenze
——	Bundesstaatsgrenze
⊕	Flugplatz, befestigte Startbahn
⊕	Flugplatz, unbefestigte Startbahn
▪▪▪▪	Eisenbahn
– – –	Fluss, periodisch
——	Verbindungsstraße
——	Nebenstraße, Piste

0   100   200   300 km

Vervielfältigung mit Genehmigung des
Geoinformationsdienstes der Bundeswehr
(DGID) – Lizenz B-10A001

SUDAN

Die Nördliche (Asch-Schamaliyya)

Bir al-Atrum Oase

TSCHAD

Fada

Karna

Oum-Chalouba

Wouni-Wouni

Bir Sindi

Wadi Howar

**Nord-Darfur
(Schamal
Darfur)**

Bendarbi
al-Malihah

**Nord-
Kordofan
(Schamal
Kurdufan)**

Biltine   Guereda   Tini

Anka

Saniyah

Sayyah   Umm Hajilij

Abéche   al-Dschunaina   Girgo   Kutum

Biske   Rumaylah

Jabal Marra
3088 m

al-Faschir

Abyad

al-Hillah

An Nuhud

Zalingei   Harun

**West-Darfur
(Gharb Darfur)**   Kas

Zulaytah

**West-
Kordofan
(Gharb
Kurdufan)**

Rach-
racha   Korenga   **Nyala**   Muhajiriyah   al-Udayyah

al-Fulah

Birkeli

Rahad al-Bardi

**Süd-Darfur
(Dschanub Darfur)**

Ad Du ayn

Babanusah   al-Mijlad

Am Timan

Umm Rawq   Buram   Matariq

Birao

Birkat Khadra

Bahr al-Arab

Safahah   Abyei

**ZENTRAL-
AFRIKANISCHE
REPUBLIK**   Songo

**Gazellen-
Fluss (West)
(Gharb Bahr
al-Ghazal)**   Nyamlell

**Gazellen-
Fluss (Nord)
(Schamal
Bahr
al-Ghazal)**

Ouanda Djallé

Uwayl

Ndélé   Ouadda   Raga

© MGFA
05749-07

te Frankreich seine Bereitschaft, mit rund 1500 Mann den Kern einer europäischen Friedenstruppe zu stellen.

Gemäß dem am 12. September 2007 beschlossenen KMK sollte die militärische Operation als Teil eines umfassenden zivil-militärischen Ansatzes der EU einen abgestimmten europäischen Beitrag zur Lösung der Krise in Darfur und den angrenzenden Regionen leisten. Das EU-Engagement umfasste erstens die politische Unterstützung von UN und AU bei der Wiederbelebung des stockenden Friedensprozesses in Darfur, zweitens die Beschleunigung des Aufwuchses von UNAMID und drittens die verstärkte Bereitstellung humanitärer Hilfe einschließlich eines militärisch gesicherten Zugangs zu den Krisengebieten. In diesem Kontext stellte die EU kurzfristig zehn Millionen Euro für die Ausbildung und Verlegung der tschadischen Polizeitruppe bereit. Darüber hinaus flossen knapp 440 Millionen Euro in Maßnahmen zur Stabilisierung der an Darfur angrenzenden Regionen bis 2013. Auf dieser Grundlage plante die EU eine militärische Brückenoperation im Osten Tschads und im Nordosten der ZAR für die Dauer eines Jahres. Eng koordiniert mit den Vereinten Nationen war es das strategische Ziel von EUFOR Tschad, einen Beitrag zur Verbesserung der Sicherheitslage in der Krisenregion zu leisten.

Das KMK betonte die Neutralität und Unparteilichkeit von EUFOR. Der Auftrag schloss ausdrücklich die Überwachung der Grenzen sowie die Intervention bei Auseinandersetzungen zwischen Rebellen und Regierungstruppen aus. EUFOR sollte vielmehr »Zivilisten in Gefahr« schützen, die Bereitstellung humanitärer Hilfe durch UN und Hilfsorganisationen erleichtern und die Sicherheit und Bewegungsfreiheit der internationalen Helfer in der Krisenregion gewährleisten. Zwei Wochen nach der Ratsentscheidung vom 12. September 2007 beschloss der UN-Sicherheitsrat die Durchführung einer multidimensionalen Mission in Tschad und der ZAR unter dem Namen MINURCAT (United Nations Mission in Central African Republic and Chad), welche 300 Polizeibeamte, 50 Verbindungsoffiziere und eine Reihe ziviler Kräfte umfassen sollte. Gleichzeitig wurde die Durchführung der Operation EUFOR Tchad/RCA unter Kap. VII der Charta der UN (»allowing use of force if necessary«) autorisiert.

Der Rat der EU stimmte daraufhin am 15. Oktober 2007 der gemeinsamen Aktion zu. Zuvor hatte Frankreich bereits angeboten,

picture-alliance/dpa/Olivier Hoslet

Der Operation Commander der EUFOR Tschad, der irische General Patrick Nash, auf einer Pressekonferenz in Brüssel, 18. März 2009.

das strategische Hauptquartier (Operation Headquarters, OHQ) in Mont Valérien bei Paris, das operative Hauptquartier (Force Headquarters, FHQ) im Einsatzgebiet sowie mit Brigadegeneral Jean-Philippe Ganascia auch den Force Commander zu stellen. Um der Operation ein europäisches Gesicht zu geben, wurde der irische Generalleutnant Patrick Nash zum EU Operation Commander in Paris ernannt. Nash übernahm damit die Verantwortung für die nun folgende militärstrategische Planung und den Prozess der Kräftegenerierung.

Wiederkehrende Probleme: Kräftegenerierung und Finanzierung

Die Reaktionen Deutschlands, Großbritanniens und weiterer Mitgliedstaaten ließen bereits im Vorfeld erkennen, dass der Prozess der Kräftegenerierung – wie so oft bei multinationalen Einsätzen – eine große Herausforderung darstellen würde. Erste informelle Anfragen in den europäischen Hauptstädten hatten wenig ermutigende Ergebnisse erbracht. Bei der Erarbeitung militärstrategischer Optionen für EUFOR Tschad musste dies berücksichtigt werden. Der Rat der EU genehmigte daher lediglich die Ausplanung einer begrenzten Operation mit etwa 4000 Soldaten. In Anbetracht des riesigen Operationsgebietes sollte die geringe Truppenstärke durch hohe Luftbeweglichkeit und weiträumige Aufklärung ausgeglichen werden.

Der Abschluss der Truppenbereitstellung war ursprünglich für Ende Oktober vorgesehen. Doch zu diesem Zeitpunkt hatten die Mitgliedstaaten gerade einmal 2500 Soldaten, darunter 1500 aus Frankreich, zugesagt. Während der nächsten drei Monate kam der Kräftegenerierungsprozess praktisch zum Stillstand, obwohl sich sowohl General Nash als auch französische Regierungsvertreter intensiv um weitere Angebote bemühten. Erst die fünfte Truppenstellerkonferenz im Januar 2008 brachte schließlich den Durchbruch, als Frankreich 600 zusätzliche Soldaten und weitere, für die Mission kritische militärische Mittel in Aussicht stellte. EUFOR konnte sich damit auf etwa 3700 Soldaten aus 14 Mitgliedstaaten stützen. 2100 stammten aus Frankreich, 400 aus Irland, 350 aus Polen, 200 aus Schweden, Österreich entsandte 180 und Belgien 120.

Dennoch war das Ergebnis der Kräftegewinnung für die EU und ihre Mitgliedstaaten ernüchternd. Die Regierung in Paris hatte ihre Zielmarke von 50 Prozent nichtfranzösischer Truppen deutlich verfehlt. Zudem mangelte es EUFOR weiterhin an wesentlichen miitärischen Fähigkeiten, so u.a. an strategischen Reserven, Hubschraubern, weitreichenden Aufklärungsmitteln sowie Transport- und Sanitätskräften. Bis zuletzt hatte man in Paris die Hoffnung gehabt, dass am Ende Deutschland bestehende Lücken schließen werde. Als sich abzeichnete, dass die Bundesregierung nicht von ihrer einmal geäußerten Linie abweichen würde, erwartete man in Paris zumindest ein Entgegenkommen bei der Finanzierung der Operation. Stattdessen machten Deutschland, Großbritannien und weitere Mitgliedstaaten deutlich, dass sie die Gemeinschaftskosten für die Union auf etwa 100 Millionen Euro begrenzt sehen wollten – davon etwa 21 Prozent von Deutschland zu tragen. Bei einem geschätzten Gesamtaufwand von etwa 500 Millionen Euro fürchtete die französische Regierung nun zu Recht, auf dem Löwenanteil der Kosten sitzen zu bleiben. Als man sich schließlich nach langwierigen Gesprächen auf Gemeinschaftskosten in Höhe von 120 Millionen Euro einigte, waren diese Befürchtungen Realität geworden.

In Paris herrschte Enttäuschung, wohl nicht zuletzt aufgrund der hartnäckigen deutschen Weigerung, Kräfte und Geldmittel zur Verfügung zu stellen. Zumindest waren nun aber die Voraussetzungen für den Start der Operation geschaffen. Und da fast alle Mitgliedstaaten sich mit Personal in den Hauptquartieren beteiligten, war es auch gelungen, EUFOR – trotz des hohen französischen Anteils – ein europäisches Aussehen zu verleihen. Auch Deutschland und Großbritannien stellten jeweils vier Stabsoffiziere nach Mont Valérien ab.

Hoher Aufwand, mäßiger Ertrag

Die Ratsentscheidung vom 28. Januar 2008 war nicht nur der Startschuss für die Verlegung der EUFOR, sondern auch für eine Rebellenoffensive gegen die tschadische Hauptstadt. Aufständische führten mit rund 300 Fahrzeugen und 1500 Kämpfern einen Streifzug von der sudanesischen Grenze nach N'Djamena durch, drangen in die Stadt ein und belagerten für 36 Stunden den Palast von Präsident Deby. Aufgrund der bedrohlichen Sicherheitslage verstärkte Frankreich seine national geführten Truppen und evakuierte rund 800 europäische Staatsbürger aus dem Land. Französische Soldaten griffen zwar nicht direkt in die Kämpfe ein, unterstützten jedoch die tschadische Armee mit Logistik und Aufklärung.

Für EUFOR erwies sich die Präsenz des französischen Militärs als problematisch. Während die EU immer wieder ihre Überparteilichkeit betont hatte, erwog die größte truppenstellende Nation die Möglichkeit eines bewaffneten Eingreifens gegen die Rebellenkoalition. Dies sorgte bei einigen anderen Truppenstellern für Irritationen und stellte darüber hinaus auch den französischen Force Commander vor eine neue Herausforderung. EUFOR musste eine klare Trennlinie gegenüber der französischen Operation EPERVIER ziehen, um gegenüber den Konfliktparteien, der Internationalen Gemeinschaft und der Zivilbevölkerung die Glaubwürdigkeit der EU zu erhalten.

In den nächsten Monaten konnte EUFOR trotz erheblicher logistischer Probleme den Aufwuchs der eigenen Kräfte erfolgreich abschließen. Am 15. März 2008 meldete General Nash die Einsatzbereitschaft des ersten von insgesamt drei Bataillonen der Einsatzkräfte, sechs Monate später die vollständige Verfügbarkeit des Kontingents. In den folgenden Monaten konnten, ungeachtet fortbestehender Fähigkeitslücken, der Aufwuchs von MINURCAT im gesamten Operationsgebiet und die Verlegung erster Elemente der neuen tschadischen Polizeitruppe sichergestellt werden. EUFOR trug punktuell zur Verbesserung der Sicherheitslage in den Grenzgebieten bei und ermöglichte rund 10 000 Flüchtlingen die Rückkehr in ihre Heimatdörfer. Im Verlauf der Operation stellten der französische Kommandeur und seine Soldaten zudem die Neutralität der EUFOR glaubwürdig unter Beweis. Angesichts der gewaltigen Ausdehnung des Operationsgebietes blieb freilich die Sicherheitslage insgesamt fragil. Im Osten Tschads dauerten heftige Kämpfe zwischen Rebellen und Regierungstruppen an. Die Auseinandersetzungen bedrohten die örtliche Bevölkerung, Flüchtlinge und humanitären Helfer gleichermaßen. So starben im Jahr 2008 bei 120 Angriffen gegen internationale Hilfsorganisationen sechs Menschen.

Dennoch erfüllte das Unternehmen einen wichtigen politischen Zweck. Von Beginn an war klar gewesen, dass ein Jahr nach Herstellung der ersten Einsatzbereitschaft eine internationale Folgemission den Auftrag der EUFOR übernehmen sollte. Nach intensiven Verhandlungen stimmte schließlich die tschadische Regierung dem Aufbau einer militärischen Komponente von MINURCAT mit 5200 Soldaten zu. Da Präsident Deby einen UN-Einsatz noch im Sommer 2007 vehement abgelehnt hatte, war dies ein wichtiger politischer Erfolg für die Internationale Gemeinschaft. Am 15. März 2009 übernahm MINURCAT den bis dato von den Europäern erfüllten Auftrag, wobei rund 2000 europäische Soldaten ihren Dienst unter neuer Flagge fortsetzten. Die Operation EUFOR Tschad war damit beendet.

Wenngleich eine abschließende Bewertung verfrüht erscheint, lässt sich doch feststellen, dass die Planung der europäischen Operation unter einem grundlegenden Problem litt. Die politische Entscheidung für EUFOR Tschad wurde gefällt, obwohl es keine Einigkeit über Strategie und Gesamtansatz des europäischen Engagements gab. Die Operation, welche eigentlich einen Beitrag zur Lösung der Krise in Darfur leisten sollte, zielte tatsächlich viel eher darauf ab, eine weitere Destabilisierung der Nachbarregionen zu verhindern. In dieser Hinsicht leistete EUFOR Tschad einen wichtigen Beitrag zur Linderung der Krisenfolgen, jedoch nicht zur Beseitigung von deren Ursachen.

Frank Hagemann

Trauernde Menschen stehen am 10. April 2009 in Kigali an der Gedenk-stätte des ruandischen Genozids von 1994 hinter den Särgen von Ermor-deten. Am 15. Jahrestag des Völkermords wurden dort die sterblichen Überreste von 150 Menschen beerdigt. Über 250 000 Tote liegen zentral in Kigali begraben, jährlich kommen nach Angaben der Gedenkstätte etwa 1000 weitere Opfer des Genozids hinzu.

In Afrika und in anderen Teilen der Welt erlebt die gewaltsame Lö-sung von Konflikten eine Renaissance. Seit dem Ende des Kalten Krie-ges sind rechtsfreie Räume entstanden, in denen der Kampf um die Macht mit militärischen Mitteln geführt wird. Während in manchen Gebie-ten archaische Formen der Auseinandersetzung vorherrschen, wächst die Internationale Gemeinschaft zu einer »Weltgesellschaft« zusammen, die sich kommunikationstechnisch, politisch und wirtschaftlich immer enger vernetzt. Regionale Konflikte werden mehr denn je in ihren globa-len Auswirkungen wahrgenommen; sie zu lösen, bedarf es zunehmend internationaler Mechanismen. Gleichzeitig wird immer deutlicher, dass eine dauerhafte Stabilisierung nicht allein auf ausländischem Engage-ment basieren kann.

Regionale Anarchie in Subsahara-Afrika als internationales Problem

Der anfänglichen Euphorie über eine »neue Weltordnung« nach Ende des Kalten Krieges folgte schon bald die Ernüchterung und die Rede von der Herausbildung einer »neuen Weltunordnung«. Angesichts zahlreicher Kriege in der Dritten Welt, aber auch in Teilen Europas und der ehemaligen Sowjetunion sowie unter dem Eindruck zerfallener und zerfallender Staaten, »ethnischer Säuberungen«, humanitärer Katastrophen und Völkermord, wachsenden Migrationsdrucks und zunehmender Umweltzerstörung wurden nunmehr eine »neue Unübersichtlichkeit« sowie Elemente von Anarchie und Chaos wahrgenommen. Im Weltmaßstab stellte man eine regional ungleiche Verteilung von Krieg und Frieden fest, uneinheitliche soziale, ökonomische und politische Entwicklungen sowie unterschiedliche Grade der »Zivilisierung« von Gesellschaften.

Die politischen, sozialen und ökonomischen Phänomene, die seit dem Ende des Ost-West-Konflikts oftmals als »Anarchie« (wörtlich: Herrschaftslosigkeit, Mangel an Ordnung) wahrgenommen und beschrieben worden sind, setzen sich in der Regel aus verschiedenen Elementen zusammen: Erstens sind dies Unterentwicklung und Armut als Folge schwieriger oder gescheiterter Modernisierungs- und Transformationsprozesse. Hierzu gehören Massenverelendung, Verstädterung mit Tendenzen zur Verslumung, die Brutalisierung und Kriminalisierung des Alltagslebens, Terror-Regime, Menschenrechtsverletzungen und politische Verfolgung. Zweitens zählt dazu der »Zerfall« von Staaten, die es nicht oder schwerlich schaffen, ihr Gewaltmonopol durchzusetzen und elementare Staatsfunktionen zu erfüllen. Drittens sind »Kriegsherrentum« und »staatsfreie Räume« in zerfallenen Staaten und zerbrochenen Gesellschaften zu erwähnen. Aus der Auflösung des Gewaltmonopols resultiert in der Regel eine »kriminelle Anarchie«, basierend auf der Willkürherrschaft lokaler Kriegsherren (»Warlords«) und ihrer Milizen sowie auf kriminalisierten Schattenwirtschaften in Gestalt von Schmuggel, Waffenhandel, Raub, Erpressung und Ressourcenplünderung. Dies führt viertens zu langjährigen regionalen und internationalen Bürgerkriegen mit zerstörerischen Folgen für die Infrastruktur und den sozialen Zusammenhalt ganzer Länder. Solche Kriege rufen umfassende Sozialkatastrophen wie Massenhunger und Massenflucht, Seuchen, »ethnische Säuberungen« und Völkermord hervor, nicht selten verbunden mit akuten oder schleichenden Natur- und Öko-Katastrophen wie Dürren, Überschwemmungen und Waldzerstörung.

Von der lokalen Krise zum internationalen Problem

Vielerlei Faktoren wirken offenbar zusammen: Eine lokale Krise oder Katastrophe wird zu einem globalen Problem, was dann die Internationale Gemeinschaft zum Handeln bewegt. Die Interessen von Nachbarstaaten, Regionalorganisationen und raumfernen Mächten scheinen ebenso eine Rolle zu spielen wie ein problemlösungsorientierter »Aktionismus« internationaler Organisationen, namentlich der Vereinten Nationen (UNO), von Regierungen und nichtstaatlichen Hilfsorganisationen. Schließlich ist auf die wichtige Rolle der Medien bei der Wahrnehmung von Krisen und Katastrophen sowie bei der Beeinflussung der öffentlichen Meinung und der Politik hinzuweisen.

Seit den 1990er-Jahren haben die UNO und ihr Sicherheitsrat eine deutlich aktivere Rolle bei der internationalen Krisenprävention und Konfliktbearbeitung übernommen: Sie entsenden Friedensmissionen, führen humanitäre Interventionen durch und vermitteln auf diplomatischer Ebene. Diese global ausgelegte Verantwortung für die Krisenregionen der Erde lässt sich für die großen Industrienationen durchaus auch interessenpolitisch begründen. In der heutigen »Weltrisikogesellschaft« mit ihren vielfältigen gegenseitigen Abhängigkeiten können sie eine Chaotisierung in Teilbereichen des internationalen Systems nicht hinnehmen, selbst wenn sich diese räumlich eingrenzen ließe. Denn eine Abschottung gegenüber Folgewirkungen regionaler Krisen und Katastrophen (z.B. in Gestalt von Migration, Umweltzerstörung, Terrorismus) ist, wie die letzten Jahre gezeigt haben, nicht möglich.

An die Stelle langfristiger Entwicklungs- und Strukturpolitik ist zusehends ein kurzfristiges Krisen- und Katastrophenmanagement sowie die humanitäre Nothilfe getreten. Allerdings wird diese Hilfe keineswegs allen Krisenregionen und Hilfsbedürftigen gleichermaßen zuteil: Vielmehr verfährt sie sehr wählerisch und setzt Prioritäten nach nicht immer nachvollziehbaren Kriterien. Beschlüsse der Großmächte im UN-Sicherheitsrat, UN-Blauhelmoperationen und die Einflussnahme von Interessengruppen in den Industrieländern dürften dabei ebenso von Bedeutung sein wie die Medienberichterstattung, der Zugang zu den Krisengebieten und die Sicherheitslage vor Ort. So wurde beispielsweise der Kongo trotz seiner verheerenden humanitären Situation gegenüber anderen Krisenregionen von der Weltgemeinschaft vernachlässigt.

Subsahara-Afrika als Region der »Anarchie«?

Immer neue Nachrichten über Unfrieden und Unsicherheit prägen das von den Medien gepflegte »katastrophische Afrikabild«: Armut, Hunger, Krieg, Flüchtlingselend und Aidsseuche machen den Kontinent zu einem Paradebeispiel für Sozialkatastrophen und wirtschaftliche Unterentwicklung. Dieses Bild vom »Chaos Afrika« unterstellt, dass die Region südlich der Sahara eine »wabernde« Konfliktmasse sei, aus der heraus sich immer neue Auseinandersetzungen entzünden. Afrika ist jedoch kein monolithisches Gebilde, sondern ein Kontinent, der sich aus höchst unterschiedlichen Welten zusammensetzt, die weiter auseinanderliegen als Sizilien und die Shetlands – nicht nur geografisch. Auch wurzeln die afrikanischen Kriege nicht einfach in blutrünstigen, urzeitlichen Stammesfehden, sondern ihre Ursachen lassen sich ebenso politisch begründen und präzise auseinanderhalten wie jene europäischer Kriege. So sind etwa die schrecklichen Ereignisse in Ruanda 1994 keineswegs als ein chaotisches Gemetzel zu erklären, sondern als ein gut geplanter und organisierter Völkermord an Tutsi und Hutu-Oppositionellen, an dem die herrschenden Eliten aus machtpolitischen und ökonomischen Gründen ein Interesse gehabt haben. Im Lichte der jugoslawischen Tragödie in Europa ist durchaus zu würdi-

Neue Kriege und Staatszerfall

Weltweit sind Konflikte seit dem ausgehenden 20. Jahrhundert durch das Verschwimmen der herkömmlich bekannten Grenzen zwischen »Krieg« und »Frieden« geprägt, so etwa die Kriege auf dem Balkan der 1990er-Jahre, die Konflikte im Kaukasus und in Afghanistan sowie in Nahost einschließlich des Irakkrieges (nach Beendigung der »regulären« Operationen). Man kann sie wie der Politologe Herfried Münkler mit dem Modebegriff »Neue Kriege« bezeichnen. Ein bestimmtes Muster dieser »Neuen Kriege« scheint bei den Staatszerfallkriegen in Afrika gegeben, und hier besonders in und um den Kongo. Ab 1990 entstand ein Zerwürfnis, das von Uganda und Ruanda ausgehend auf Burundi und den Ostkongo übergriff und sich 1994 zum grauenhaften Genozid in Ruanda ausweitete.

Die »Neuen Kriege« sind von der Vielzahl der Akteure gekennzeichnet. Neben regulären Armeen der Konfliktparteien und ausländischen Interventionstruppen sind ethnisch geprägte Milizen, kriminelle Banden, paramilitärische Verbände sowie Söldner und Sicherheitsunternehmen involviert. Allerdings sind die Übergänge von regulären Armeen zu Rebellenorganisationen oft fließend. So wird häufig von einer Mischform, den sogenannten Sobels (halb Soldat, halb Rebell), gesprochen.

Die mit den »Neuen Kriegen« eng verbundenen Kampfhandlungen werden auch als »asymmetrische Kriegführung« bezeichnet. Hier stoßen Armeen im klassischen Sinn auf irreguläre Gegner. Da man »klassischen Operationen« und »Schlachten« meist auswich, wird auch vom »Krieg geringer Intensität« (Low Intensity Conflict, LIC) gesprochen. Angesichts der hohen Opferzahlen vor allem bei der beteiligten Bevölkerung (»Kollateralschäden«) ist dieser Terminus allerdings ebenso unscharf wie der Ausdruck »asymmetrische Kriegführung«.

Was die »Neuen Kriege« ausmacht, ist die enge Verzahnung von Krieg, Bürgerkrieg, Guerillaoperationen, Terrorismus, Organisiertem Verbrechen sowie gezielten Menschenrechtsverletzungen der Konfliktparteien, etwa durch grausame Verstümmelung von Gegnern und Bevölkerung, die Rekrutierung von Kindersoldaten sowie die Anwendung von massiver sexueller Gewalt als Kriegsmaßnahme.

Häufig kommt es dabei vor, dass die Angehörigen ein- und derselben Gruppierung in verschiedenen Konfliktphasen nacheinander

Rebellentruppe, Regierungsverband, Soldateska eines Warlords oder selbst Flüchtlinge sind, so in und um Ruanda im Jahr 1994.

In Auseinandersetzungen dieser Art entstehen aufgrund anhaltender und sich geografisch ausbreitender Feindseligkeiten abseits und quer zu den staatlich kontrollierten Gebieten Warlord-Zonen, die politisch, militärisch und wirtschaftlich autonom sind. In solchen parastaatlichen Räumen spielt neben der Erhebung von Abgaben und Steuern von der örtlichen Bevölkerung die Ausbeutung von Bodenschätzen sowie der Missbrauch humanitärer Hilfe eine Rolle. Dazu kommt die Möglichkeit einer Finanzierung durch internationales Kapital, das im Netzwerk zwischen beteiligten Regierungen, Personen und Unternehmen global verschoben werden kann. Dasselbe gilt für die Belieferung mit Rüstungsgütern. Somit geht die Privatisierung der Gewalt einher mit einer veränderten Kriegswirtschaft unter den Bedingungen der Globalisierung. Da die staatlichen Systeme ausgehöhlt sind, können Verantwortungsträger der jeweiligen Gewaltorganisation schwerlich nach den Maßstäben öffentlich-rechtlicher Besoldung entlohnt werden. Entsprechend greifen in »schwachen Staaten« anderweitige Vergütungssysteme in Form von Korruption. Hier öffnet sich ein weites Spektrum: Neben Entlohnung durch Geld spielen Naturalien eine wichtige Rolle, etwa Schürfrechte an Bodenschätzen. An der Spitze dieser Skala stand wohl die rücksichtslose Selbstbereicherung eines Joseph Désiré Mobutu in der Demokratischen Republik Kongo. *(mr)*

picture-alliance/dpa/Abdelhak Senna

Mit seinem Maschinengewehr posiert dieser Kindersoldat am 2. September 1998 in Kalemie für den Fotografen.

gen, dass es manchen afrikanischen Ländern gelungen ist, ethnisch-kulturell unterschiedliche Bevölkerungsgruppen unter schwierigsten Bedingungen über Jahrzehnte hinweg ohne größere Eklats zusammenzuhalten. Doch werden Fortschritte und Leistungen im Bereich der friedlichen Konfliktbewältigung, der Demokratisierung und der Wirtschaftsreform von der internationalen Medien-Öffentlichkeit leider weit weniger beachtet als Kriege und Katastrophen.

Eine differenzierende zeitgeschichtliche Kriegsbilanz macht deutlich, dass es in Afrika antikoloniale und antirassistische Befreiungskämpfe gegeben hat, nachfolgend auch Grenz- und Ressourcenkonflikte sowie vielfältige und langjährige Bürgerkriege in Gestalt von Separations- und Antiregimekriegen. Während des Ost-West-Konflikts nahmen manche dieser Auseinandersetzungen Züge von Stellvertreterkriegen an. Seit den 1980er-Jahren verband sich das Bild vom kriegerischen »Chaos Afrika« mit einer wirtschaftlichen und politischen Entwicklungskrise. Die Mehrzahl der ärmsten Staaten der Erde befindet sich hier. Mit dem Wegfall externer Unterstützung nach dem Ende des Kalten Krieges verschärften sich in vielen Ländern Afrikas gesellschaftliche Widersprüche und Verteilungskämpfe. Durch weitverbreitete Familien- und Klientelwirtschaft diente der Staat immer weniger dem Allgemeinwohl, vielmehr wurde er gleichsam privatisiert, und Einzelpersonen machten ihre Interessen geltend. Es kam vermehrt zu kriegerischem Staatszerfall, sozialen Auflösungsprozessen sowie zur Ausbildung von auf Ressourcenplünderung basierenden Gewaltmärkten und Kriegsökonomien. In diesen Machtkämpfen wurden ethnische Unterschiede und Klanbindungen von den jeweiligen Führungseliten häufig bewusst politisiert, manipuliert und instrumentalisiert.

Die Internationale Gemeinschaft befasste sich auf sehr unterschiedliche Weise mit den Kriegen und humanitären Katastrophen in Afrika. Ein erster großer UN-Blauhelmeinsatz fand in der ersten Hälfte der 1960er-Jahre im gerade unabhängig gewordenen Kongo statt, in dem es zu Wirren, Machtkämpfen und Abspaltungstendenzen gekommen war. Auch bei der friedlichen Beilegung ehemaliger Stellvertreterkriege im südlichen Afrika spielten die Vereinten Nationen eine wichtige Rolle. In der ersten Hälfte der 1990er-Jahre kam es zu ihrem spektakulären und gescheiterten

Einsatz in Somalia. In Westafrika (Liberia, Sierra Leone, Elfenbein-küste) billigte und legitimierte die UNO zunächst das Eingreifen der westafrikanischen Staatengemeinschaft ECOWAS, bevor sie dann nachfolgend eine aktivere Rolle in den dortigen Friedenspro-zessen übernahm. Der Völkermord in Ruanda fand im Jahre 1994 unter den Augen der dortigen UN-Blauhelmmission statt. In den langjährigen Konflikten im Sudan (Südsudan, Darfur) engagiert sich die UNO erst seit Kurzem. Der größte UN-Einsatz weltweit und in Afrika findet derzeit in Gestalt der MONUC wiederum im Kongo statt (vgl. den Beitrag von Magnus Pahl).

Afrika ist ebenso wenig wie andere Krisenregionen auf der Welt ein internationaler »Sozialfall«, doch muss die Krisenbe-wältigung von innen kommen und soziokulturell wie sozio-ökonomisch und politisch vor Ort verwurzelt sein. Solche Eigen-anstrengungen müssen massiv durch internationale Solidarität und Hilfestellung abgestützt werden. Die Chance chronisch instabiler und katastrophenanfälliger Gesellschaften liegt neben der Förderung von effektiver Staatlichkeit vor allem darin, lo-kale Selbsthilfebestrebungen, soziale Bewegungen und Demo-kratisierungsprozesse zu stärken. Aus humanitären Gründen ebenso wie im Sinne langfristiger Eigeninteressen können die einflussreicheren Mitglieder der Internationalen Gemeinschaft die aufgezeigten Entwicklungen einer größeren Zahl von Ge-sellschaften und Subregionen nicht hinnehmen, auch wenn sich diese mehrheitlich außerhalb des Kernbereichs der Weltpolitik und Weltwirtschaft befinden. Allerdings sollte dabei die frie-denspolitische Kontroll- und Steuerungsfähigkeit der Internatio-nalen Gemeinschaft nicht überschätzt werden. Doch andernfalls würden regionale Turbulenzen und Katastrophen auch auf die Machtzentren und Prosperitätszonen der Erde negativ ausstrah-len, beispielsweise in Gestalt wachsenden Migrationsdrucks, ökologischer Rückwirkungen oder terroristischer Übergriffe.

Volker Matthies

Mit dem Ende des Kalten Krieges geriet das politische System weltweit ins Wanken: So erodierte in vielen Regionen das nationalstaatliche Gefüge aufgrund von Globalisierungs- und Lokalisierungstendenzen. Für die Öffentlichkeit wurde offensichtlich, dass das Prinzip des Nationalstaats vielerorts nie die Stabilität erreicht hatte, die ihm allgemein zugeschrieben worden war. Seit den 1990er-Jahren nahmen Anzahl und Intensität innerstaatlicher Konflikte sprunghaft zu.

Gewaltsame Auseinandersetzungen hielten über die Medien Eingang in die Wohnzimmer des Global Village. Die westliche Welt sah durch die offensichtlichen Konfliktfolgen – etwa kaum zu kanalisierende Migrationsströme oder die Entstehung von Ressourcenengpässen usw. – zunehmend ihre Lebensstandards gefährdet. Die Verantwortung für humanitäres Handeln und Entwicklung (das Foto vom 29. November 2008 zeigt Maxima, Prinzessin der Niederlande, auf der International Conference on Financing for Development in Doha, Qatar) paarte sich zunehmend mit handfesten Sicherheitsinteressen, was eine neue Interventionskultur entstehen ließ. So nahm das Engagement der Internationalen Gemeinschaft durch Peacebuilding-Interventionen zu. Wenngleich es sich bei diesen nicht um ein völlig neues Phänomen handelt, so stellt deren Anzahl und ihre Qualität doch eine neue Dimension des politischen Handelns dar, das sich in Kernbegriffen wie »Human Security«, »humanitäre Intervention« und »Zivil-Militärische Zusammenarbeit« (Civil-Military Cooperation, CIMIC) niederschlägt.

Militärische Intervention: Humanität oder Durchsetzung von Eigeninteressen?

Die außenpolitischen Konzeptionen der USA, vieler europäischer Staaten wie auch inter- und supranationaler Organisationen sahen schon Anfang der 1990er-Jahre militärische Interventionen als probates Mittel an, um gewaltsamen Konflikten Einhalt zu gebieten. Dies lässt sich etwa an der sprunghaften Zunahme bewaffneter Einflussnahme ablesen: Der UN-Sicherheitsrat autorisierte in den ersten 43 Jahren seit dem Zweiten Weltkrieg 13 friedenssichernde Missionen, die gleiche Anzahl kam allein in den 43 Monaten zwischen 1988 und 1992 hinzu. Jedoch nahm nicht nur die Quantität entsprechender Operationen rasant zu, sondern es änderten sich auch deren Aufgabenschwerpunkte. Bis zum Ende des Kalten Krieges beschränkte sich Peacekeeping primär auf die Überwachung von Waffenstillständen zwischen Staaten (z.B. auf dem Sinai oder auf Zypern). Im Laufe der 1990er-Jahre entwickelten sich dann – meist unter Führung der UN – komplexe Peacebuilding-Einsätze. Die Passivität niederländischer UN-Blauhelme angesichts des Massakers von Srebrenica stellte diesbezüglich den einschneidenden Wendepunkt dar. Der Auftrag veränderte sich vom Monitoring hin zu aktiven Kampfhandlungen, um gewaltsame Konflikte zu beenden und Frieden zu stiften. Friedensmissionen der Internationalen Gemeinschaft sind heute zunehmend durch ein breit ausgelegtes militärisches Mandat sowie durch die Integration gesellschaftlicher und staatlicher Aufgaben gekennzeichnet. Ihr Spektrum reicht von *UN-legitimierten* militärischen Interventionen, in denen UN-Blauhelme die militärischen Aufgaben übernehmen (Bosnien seit 1992, Somalia 1992–1993), bis hin zu *UN-gerechtfertigten* Einsätzen, in denen von den UN beauftragte Nicht-UN-Truppen dies tun (ISAF in Afghanistan; IFOR bzw. SFOR in Bosnien nach 1995). Hinzu treten des Weiteren multilaterale militärische Operationen, die nicht über ein UN-Mandat verfügen (NATO und EU im Kosovo 1999) und schließlich unilaterale Interventionen, gleichfalls ohne Mandatierung durch die UN (USA im Irak seit 2003, Äthiopien in Somalia seit 2006).

Die vergangenen zwei Jahrzehnte verdeutlichen, dass die Grenzen zwischen einer Belassung des Souveränitätsstatus und der völligen Objektwerdung betroffener Staaten fließend sind: Manche Interventionen ließen das jeweilige Schutzgebiet auf einen unverkennbaren Protektoratstatus herabsinken (Kosovo 1999–2008, Timor Leste 1999–2002), in anderen Szenarien bildeten sich Mischformen wie in Bosnien-Herzegowina aus, wo ein von der Europäischen Union eingesetzter Hoher Repräsentant über Vetobefugnisse gegenüber einer demokratisch gewählten Exekutive verfügt. In Afghanistan und im Irak wurde die Souveränität durch die Einsetzung einer Übergangsregierung gleich nach der Intervention de jure wieder hergestellt, faktisch verblieb aber die Entscheidungsgewalt schon angesichts der militärischen Präsenz und der eingesetzten finanziellen Mittel bei den intervenierenden Mächten. Schließlich sind solche Länder zu nennen, in denen der Staat selbst aus der Position seiner Schwäche heraus partiell oder zeitweise ein Eingreifen von außen befürwortete. In diesen Fällen wurde zwar die staatliche Souveränität de jure nicht angetastet, doch de facto an internationale Akteure abgegeben. Ein Beispiel hierfür ist die Demokratische Republik Kongo (vgl. den Beitrag von Magnus Pahl).

Zweifelsohne stehen Interventionen und die damit einhergehende Einschränkung staatlicher Unabhängigkeit in einem unauflösbaren Widerspruch zu dem Ansinnen, eine liberale Staats- und Gesellschaftsordnung durchzusetzen. Besatzungsregime stellen im Lande selbst »Nichtdemokratien« dar, die allenfalls »demokratieorientiert« sein können. In einer neuen, in Entstehung begriffenen Interventionskultur verschwimmen zudem die Grenzen zwischen Sicherheit und Entwicklung, zwischen zivilem und militärischem Bereich. Dies soll an den drei Feldern »Human Security«, »humanitäre Intervention« und »Zivil-Militärische Zusammenarbeit« deutlich gemacht werden.

Human Security

1994 veröffentlichte das Entwicklungsprogramm der Vereinten Nationen (United Nations Development Programme, UNDP) einen ersten Bericht zu Human Security. Seitdem fand eine institutionelle Verfestigung dieses Begriffs statt, die sich in unterschiedlichen Konzeptionen, politischen Netzwerken sowie in der Einrichtung von Instituten und Kommissionen niederschlug. Human Security kombiniert die »harte« Sicherheit mit dem »weichen« Begriff des Menschlichen. Damit vermischen sich bereits auf der konzeptionellen Stufe die Ebenen von Entwicklung und Sicherheit. Dem Begriff liegen weniger ein analytisches Konzept als vielmehr gemeinsame politische und moralische Werte zugrunde, verankert in einer liberalen Weltordnung. Human Security stellt die Sicherheit der Menschen in den Vordergrund, die nun nicht mehr allein an physischer Unversehrtheit festgemacht wird, sondern auch an Faktoren wie Armut, Gesundheit und Umwelt – die klassisch mit dem Begriff der Entwicklung verbunden sind. Folgerichtig wird »Unterentwicklung« – etwa durch Armut oder Umweltkatastrophen – als Sicherheitsrisiko wahrgenommen.

Diese Unbestimmtheit über die Zusammenhänge von Sicherheit und Entwicklung schlug sich in einer Weiterentwicklung des Konzepts nieder, nach der menschliche Sicherheit sowohl »freedom from fear« als auch »freedom from want« umfasst. Hierbei bezieht sich »freedom from fear« auf alle »klassischen« Bedro-

picture-alliance/dpa/Jimin Lai

Mädchenschule in der afghanischen Hauptstadt Kabul, Aufnahme vom 15. Januar 2002.

hungen wie Krieg und Gewalt, während »freedom from want« entwicklungsbezogene Kriterien in den Vordergrund stellt, die in etwa den Vorgaben der Millennium Goals entsprechen (acht Entwicklungsziele in den Bereichen Armutsbekämpfung, Bildung, Geschlechtergleichheit, Gesundheit, Umwelt sowie Partnerschaft zwischen Staaten und Erdteilen, welche die UN bis 2015 erreichen wollen).

Eine Verbindung zwischen Sicherheit und Entwicklung bildet der Wert der individuellen Freiheit. Entsprechend der Durchsetzung einer liberalen Weltordnung treten die Belange des Einzelnen gegenüber jenen staatlicher Souveränität in den Vordergrund. Die Konjunktur eines solchen Werteverständnisse muss vor dem Hintergrund der Failed-States-Debatte gesehen werden. So zeigten die Bürgerkriege, die seit den 1990er-Jahren zu beobachten waren, dass Staatlichkeit außerhalb der OSZE-Welt ihre Legitimation nicht durch ihre Bürger erfährt und zudem durch korrupte Strukturen geprägt ist. Viele Konflikte tragen nicht nur die Gefahr des Staatszusammenbruchs und der Gewalteskalation in sich, sondern die betreffenden Länder nehmen ihre Verantwortung gegenüber den eigenen Bürgern nicht ausreichend wahr.

Obgleich der Human-Security-Diskurs den Einzelnen in den Vordergrund stellt, bleibt freilich doch der Staat der eigentliche Bezugsrahmen, indem in effektive und ineffektive Staatswesen unterteilt wird. Die Schaffung menschlicher Sicherheit zielt nach wie vor auf die Herstellung von Staatlichkeit, die sich an liberalen Paradigmen ausrichtet. Dennoch kommt dem Human-Security-Ansatz gerade im Hinblick auf die Schnittstelle zwischen Entwicklungsverständnis und Interventionspolitiken herausragende Bedeutung zu. Werden Regierungen – etwa bei der Armutsbekämpfung oder auf dem Bildungs- und Gesundheitssektor – ihrer Verantwortung nicht gerecht, zieht ein derartiges Modell die Souveränität des Staats im Sinne des Individuums in Zweifel. Human Security fordert in diesem Fall die Verantwortung globaler Entwicklungs- und Sicherheitsorganisationen für die Freiheit und selbstbestimmte Entwicklung von Individuen geradezu ein.

Humanitäre Interventionen

Wenngleich Interventionen auch während des Kalten Krieges stattfanden, so ist ihre Legitimierung über einen Wertediskurs doch grundsätzlich neu. Vor dem Hintergrund der Verbindung von Unterentwicklung und gewaltsamen Konflikten spielt heute die Etikettierung internationaler Stabilisierungsoperationen als »humanitär« eine zentrale Rolle. Beispiele für »humanitäre Interventionen« sind Bosnien-Herzegowina, Kosovo, Somalia, Timor Leste, Sierra Leone, die Demokratische Republik Kongo oder Haiti. Die Souveränität eines Staates wird der Einhaltung universeller Menschenrechte oder dem Ansinnen, das blanke Überleben von Menschen zu schützen, untergeordnet. Militärische Intervention erfolgt im Namen der Menschlichkeit, um Menschenleben zu retten und eine gewisse Lebensqualität aufrechtzuerhalten. Das Paradigma der Human Security avancierte zum konzeptionellen Rückgrat der Idee von der Responsibility to Protect (R2P, vgl. den Beitrag von Thomas Breitwieser), also der Verpflichtung, weltweit gegen Unrecht und Gewalt einzuschreiten. Damit findet eine Ausdehnung von Treuhandschaft auf ganze politische Systeme statt.

In der Tatsache, dass sich militärisches Eingreifen gegenwärtig gern mit dem Etikett des Humanitären schmückt, sehen viele Kritiker einen Akt der Propaganda. So kann eine Intervention, die den Schutz von Menschen in den Vordergrund stellt, weit eher auf einen Rückhalt in der Bevölkerung an der »Heimatfront« hoffen als eine, die den puren Akt des Militärischen betont. Es wird bemängelt, dass mit humanitären Gründen vielfach die wahren Interessen der intervenierenden Mächte – die vom Eigenschutz bis hin zu ökonomischen und geostrategischen Zielen reichen können – verschleiert würden, und ein normativer Zustand, nämlich wie ein Staat zu handeln habe, absolut gesetzt werde.

Auch ist zu fragen, wer letztlich entscheidet, wann einer Regierung die Fähigkeit oder der Wille abgesprochen werden, ihre Bürger zu schützen, und wo die Schwellenwerte liegen, die ein Eingreifen im Namen des Humanitären erforderlich machen. Das multilaterale Entscheidungsgremium UN, auf das in diesem Zusammenhang gerne verwiesen wird, stellt in Wahrheit jedenfalls keinen neutralen, überparteiischen Akteur dar, da national-staatliche Interessen seine Beschlüsse dominieren. Nur in wenigen Fällen – etwa in Afghanistan – gelangte der Rat zu einem einheitlichen Votum, was die Genehmigung einer Intervention angeht. In Ruanda 1994, Darfur seit 2003 oder Myanmar 2007 kam ein solches Votum selbst in offensichtlichen Fällen des Versagens von Staaten oder ihres bewussten Verstoßes gegen Menschenrechte nicht zustande, da die Internationale Gemeinschaft hierfür nicht den nötigen Willen aufbrachte. Und in den USA, China oder Russland dürfte schon aufgrund der Machtverhältnisse militärisches Eingreifen selbst dann unterbleiben, sollten einem dieser Staaten eklatante Menschenrechtsverletzungen nachgewiesen werden.

Darüber hinaus bleibt undeutlich, welche Qualität von Lebensschutz »humanitäre Interventionen« beinhalten. Der Begriff selbst suggeriert zunächst, dass der Militäreinsatz allein der Rettung des »nackten Lebens« dient. Die bekannten Fallbeispiele mit ihrer jeweiligen Eigendynamik verdeutlichen jedoch, dass Peacekeeping sich immer häufiger in ein Peacemaking verwandelt: Die Intervention beschränkt sich nicht auf die Beendigung von Kämpfen, sondern zielt auf eine Überwindung der zugrunde liegenden Konflikte ab, was in der Regel mit der Schaffung eines »demokratischen Friedens« und/oder mit State building einhergeht.

Und schließen sich militärische und humanitäre Handlungen nicht grundsätzlich aus? Militärische Operationen haben den Schutz von Menschenleben zum Ziel, nehmen hierfür jedoch die Gefährdung anderer Menschen in Kauf. Welches Menschenleben besitzt eine höhere Wertigkeit, und wie lässt sich diese Überlegung mit der Kategorie des Humanitären insgesamt in Einklang bringen?

Zivil-Militärische Zusammenarbeit

Während die Grenzen zwischen zivilen und militärischen Anteilen von Interventionen zusehends verschwimmen, entwickelte sich eine weitere aktuelle Debatte. Das Schlagwort »Keine Entwicklung ohne Sicherheit, keine Sicherheit ohne Entwicklung«

Grenzpolizisten lernen in Masar-e Scharif Lesen und Schreiben. Deutschland unterstützt im Norden des Landes die Ausbildung der afghanischen Exekutive (Aufnahme vom 28. September 2008).

picture-alliance/dpa/Maurizio Gambarini

wurde zum Mantra einer neuen Interventionskultur. Fraglich bleibt bei dieser Diskussion jedoch, um wessen Sicherheit und Entwicklung es geht und wer überhaupt definiert, was Sicherheit und Entwicklung bedeuten.

Die Notwendigkeit, zivile und militärische Stabilisierung miteinander zu verschmelzen und ein kohärentes Vorgehen aus einer Hand zu gewährleisten, unterstreichen auch die jüngsten richtungweisenden Veröffentlichungen von EU, NATO und UN. Einvernehmlich wird das Zusammengehen von Außen-, Sicherheits- und Entwicklungspolitik in integrierte Ansätze gefordert, obgleich diese in der Praxis militärischen Zielsetzungen meist unter- bzw. nachgeordnet sind. Integrierte Missionen basieren auf der Annahme, dass Entwicklung und Menschenrechte untrennbar mit dem Ziel verbunden sind, Frieden und Sicherheit herzustellen. Der Ansatz steht ganz im Zeichen eines »neuen Humanitarismus«, der dem klassischen Denken der humanitären Hilfe eine Absage erteilt und jedes Handeln innerhalb komplexer Konfliktszenarien als politisch und damit in gewisser Weise auch parteiisch begreift. Ein Beispiel für integrierte Missionen bilden die Provincial Reconstruction Teams (PRTs) in Afghanistan, wo militärische und zivile Akteure gemeinsam und gemäß unterschiedlicher nationaler Konzepte der Entsendeländer zur Stabilisierung beitragen.

Die Grundannahme Zivil-Militärischer Zusammenarbeit lautet, dass Entwicklungsorganisationen und Militär sich gegenseitig durch ihre Arbeit abstützen und beide über die Gewinnung der Bevölkerung zum Erfolg der Interventionsmission beitragen. Hieraus ergeben sich in der Praxis vielfältige Probleme. Erstens werden Entwicklungsorganisationen nun Teil der Intervention: Grundlegende Prinzipien von Unparteilichkeit, Neutralität und Unabhängigkeit, denen sich viele Nichtregierungsorganisationen (Non-Governmental Organizations, NGOs) verpflichtet fühlen, können nicht mehr aufrechterhalten werden, wenn Aufbauhelfer im Tross der Interventionstruppen unterwegs sind. Viele NGOs stehen dort sogar zwangsläufig an vorderster Front, wenn es um den Aufbau von Staatlichkeit und moderner Zivilgesellschaft geht: Ihrer Einbindung in Interventionen können sich die Organisationen schon deshalb kaum erwehren, weil ihre Finanzierung meist von den Projektmitteln der großen Geber abhängig ist.

Zweitens gerät bei der Zivil-Militärischen Zusammenarbeit ein sozialethisches Verständnis von Entwicklung als Akt der Selbstlosigkeit ins Hintertreffen. Es geht nicht mehr darum, die Lebensbedingungen der am meisten betroffenen Bevölkerungsgruppen zu verbessern, vielmehr richtet sich Unterstützung zunächst an jene, die für die Sicherheit der zivilen und militärischen Interventionskräfte von größtem Belang sind. Force Protection – und nicht die humanitäre oder entwicklungsbezogene Notwendigkeit – wird zum Ausgangspunkt für Projektarbeit. Entwicklungshilfe und Wiederaufbau laufen Gefahr, zum Vehikel der militärischen Agenda zu werden. Auf der anderen Seite sieht das Militär, das sich meist nicht als politische Partei, sondern als neutraler Akteur versteht, seine Aufgabe darin, ein sicheres Umfeld für Entwicklungsorganisationen zu schaffen.

Drittens verschwimmen die Grenzen zwischen Entwicklungsorganisationen und Militär. So verfügt beispielsweise die Bundeswehr über CIMIC-Kräfte, die mit Hilfe ziviler Kleinprojekte zu einem sicheren Umfeld für die Einsatzkontingente beitragen sollen. Betrachtet man die Art der geleisteten Aufbauarbeit, ähnelt CIMIC auf den ersten Blick einer zivilen Organisation. Zivil-Militärische Zusammenarbeit nach militärischer Logik verfolgt jedoch nicht in erster Linie humanitäre Ziele, sondern will die Bevölkerung beeinflussen und die Informationsgewinnung erleichtern. CIMIC könnte im Grunde auch den »psychological operations« zugeordnet werden. Schließlich fällt es Entwicklungsorganisationen im Alltag schwer, sich vom Militär abzugrenzen, wenn CIMIC-Einheiten oder deren zivile Mitarbeiter sich nichtmilitärischer Symbole bedienen wie ziviler Kleidung, weißer Fahrzeuge usw.

Stellte in den 1980er-Jahren Entwicklung noch in vielen regionalen Kontexten geradezu das Gegenteil zu militärischen Handlungen dar, verschwimmen in den letzten Jahren die Grenzen zwischen beiden Bereichen. Zunehmend wird geradezu ein kausaler Zusammenhang zwischen militärisch zu leistender Sicherheit und zivil zu leistender Entwicklung hergestellt. Gerade der Wandel internationaler Interventionen von rein militärischen Missionen hin zu Friedens- und Staatsbildungsprojekten trug zu diesem Wandel bei. In diesem Zusammenhang wird Entwicklung bewusst eingesetzt, um politische Ziele zu erreichen, die von den Interessen der Gebergemeinschaft definiert werden.

Conrad Schetter

Integraler Bestandteil des Petersberger Afghanistan-Abkommens von 2001 war die internationale Aufbauhilfe. Schwerpunkte deutschen Engagements liegen unter anderem in den Bereichen Energie- und Wasserversorgung, Wirtschaftsentwicklung sowie Grund- und Berufsbildung. Bis heute stellen trotz bedeutender Erfolge die große Anzahl rückkehrender Flüchtlinge, schwache inländische Partnerinstitutionen, Korruption sowie Gewalt und Rechtlosigkeit die Aufbauhelfer in Afghanistan vor große Herausforderungen. Zahlreiche internationale Geber sowie mehrere Tausend Nichtregierungsorganisationen (Non-Governmental Organizations, NGOs) bewegen sich in einem komplexen, nur schwer koordinierbaren Umfeld. Dieses orientiert sich außer am Aufbaubedarf ebenso an den Mechanismen der Mitteleinwerbung und -vergabe.

Ein Beispiel für stetig voranschreitenden Wiederaufbau ist das von jahrzehntelangem Krieg gezeichnete afghanische Bildungssystem – im Bild Unterricht über die Minengefahr an einer Schule in Kundus. Etwa drei Viertel der afghanischen Schulen waren 2001 entweder zerstört oder schwer beschädigt. Frauen blieb während der Taliban-Herrschaft der Zugang zu Bildung generell verschlossen, und für viele Mädchen liegt der Schulbesuch bis heute in unerreichbarer Ferne: Fehlende Lehranstalten nebst qualifiziertem Personal, Angriffe der Taliban, weite Schulwege und mitunter auch die Ablehnung durch die eigenen Väter verhindern in manchen Regionen selbst elementare Schulbildung.

■ Die Praxis des zivilen Wiederaufbaus am Beispiel Afghanistan

Einhergehend mit der militärischen Intervention begann der Wiederaufbau Afghanistans. Die internationale Gebergemeinschaft sagte hierfür seit 2001 über 15 Milliarden US-Dollar zu; auf der Geberkonferenz in Paris im Juni 2008 wurden weitere 20 Milliarden US-Dollar versprochen. Allerdings gibt es eine Kontroverse darüber, wie viel Geld bislang tatsächlich bei der afghanischen Bevölkerung ankam. Zunächst muss zwischen den Geldern, die zugesagt, die bereitgestellt und die abgerufen wurden, unterschieden werden. Zudem haben die Projekte unterschiedliche Laufzeiten, weshalb eine Kalkulation der bereits verausgabten Mittel nahezu unmöglich ist.

Bisherige Wiederaufbauprojekte offenbaren Licht und Schatten. Neben erfolgreichen und öffentlichkeitswirksamen Einzelvorhaben bestimmt der Eindruck, es werde insgesamt zu wenig getan, und dass die Erwartungen der Afghanen bislang kaum erfüllt werden konnten, die allgemeine Wahrnehmung. Viele Projekte und Programme leiden unter der bedrohlichen Sicherheitslage, fehlenden Kapazitäten, mangelnder Koordinierung wie auch dem enormen Druck der Geberländer. Bezüglich der damit verbundenen Gesamtproblematik ein umfassendes und objektives Bild zu zeichnen, das den Leistungen des Wiederaufbaus und einzelner Organisationen gerecht wird, erscheint nahezu unmöglich. Stattdessen sollen im Folgenden anhand eines fiktiven Projektumfeldes die Rahmenbedingungen und Schwierigkeiten aufgezeigt werden, welche die alltägliche Entwicklungszusammenarbeit einer Nichtregierungsorganisation bestimmen. Personen und Organisationen sind frei erfunden, die dargestellten Probleme jedoch nicht, obgleich sie für die folgenden Ausführungen stark verdichtet wurden.

Aufbauhelfer Franz Hohmann

Franz Hohmann ist voller Tatendrang. Er kam vor etwa zehn Wochen mitten im Winter in Nordafghanistan an und hat sich bereits im Gästehaus seiner Organisation eingerichtet. Strom gibt es nur vom Generator, der mit teuerem Diesel läuft; die Wasserleitungen frieren fast immer ein. Franz Hohmann ist gelernter Buchhalter. Da er noch einmal etwas Sinnvolles in seinem Leben machen wollte, bewarb er sich um eine Stelle bei einer Entwicklungsorganisation. Nun hat er einen Zweijahresvertrag in der Tasche mit der Option auf eine einjährige Verlängerung. Damit stehen die Aussichten gut, nach dem »Afghanistan-Abenteuer« direkt in den Vorruhestand und in Pension zu gehen. Hohmanns Aufgabe besteht darin, als Projektleiter den Bau von Brunnen und Schulen wie auch Weiterbildungsmaßnahmen zu organisieren. Das ihm zur Verfügung stehende Budget von 1,2 Millionen Euro hat sein Arbeitgeber bei der Europäischen Stiftung für Entwicklung (ESE) über eine Ausschreibung eingeworben. Die Summe muss in den nächsten drei Jahren ausgegeben werden. Die Zielvorgaben wurden vor zwei Jahren von Beratern der ESE festgelegt und seitdem nicht mehr angepasst, obgleich sich die Realitäten im Lande rasant verändert haben.

So weiß Hohmann, dass ein ähnlich gelagertes Vorgängerprojekt in einer Nachbarprovinz kürzlich aufgrund von Sicherheitsproblemen eingestellt werden musste. Auch in der Provinz, in der Hohmann arbeitet, wurde einige Tage vor seiner Ankunft auf die Projektfahrzeuge einer europäischen NGO geschossen. Jetzt herrscht Bewegungsverbot. Hohmann sitzt bereits seit zwei Tagen in seinem Büro fest und darf sich nur innerhalb der Stadt aufhalten. Nach wie vor ist unklar, ob die Fahrzeuge gezielt angegriffen wurden, oder ob es sich eher um einen »Dumme-Jungen-Streich« handelte. Die Geheimdienste vor Ort – sowohl der afghanische wie der Bundesnachrichtendienst und ihre internationalen Pendants – halten sich bedeckt. Hohmann, der bislang noch nicht im Ausland gearbeitet hat, fragt sich insgeheim, wie weit man ihren Vertretern überhaupt trauen kann.

Der Landeskoordinator seiner NGO, Detlef Franke, der im Zentralbüro in Kabul sitzt, versicherte Hohmann, man könne sich auf die Frühwarnsysteme relativ gut verlassen; eine Alternative gebe es ja doch nicht. So lautet die Marschroute aus Kabul: »Ein regelmäßiger Besuch beim Provincial Reconstruction Team (PRT) und der Informationsaustausch mit Kollegen anderer Organisationen sowie die Einhaltung der strikten Sicherheitsvorschriften der Organisation sind für Sie unumgänglich.« In der

Werbung in den Straßen Kabuls, Aufnahme vom Sommer 2005.

Vorbereitung auf seinen Auslandsaufenthalt hatte Hohmann gehört, er solle seine eigene Sicherheit verbessern, indem er das Vertrauen der afghanischen Nachbarn und des Personals gewinnt. Das ist leichter gesagt als getan! Denn woher weiß man, ob die Nachbarn einem wohlgesonnen sind? Die Stimmung scheint zu kippen. Die Deutschen können sich trotz ihrer Ausnahmestellung in Afghanistan – aufgrund von Entwicklungsprojekten, die sie seit den 1960er-Jahren durchgeführt haben, und der unter Afghanen gepriesenen vermeintlichen gemeinsamen arischen Abstammung – nicht mehr sicher sein.

Die Unzufriedenheit in der gesamten afghanischen Bevölkerung – nicht nur im Süden – nimmt spürbar zu, so hört man. Allein die Gründe dafür leuchten Hohmann nicht so richtig ein. Es ist doch viel geschehen: Asphaltierte Straßen verbinden die wichtigsten Städte, Schulen wurden gebaut, Trinkwasser- und Frauenförderungsprojekte angestoßen. Trotzdem haben Selbstmordattentate, die sich ursprünglich nur gegen Militär und Polizei richteten, nun zunehmend auch die Gemeinde der Entwicklungshelfer verunsichert. So diskutieren sie viel darüber, ob sie, die doch unter erheblichen Entbehrungen und Risiken den Wiederaufbau Afghanistans nach vorne treiben, ebenfalls zu den Zielen von Taliban und al-Qaida gehören oder nicht. Franz Hohmann beschließt, darüber nicht weiter nachzudenken, sonst könne man ja gar nicht mehr vor die Tür gehen. Um das Nötigste auf dem Basar einzukaufen, schickt er ohnehin seine afghanischen Mitarbeiter – mit der Ausrede, er habe zu viel zu tun. Und in der Tat ist die Sechs-Tage-Woche der Normalzustand. Auch arbeitet Hohmann häufig bis spät in die Nacht, da es kaum Freizeitmöglichkeiten gibt.

Schließlich muss man sich ja auch dem eigentlichen Auftrag widmen: der Forcierung des Wiederaufbaus. Wenn das gelingt, werden die Menschen dankbar sein und einen beschützen, beruhigt sich Hohmann. Jedoch, in den zwei Monaten, die er mittlerweile im Land ist, ahnt er, dass dies so einfach nicht ist, denn er hat bereits gemerkt: Alles ist politisch in Afghanistan. Vor Ort bewegt er sich inmitten lokaler Interessenskoalitionen, über deren Funktionsweise er nur Vermutungen anstellen kann. Gleichzeitig ist das ausländische Militär mit Patrouillen sowie mit Trupps der Zivil-Militärischen Zusammenarbeit (Civil-Military Cooperation, CIMIC) in seinem Projektgebiet unterwegs. Von denen gilt es sich abzugrenzen, sagt die Zentrale seiner Organisation: »Eine Verwechslung mit der Bundeswehr, selbst mit deren Aufbauteams der CIMIC kann für Sie tödlich sein. Das Militär wird doch zunehmend als Besatzungsmacht wahrgenommen ...«, so hat es ihm Franke in seinem letzten Telefonat eingeschärft.

Logos an den Autos wie an den Büros wurden abmontiert; darüber hinaus haben fast alle internationalen Organisationen mittlerweile gepanzerte Fahrzeuge. Sein eigener Arbeitgeber, der bislang das Tragen von Waffen auf dem Bürogeländestrikt abgelehnt hat, überlegt, ob man nun doch bewaffnete Sicherheitskräfte anstellen sollte; denn einige internationale Organisationen wurden bereits überfallen und ausgeraubt. Zusätzliche Sicherheitsmaßnahmen beruhigen nur teilweise. So erkennt das geübte Auge ein gepanzertes Fahrzeug an dessen Wuchtigkeit; auch sollen die Taliban bereits reagiert haben, indem sie die Sprengkraft ihrer Bomben verstärken.

Neben der ständigen Sicherheitsdiskussion, die in nahezu jedem Gespräch aufkommt, ist Hohmann vor allem von den »entwicklungspolitischen Wichtigtuern«, wie er sie nennt – den immer wieder einfliegenden Gebern, den politischen Aufpassern deutscher Ministerien und den vielen Koordinatoren, die kaum noch zuzuordnen sind –, genervt. Jeder macht unentwegt Druck und erinnert daran, dass bewilligte Mittel möglichst schnell abfließen müssen. Gestern hatte sich doch tatsächlich ein Vertreter der ESE, ein »Bürschchen« von nicht einmal 30 Jahren, zu dem Satz hinreißen lassen: »Herr Hohmann, ich zähle auf Sie. Ihr Projekt muss ein Erfolg werden – um jeden Preis.«

Der »Neue Markt« des Wiederaufbaus

Beim Wiederaufbau Afghanistans sind riesige Summen im Spiel – sowohl für die Afghanen, aber auch für die beteiligten Organisationen. Einen großen Teil der finanziellen Mittel verschlingen die internationalen Gehälter und die Logistik. Daher betrachten die Afghanen die NGOs als diejenigen, die sich selbst bereichern und vorhandene Gelder nicht an die Bedürftigen weiterleiten. Die hohen Kosten, die internationale Entwicklungshelfer, Consultants, ein Projektbüro und ein Fuhrpark notwendigerweise verursachen, sind der einfachen Bevölkerung in der Tat kaum zu vermitteln. Innerhalb der Organisation, so Hohmanns Erfahrung, erlauben reichhaltige Projektmittel die Zahlung von Schmiergeldern, die es überhaupt erst ermöglichen, im lokalen Umfeld zu operieren.

Hohmann hat bei seiner Vorbereitung gehört – und dies wurde ihm in Gesprächen nach seiner Ankunft bestätigt –, dass das durchschnittliche Monatseinkommen eines Afghanen ca. 50 US-Dollar beträgt, aber Gehälter in internationalen Organisationen erheblich höher sind. So dachte er, dass Monatslöhne von 600 Dollar für Ingenieure und 500 Dollar für Übersetzer eine angemessene Bezahlung seien, und hat sich diesbezüglich auch noch einmal bei seinem Regionalkoordinator rückversichert. Nicht bedacht hatte er dabei, dass die An- und Abwerbung von Personal ebenfalls ein Politikum geworden ist. Seit zwei Monaten bemüht er sich vergeblich, ein funktionsfähiges Projektteam aufzubauen: An Bewerbern mangelt es nicht, allerdings lässt ihre Qualifikation zu wünschen übrig. Die Gehaltsvorstellungen sind dagegen überproportional hoch. Warum, fragt sich Hohmann, gibt es bei den zig verschiedenen Organisationen, die vor Ort vertreten sind, keine gegenseitigen Absprachen über die Höhe der Bezahlung? Gerade hat ihm eine internationale Organisation seinen Übersetzer Amanullah, zu dem er Vertrauen aufgebaut hatte, abgeworben.

Zeitdruck und drohender Mittelabfluss lösen jeweils eine kurzfristige Personaljagd aus, bei der die finanzkräftigste Organisation die bessere Bilanz vorweisen kann. »Aber damit nicht genug«, erklärt Jonas Zake, ein Entwicklungshelfer, der bereits zwei Jahre in Kabul für eine NGO gearbeitet hat und nun seit vier Monaten für eine andere Organisation in Nordafghanistan tätig ist: »Der Personalbedarf und die Jagd nach einigermaßen qualifizierten Afghanen führen dazu, dass jeder afghanische Mitarbeiter ständig mit Bewerbungen und Lebenslauf-Aktualisierungen am Arbeitsplatz-PC zu tun hat. Viele ›Locals‹ sind auf dem Sprung zum nächsten Job, der bessere Rahmenbedingungen bietet. Dies bewirkt eine hohe Personalfluktuation und zusätzlichen Druck, selbst mittelmäßig qualifizierte Kräfte an sich zu binden.« Nachdem er dies gehört hat, versteht Hohmann auch, warum sich viele Kollegen scheuen, in die Weiterbildung ihrer Mitarbeiter zu investieren, da sie davon ausgehen, sie nicht langfristig halten zu können. Auch führt die hohe Personalfluktuation dazu, dass »Privatgeschäfte« der Mitarbeiter selbst dann ignoriert oder wissentlich geduldet werden, wenn Projektressourcen mit im Spiel sind. »Stichwort Korruption«, ergänzt Zake.

In Hohmanns Projekt ist vorgesehen, dass die Baumaßnahmen zusammen mit der afghanischen NGO »Afghan Face« durchgeführt werden sollen. Hohmann hat bezüglich des afghanischen Partners ein mulmiges Gefühl. Die Organisation scheint stark in die vor Ort bestehenden Machtstrukturen verstrickt zu sein. Der Leiter von »Afghan Face« etwa ist der Bruder eines wichtigen Kommandeurs. Auch von Kollegen hat Hohmann eher abschätzige Bemerkungen über die Einrichtung gehört. Wenngleich sich »Afghan Face« in ihrem »Mission Statement« mit den üblichen Begriffen des Entwicklungsjargons wie »Zivilgesellschaft«, »Partizipation«, »Gleichberechtigung« und »Gemeinnützigkeit« schmückt, funktioniert sie doch wie ein Wirtschaftsunternehmen: Als das zuständige, zivil-militärische PRT die Initiative startet, eine Polizeistation am Rande der Stadt zu bauen, willigt »Afghan Face« sofort ein. Ein Kollege von Hohmann hatte mit der NGO vor zwei Jahren bereits die Errichtung einer Schule in einem weit entfernten Distrikt vereinbart. Da das Gebiet aus Sicherheitsgründen nicht besucht werden kann, konnte bis heute nicht überprüft werden, ob die Schule entsprechend der vorgegebenen Standards tatsächlich gebaut wurde.

Jonas Zakes Erfahrungen

Jonas Zake ist einer der wenigen, der bereits seit Längerem in Afghanistan arbeitet. Zake war direkt nach dem Politikstudium aufgebrochen. Teils aus Neugier, aber hauptsächlich aufgrund der Karriereaussichten hat er als Praktikant in einer deutschen NGO angefangen. Aus dem Praktikanten ist schnell ein Projektmanager geworden, mit ordentlichem Gehalt und regelmäßigen Heim- oder Urlaubsflügen. Hierüber erhoffte er sich den schnellen Aufstieg in einer internationalen Organisation, vorzugsweise den Vereinten Nationen. Nach zwei Jahren Kabul und der zunehmenden Verschlechterung der Sicherheitslage in der Stadt verflüchtigte sich selbst die Freude an der Party(sub)kultur, die sich dort unter Jung und Alt der Internationalen Gemeinschaft in den ersten sechs Jahren der Intervention herausgebildet hatte. Deshalb hat sich Zake für eine internationale NGO entschieden, die eine der Durchführungsorganisationen für das Nationale Solidaritätsprogramm (NSP) ist.

Das Programm versetzt flächendeckend alle ländlichen Gemeinden in die Lage, die dringendsten Infrastrukturprojekte vor Ort selbst zu definieren und mithilfe der durch die Regierung verwalteten, jedoch aus dem Ausland stammenden Finanzmittel zu realisieren. Bei dem NSP, dem Zake nun in seiner Funktion als Projektmanager verpflichtet ist, geht es darum, dass Gemeinden auf demokratische Weise lokale Räte wählen sollen, die Entwicklungsbedürfnisse definieren, für deren Realisierung dann die NGO zu sorgen hat. Zakes Vorgänger scheint seine Monate in Afghanistan hauptsächlich darauf verwendet zu haben, sich um einen besseren Job zu bemühen. So hat er vor Kurzem den Posten verlassen, weil er in Kenia etwas Vergleichbares gefunden hat. Manchmal beschleicht Zake, der selbst keine Kenntnisse der Landessprachen hat, das Gefühl, dass seine Mitarbeiter

Zerstörungen in Kabul, Aufnahme von 2002.

die Ziele und Prinzipien des NSP selbst nicht richtig verstanden haben; wie sollen es denn dann erst die lokalen Vertreter in den Gemeinden verstehen? Ein unangenehmer Gedanke.

Sind denn Ideen und Konzepte wie Demokratie und Geschlechtergleichheit überhaupt vermittelbar? Gerade was die Beteiligung von Frauen in den örtlichen Räten betrifft, reicht es Zake mittlerweile aus, wenn auf dem Papier weibliche Namen stehen: Wie die Entscheidungen zustande kommen und welche Rolle die Frauen dann tatsächlich auf den entsprechenden Versammlungen spielen, will er lieber gar nicht wissen, um das Projekt nicht zu delegitimieren und damit zu gefährden. Das NSP, das 2003 gestartet wurde, hinkt mittlerweile drei volle Jahre hinter dem ursprünglichen Zeitplan her. Der Druck von den Gebern auf Zake und seine Kollegen ist entsprechend hoch. Gleichzeitig sind sie mit einer immer größeren Unzufriedenheit in der Bevölkerung konfrontiert und somit dreifach gefordert – Mittel müssen abfließen, die Statistik braucht weitere NSP-Gemeinden, die Landbevölkerung verlangt nach Strom, Wasser, Schulen, Brücken usw.

Für Hohmann ist Zake der Experte, wenn es um direkte Begegnungen mit der afghanischen Landbevölkerung geht. Zake hatte das Glück, während seiner Anfangszeit in Afghanistan im

Frühjahr 2006 in verschiedene ländliche Gegenden zu kommen. Hohmann vermutet, dass Zake aufgrund dieser Erfahrung eine gewisse Aufgeschlossenheit und Empathie gegenüber der Bevölkerung mitbringt, die ihm – wenn er ehrlich ist – manchmal leichtsinnig erscheint. Die Ereignisse der letzten Jahre – etwa das Attentat auf dem Basar in Kundus im Mai 2007, das viele Menschenleben kostete – haben die Wahrnehmung der Internationalen verändert: Wem kann man noch trauen? Wie sich noch ohne Schutz guten Gewissens »unter das Volk« mischen? Zake schwärmt davon, wie gastfreundlich die Afghanen sind, und wie oft er zum Essen, Obst und Tee bleiben musste, selbst in den ärmsten Familien. Heute seien die Menschen, die man in den ländlichen Regionen trifft, weitgehend hoffnungslos und desillusioniert hinsichtlich der Perspektiven, die NGO-Vertreter versprechen, sagt Zake. Die Behauptung: »Hier waren schon so viele Leute, die immer ähnliche Fragen gestellt haben, immer haben wir alles erzählt, und nichts hat es uns gebracht«, wird dann häufig mit dem Nachsatz versehen: »Wir sind jetzt müde, haben zu tun und wollen uns nicht mehr mit euch abgeben.« Der Vorwurf, der darin mitschwingt, lässt sich für Hohmann aufgrund Zakes weiteren Schilderungen sehr gut nachvollziehen: Die Frustration gründet sich einerseits auf unprofessionelle Datenerhebungen, die doppelt und dreifach stattfinden, obwohl ihre Ergebnisse doch auch von Organisationen vor Ort sehr gut untereinander ausgetauscht werden könnten. Andererseits machen sich nicht gehaltene Versprechungen der NGOs – ob nun tatsächlich ausgesprochen, angedeutet oder nur durch Wunschdenken der Bevölkerung entstanden – und enttäuschte Erwartungen bemerkbar, denen jedenfalls nicht präventiv entgegengewirkt wurde.

»Lange«, sagt Zake in diesem Zusammenhang, »habe ich mit der Entscheidung gerungen, ob Teilnehmer an Fortbildungsmaßnahmen Tagegeld für ihre Bereitschaft, ›sich entwickeln zu lassen‹, bekommen sollen. Mittlerweile entscheide ich das fallspezifisch. Werden die Teilnehmer für die Dauer der Maßnahme an der Ausübung ihrer regulären Tätigkeit gehindert (z.B. Bauern bei der Feldarbeit), sodass ihnen dieses Einkommen entgeht, ist es nur angemessen, den Verlust zu kompensieren. Ebenso nachvollziehbar sind Kosten für Transport und Verpflegung.« Zake sei jedoch oftmals Zeuge gewesen, wie einzelne Organisationen deutlich überhöhte Pauschalsummen an Projektteilnehmer ausgezahlt hätten, was seiner Meinung nach zu einem weitgehend verzerrten Verständnis des internationalen Engagements vor Ort führe.

Hohmann steht momentan vor demselben Dilemma, wobei die Realität, wie er findet, immer noch um einiges komplexer ist: Nicht nur, dass er auf lokaler Ebene mobilisieren muss, um Bedarf und Interesse an Trinkwasserleitungen auszuloten. In seinen Zieldistrikten ist die Implementierung des NSP noch in vollem Gange. Praktisch heißt dies für ihn, dass er in einigen Gemeinden NSP-Räte als Ansprechpartner vorfindet, welche die dortigen Bewohner repräsentieren und sich bereit erklären, Hohmanns Projekt organisatorisch zu begleiten. Allerdings musste er jüngst feststellen, dass es auch viele Gemeinden gibt, in denen diese formal demokratisch gewählten Räte höchst umstritten sind, und man deshalb kaum von repräsentativen Organen sprechen kann. Mit wem sollte man in so einem Fall zusammenarbeiten? Schließlich gibt es noch die Gemeinden, in denen bislang keine NSP-Räte gewählt wurden, wo noch nicht einmal klar ist, was oder wer denn genau die Gemeinde ausmacht, geschweige denn wer ihre repräsentativen Vertreter sind. Sollte man in jeder Moschee nachfragen und sich informieren? Wenn dort jemand mit einem langen schwarzen Turban auftaucht, gehört er dann zu den Taliban? Wenn das Gästehaus, in dem man zum Tee und auf ein Gespräch eingeladen wird, als das eines einflussreichen örtlichen Führers vorgestellt wird, bin ich dann sicher? – fragt sich Hohmann.

Franz Hohmann als Einzelkämpfer

Hohmann fühlt sich als Einzelkämpfer. Der Verlust seines Dolmetschers Amanullah ist ein herber Rückschlag, obwohl er dessen Entscheidung, aufgrund des höheren Gehalts zu einer anderen NGO zu wechseln, nachvollziehen kann. Das rein materielle Kriterium macht es irgendwie leichter, diesen Stellenwechsel nicht persönlich zu nehmen. Wenn es nur einfacher wäre, Ersatz zu finden. Aus Kabul, wo es noch am ehesten qualifizierte Leute gibt, möchte keiner in die Provinz. Häufig scheut sich die kleine urbane Bildungselite auch vor dem Kontakt mit den einfachen Leuten, welche die Zielgruppe von Hohmanns Projekten darstellt. Amanullah hat für ihn nicht nur rein technische Übersetzungsarbeit erledigt; vielmehr war er Hohmanns wichtigste Orientierungshilfe im interkulturellen Umfeld, indem er ihm viele Hintergründe über das Verhalten und die Einstellung der Afghanen vermittelte.

So versteht Hohmann jetzt beispielsweise besser, dass die Darstellung der Afghanen in vielen Büchern, die er gelesen hat, hochgradig idealisiert zu sein scheint, und in der Realität kaum gemeinschaftliche Solidarität oder langfristiges »Entwicklungsdenken« anzutreffen sind. Gerade was Maßnahmen im Entwicklungssektor angeht, sieht Hohmann das Grundproblem zunehmend in der Vermittlung: Afghanen scheint nicht klar zu sein, dass ihr Brunnen oder die Schule vom deutschen Steuerzahler finanziert wird. Die unkonditionierten Nothilfemaßnahmen und Aktivitäten von NGOs während des Krieges haben die Wahrnehmung befördert, dass der Westen unendliche Gelder zur Verfügung hat und diese endlos nach Afghanistan hineinpumpen kann. Solange wir nicht darangehen, diese Nehmermentalität durch anders gesteuerte Anreize zu verändern, denkt Hohmann, kommen wir mit der Stabilisierung und dem Wiederaufbau nicht weiter.

Dennoch wird Franz Hohmann morgen früh wieder aufstehen und hoffen, durch sein Projekt die Entwicklung Afghanistans ein kleines Stück voranzubringen. Schließlich sind es Leute wie er, die dazu beitragen, langfristig positive Veränderungen durch die Projekte zu bewirken, so problematisch sich ihre Implementierung auch gestalten mag.

Katja Mielke und Conrad Schetter

Marinesoldaten des Mobile Protection Elements (MPE) der Fregatte »Karlsruhe« am 23. Dezember 2008 in Dschibuti. Seit September hatte die Europäische Union (EU) Anstrengungen unternommen, um gemäß Resolution 1816 (2008) des UN-Sicherheitsrates vom 2. Juni 2008, welche die Internationale Gemeinschaft zur Eindämmung der Piraterie vor der Küste Somalias auffordert, den Schutz des dortigen Schiffsverkehrs zu koordinieren. Am 8. Dezember entsandte die Union im Rahmen der Mission EU NAVFOR Somalia (Operation ATALANTA) zunächst französische und britische Kriegsschiffe in den Indischen Ozean. In den folgenden Monaten überwachten Kriegsschiffe das Seegebiet vor Somalia, wehrten mehrere Piratenangriffe auf Handelsschiffe u.a. durch den Einsatz von Soldaten der Marineschutzkräfte oder Bordhubschraubern ab, vertrieben die Angreifer oder setzten sie gefangen. Im September 2009 beteiligten sich acht EU-Staaten sowie Norwegen an ATALANTA.

Am 19. Dezember 2008 beschloss der Deutsche Bundestag eine Beteiligung der Bundeswehr mit bis zu 1400 Soldaten. Das vorerst bis Ende 2010 begrenzte Mandat deckt das Seegebiet und den Luftraum bis 500 Seemeilen vor Somalia und seinen Nachbarländern ab. Im Mai 2009 standen zeitweise drei Fregatten, zwei Versorgungsschiffe und ein Seefernaufklärer der Deutschen Marine im Einsatz. Seit Juni 2009 umfasst deren Auftrag auch den Einsatz von Vessel Protection Detachments (VPD) auf gefährdeten Handelsschiffen. Daneben führt die NATO seit August 2009 die Marineoperation OCEAN SHIELD zur Bekämpfung der Piraterie im Golf von Aden durch.

Piraterie auf See als Herausforderung für die Internationale Gemeinschaft

Der Welthandel wird vorwiegend auf dem Seeweg abgewickelt. Rohstoffe, Verbrauchsgüter, Maschinen: Vom deutschen Bier in Containern über Fabrikanlagen auf Schwergutschiffen bis hin zu Getreide, Rohöl oder Eisenerz auf riesigen Massengutfrachtern ist alles dabei. Luftfracht rechnet sich meist nur für hochwertige Artikel oder Güter, die schnell ankommen müssen. Der Warentransport mit Eisenbahn und LKW ist geografisch oft unmöglich oder zu teuer. Erst die Schifffahrt, an der deutsche Unternehmen global marktführend beteiligt sind, ermöglicht den Welthandel.

Die kürzeste Strecke zwischen den wichtigen Handelszentren in Fernost und Europa führt entlang des Horns von Afrika durch den Suezkanal. Somit liegt das Horn an einem der wichtigsten Handelswege der Welt. Zugleich gilt das Gebiet als eine der gefährlichsten Regionen für die Schifffahrt.

Seeverkehr durch das Rote Meer und den Golf von Aden

Am einfachsten lässt sich die wirtschaftliche Bedeutung des Seewegpunktes Horn von Afrika am südlichen Ende des Roten Meeres durch eine für die Gebührenberechnung erhobene Statistik des Suezkanals illustrieren. Im Jahr 2008 wurden fast 723 Millionen Tonnen Ladung durch den Kanal transportiert. Die Tendenz ist steigend; in den 1990er-Jahren lag das Volumen noch bei ungefähr 300 Millionen. Mit Abstand den größten Anteil des Suezkanalverkehrs bestreiten Containerschiffe mit gut einem Drittel der 21 415 Durchfahrten im Jahr 2008, gefolgt von Massengutschiffen und Tankern mit jeweils einem Fünftel.

Der Kanal bildet eine lebenswichtige Verbindung zwischen dem europäischen Wirtschaftsraum und Fernost. Etwa 60 Prozent des Suezverkehrs entstammt nord- und südeuropäischen Häfen oder ist für dort bestimmt. Am anderen Ende der Strecken liegen China, Japan und Korea, also Staaten, die zu den wichtigsten Handelspartnern Deutschlands zählen, und mit denen der Warenaustausch in den letzten Jahren stark zugenommen hat. Weitere Seewege, die am Horn von Afrika vorbeiführen, verbinden den Persischen Golf und Ostafrika mit Europa.

Auch das für die Weltwirtschaft notwendige Erdöl muss das Horn passieren. Gut 60 Prozent der sicher gewinnbaren Welterdölvorräte und etwa 40 Prozent der Welterdgasvorräte liegen in den Golfstaaten. 90 Prozent der Ölexporte aus dem Persischen Golf (etwa 15 Millionen Barrel am Tag) werden per Schiff abtransportiert. Die Tanker, die Öl und Gas nach Europa sowie nach Nord- und Südamerika bringen, umschiffen dabei das Horn von Afrika. Sie passieren es in nördlicher Richtung, wenn es zum Suezkanal oder zur Sumed Ölpipeline geht, die ebenfalls das Rote Meer und das Mittelmeer verbindet; in südlicher Richtung, wenn das Kap der Guten Hoffnung umrundet werden soll.

Die Passagierschifffahrt am Horn macht nur einen bescheidenen Anteil des Verkehrs aus. Im Roten Meer gibt es einige Fährverbindungen, beispielsweise zwischen Saudi-Arabien und Ägypten. Kreuzfahrtunternehmen bieten Fahrten von Ägypten

picture-alliance/Bildagentur Huber/Gräfenhain

Schlagader des maritimen Handelsverkehrs: Durch den Suezkanal wurden 2008 beinahe 723 Millionen Tonnen Fracht transportiert. Das Foto zeigt den Blick vom Hafen auf das Stadtzentrum Port Said, Unterägypten.

durch das Rote Meer zu den arabischen Städten am Persischen Golf oder auch Reisen zu den Seychellen, Komoren oder nach Madagaskar an. Doch das Schiffsaufkommen ist relativ gering: Im Jahr 2008 durchfuhren nur 80 Passagierschiffe den Suezkanal. Ihre Zahl läge sicherlich höher, wenn die Sicherheitslage in der Region besser wäre.

Die regionalen Handelsflotten bestehen – mit Ausnahme jener Saudi-Arabiens und Ägyptens – aus wenigen kleinen Einheiten unterschiedlichen Typs. Die Handelsflotten von Saudi-Arabien und Ägypten erreichen mit 62 bzw. 67 Einheiten (jeweils 2008) einen nennenswerten Umfang. Zum Vergleich: Deutsche Register erfassen derzeit knapp 400 Schiffe verschiedener Typen unter deutscher Flagge sowie fast 3000 Schiffe deutscher Eigner, die unter fremder Flagge fahren.

Häfen in der Region

Die Häfen am Horn von Afrika variieren hinsichtlich ihrer Ausstattung und Leistungsfähigkeit erheblich. In Somalia fehlt notwendige Infrastruktur weitgehend. Ladung muss mit schiffseigenem Gerät bewegt werden. Das gilt für Berbera ebenso wie für den Hafen Mogadischu, der nach mehreren Jahren Schließung im August 2006 von den Machthabern wieder für den internationalen Seeverkehr geöffnet wurde. Demgegenüber kann Salalah in Oman auf einen modernen Containerterminal, Liegeplätze für Stückgutfrachter und eine Ölpier zurückgreifen.

Früher einer der geschäftigsten Orte an der Strecke von Europa nach Indien und Fernost, versucht der Haupthafen Jemens, Aden, wieder an alte Zeiten anzuknüpfen. Der Komplex soll modernisiert werden. Er verfügt bereits über gute Containeranlagen ebenso wie über einen Öl- und einen Fischereihafen. Auch für die Bebunkerung (das Betanken) von Schiffen wird er genutzt. Jedoch behindert die starke Konkurrenz in Saudi-Arabien und Oman das Wachstum. Terroristische Anschläge auf das US-Kriegsschiff »USS Cole« im Jahr 2000 und auf den Tanker »Limburg« 2003 schreckten Reeder davon ab, Aden anzulaufen.

Einige Bedeutung als Stützpunkt für Handelsschifffahrt und Marine besitzt der Freihafen Dschibuti. Dieser interessan-

Der Küstenverkehr am Horn von Afrika

Der Seeverkehr am Horn von Afrika teilt sich im Wesentlichen in den Transitverkehr großer, stählerner Seeschiffe und den sehr traditionell betriebenen Küstenverkehr auf. Die Schiffstypen im Transitverkehr sind Tanker, große Containerschiffe, Schütt- und Stückgutschiffe sowie spezialisierte Fahrzeuge wie Kühl- und Kreuzfahrtschiffe. Sie passieren mit 15 bis 20 Knoten das Seegebiet am Horn von Afrika auf ihren langen Reisen, weil sie den Umweg um Afrika herum vermeiden wollen. Mit den Konflikten in der Region haben sie nur reaktiv zu tun. Ihre Kurse und Geschwindigkeiten sind über Stunden und Tage sehr konstant, jeder Hafenaufenthalt wird im Sinne der entstehenden Kosten optimiert.

Im Gegensatz dazu hat der regionale Küstenverkehr generell Abgangs- und Zielhäfen, die innerhalb des Einsatzgebietes des Koalitionsverbandes liegen, der seit Frühjahr 2002 am »Horn« patrouilliert (»Task Force 150«). Die hölzerne Dhau mit zwei Decks ist der am häufigsten anzutreffende Schiffstyp. Sie wird in dieser Gegend seit Jahrhunderten genutzt, ist breit gebaut, 15 bis 60 Meter lang und war traditionell mit einem »Lateinersegel« – einem dreieckigen Gaffelsegel – getakelt. Heute verfügen die meisten Dhaus über einen Dieselantrieb.

picture-alliance/dpa/Rainer Hackenberg

Dhaus in der Lagune von Sur, Oman.

Sie werden als Fischerboote, Frachter oder Fähren eingesetzt. Dabei fahren sie 4 bis 10 Knoten langsam, oft scheinbar ziellos und kreuzen regelmäßig die Kurse der Transitschiffe. Kapitän und Seeleute sind zumeist bitterarme Muslime, die sich ihren Lebensunterhalt so verdienen, wie es ihre Vorfahren seit Jahrhunderten getan haben. Als Fracht führen die Dhaus grundsätzlich alles mit, was handel- und transportierbar ist: Kleinbusse aus Saudi-Arabien, Matratzen aus Pakistan, Gewürze aus Oman, Vieh aus Somalia oder Weihrauch und Khat aus dem Jemen. In den letzten Jahren werden aber auch immer wieder Flüchtlinge aus Afrika auf ihrem Weg nach Arabien auf den Schiffen gefunden.

Die sozialen, hygienischen, nautischen und technischen Bedingungen an Bord sind für Mitteleuropäer unvorstellbar: Die Seeleute und ihre Passagiere laufen oft barfuß herum und haben größtenteils keine feste Koje. Der Proviant wird meist ungekühlt auf dem Oberdeck mitgeführt und dort am offenen Feuer zubereitet. Toiletten sind weitgehend unbekannt, manchmal ragen Plumpsklos über den Achtersteven. Dort sind darüber hinaus bisweilen auch Leinen angebracht, an denen die Wäsche der Besatzung im Kielwasser »gewaschen« wird. Zahlreiche Seeleute kauen Khat, um Hunger und Durst zu betäuben. An nautischer Ausrüstung sind normalerweise nur ein Magnetkompass, oft veraltete Seekarten und nur selten brauchbare Handbücher vorhanden. Über Radar verfügen einige dieser Schiffe, über Funk und GPS sowie Rettungs- und Signalmittel jedoch nur wenige. Die Kenntnis westlicher Sprachen ist meist nur rudimentär ausgeprägt, entsprechend schwierig gestaltet sich die Kommunikation mit Kriegsschiffen der Koalition.   *(ck)*

te Containerumladeplatz und Proviantierungsstandort stellt für den Staat Dschibuti eine der wichtigsten Einnahmequellen dar. Für das benachbarte landumschlossene Äthiopien, mit Dschibuti per Eisenbahn verbunden, ist er besonders zu Krisenzeiten, in denen Eritrea seine Häfen für äthiopische Ladung schließt, lebenswichtig.

Eritrea kann mit Massawa und Asab auf zwei größere Häfen zurückgreifen. Massawa hält mehrere Liegeplätze bereit, an denen vor allem Stückgut, trockenes Massengut und lebende Tiere verladen werden. Im Jahr 2003 wurde hier eine Freihan-

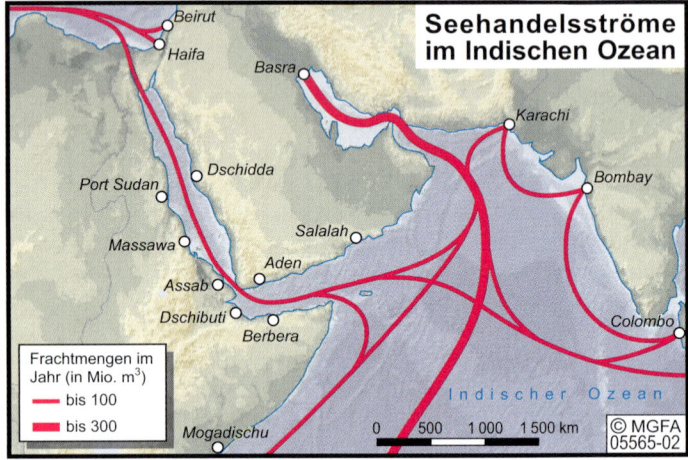

delszone ausgewiesen. Doch der Mangel an Arbeitskräften und die unsichere Elektrizitätsversorgung behindern den wirtschaftlichen Fortschritt. Asab liegt 450 km südöstlich und bietet zusätzlich Ölumschlageinrichtungen.

Wichtigster Hafen des Sudan ist Port Sudan, wo eine von China Ende der 1990er-Jahre in Betrieb genommene, 1600 Kilometer lange Ölpipeline endet, die Port Sudan mit den Ölfeldern im Süden des Landes verbindet. Zudem weist der Sudan, flächenmäßig der größte Staat Afrikas, reiche Bodenschätze auf. Insgesamt jedoch beschränkt die angespannte innenpolitische Lage den Außenhandel und somit die Bedeutung Port Sudans für die internationale Schifffahrt.

Dschidda übertrifft fast alle Häfen im Nahen Osten an Größe. Dort wird ein Großteil der Importe und Exporte Saudi-Arabiens abgewickelt. Dschidda bildet zugleich einen wichtigen Umschlagplatz für die Bündelung von Ladung zwischen Europa und Asien. Das Terminal verfügt über eine moderne Ausstattung und umfassende Werftanlagen. Der Bau eines dritten Containerumschlagplatzes wurde 2006 in Auftrag gegeben.

Insgesamt kommt den Häfen in der Region überwiegend örtliche Bedeutung zu oder sie spielen eine gewisse Rolle als Umlade- und Proviantierungsstandorte entlang der wichtigen Strecke zwischen Europa und dem Fernen Osten. Im eher dünn besiedelten Hinterland fehlen große Wirtschaftsräume, die einen intensiven Güterverkehr auslösen. Innenpolitische Probleme schränken mancherorts die technische Weiterentwicklung der Häfen und den wirtschaftlichen Fortschritt insgesamt zusätzlich ein.

Piraterie

Das internationale Seevölkerrecht definiert »Piraterie« bzw. »Seeräuberei« als rechtswidrige Gewalttat, die sich auf hoher See bzw. an einem Ort außerhalb der Jurisdiktion eines Küstenstaates abspielt. Ein Raubüberfall auf ein Schiff, das in unmittelbarer Küstennähe vor Anker oder in den Hoheitsgewässern eines Staates liegt, gilt also aus rechtlicher Sicht nicht als Piraterie. Im Augenblick des Überfalls mögen solche Feinheiten belanglos sein. Jedoch ergibt sich aus ihnen, welche Sicherheitsdienste aus welchem Staat Hilfe leisten müssen. Piraterie umfasst übrigens Delikte aller Art – vom einfachen Diebstahl von Ausrüstungsgegenständen bis hin zur Kaperung und Entführung von Schiff, Besatzung und Ladung.

Eine Ursache für die Verbreitung räuberischer Aktivitäten auf See waren schon immer die sozialen und wirtschaftlichen Bedingungen an Land. Diese spiegeln sich bisweilen auch im Zustand der Exekutive eines Staates wider. Unzureichende Ausrüstung der Polizei, Korruption und Erpressung können dazu führen, dass hoheitliche Aufgaben gar nicht oder nur mangelhaft wahrgenommen werden. In Sonderfällen, wie in Kriegs- und Bürgerkriegsgebieten, kommt es vor, dass die staatliche Ordnung gänzlich zusammenbricht.

Die überwiegende Zahl der Übergriffe und Beraubungen besteht aus Gelegenheitsstraftaten ohne hohe kriminelle Energie. Das Organisierte Verbrechen spielt nur in Einzelfällen eine Rolle. Zeitungsüberschriften wie »Seeräuber erobern die Weltmeere« verzerren die Wirklichkeit: 2008 wurden bei einer Welthandelsflotte von etwa 92 000 Schiffen nur 293 Überfälle oder versuchte Überfälle gemeldet, darunter fielen auch einfache Diebstähle von Ausrüstungsgegenständen.

picture-alliance/dpa/DB Eunavfor

Spektakulärer Fall von Piraterie: Am 4. April 2009 kaperten somalische Piraten das deutsche Containerschiff »Hansa Stavanger«, das sich auf dem Weg ins kenianische Mombasa befand, ca. 400 Seemeilen vor der somalischen Küste. Der Frachter und seine 24-köpfige internationale Besatzung wurden am 6. April in Richtung des Hafens Haradhere verschleppt, etwa 400 km nordöstlich der somalischen Hauptstadt Mogadischu gelegen. Eine vom Krisenstab des Auswärtigen Amtes geplante gewaltsame Befreiung der Geiseln durch Bundespolizei oder Bundeswehr kam nicht zustande. Die deutsche Fregatte »Mecklenburg-Vorpommern« näherte sich der »Hansa Stavanger« bis auf Sichtweite, konnte aber nicht eingreifen, weil die Piraten mit der Tötung ihrer Geiseln drohten. Nach langen Verhandlungen verließen die Entführer am 3. August 2009 das Schiff, nachdem die Reederei sich zur Zahlung von 2,75 Millionen US-Dollar bereit erklärt hatte. Das Foto vom 5. August zeigt die »Hansa Stavanger«, begleitet von der Fregatte »Brandenburg«, auf dem Weg nach Mombasa.

Gleichwohl gibt es Regionen, in denen sich Zwischenfälle ballen, und dies mit deutlich steigender Tendenz. Das Horn von Afrika zählt dazu. Weltweit verdoppelte sich die Anzahl der gemeldeten Piratenüberfälle im ersten Halbjahr 2009 gegenüber dem vergleichbaren Vorjahreszeitraum von 114 auf 240. Alleine auf den Golf von Aden und die Ostküste Somalias entfielen 86 bzw. 44 Zwischenfälle. Insgesamt enterten meist schwer bewaffnete Piraten 78 Schiffe, beschossen 75 und kidnappten 31 Wasserfahrzeuge, wobei sie mehr als 560 Besatzungsmitglieder als Geiseln nahmen. 19 Matrosen wurden verletzt, sieben entführt und sechs getötet. Nach sechs Besatzungsmitgliedern suchen die Behörden bis heute vergebens, sie gelten als vermisst. Das Auswärtige Amt ebenso wie etwa das IMB Piracy Reporting Centre (PRC) in Kuala Lumpur warnen vor dem sehr großen Risiko von Piratenangriffen und Kaperungen. Eine Registrierung beim Maritime Security Centre der internationalen Streitkräfte wird dringend empfohlen. Für Schiffe in der Region bedeutet das Warten auf Konvois und das Einhalten von Sicherheitsabständen zur Küste zusätzliche Reisetage. Für den Betreiber von Liniendiensten können Zusatztage den Einsatz zusätzlicher Schiffe – mit allen damit verbundenen Kosten – erfordern, sollen doch wöchentliche Verbindungen gewährleistet werden.

Verstärktes Sicherheitsbewusstsein ebenso wie die Präsenz internationaler Seestreitkräfte in der Region und die intensivierte Zusammenarbeit zwischen Handelsschifffahrt und »den Grauen«, den Marineeinheiten, zeigen zumindest teilweise Erfolg: Somalische Piraten verlagern ihre Operationsgebiete aus dem Golf von Aden in das südliche Rote Meer und an die Ostküste von Oman. Die Anzahl von Angriffen vor der somalischen Ostküste ging im Sommer 2009 deutlich zurück, Folge der internationalen Marinepräsenz ebenso wie widriger Witterungsbedingungen. Das Anlaufen somalischer Häfen und Küstengewässer ist allerdings für Handelsschiffe nach wie vor mit hohen Risiken verbunden.

Das Horn von Afrika liegt an einem der strategisch wichtigsten Verkehrswege des Welthandels. Der regionale Verkehr ist dabei eher begrenzt, obgleich einige Häfen eine bedeutende Rolle bei der Bündelung der Warenströme und der Proviantierung der Schiffe einnehmen. Die instabile Sicherheitslage in Somalia fördert noch die ohnehin bedrohlichen Überfälle auf die Schifffahrt. Dank der Präsenz internationaler Streitkräfte, etwa auch der Deutschen Marine, ist die Lage insgesamt sicherer. Von jedem Erfolg bei der Bekämpfung der Piraterie profitieren alle Beteiligten: Besatzungen, Reeder, Handel, Industrie und Verbraucher – und zwar auf der ganzen Welt.

L. Daniel Hosseus

Am 12. September 2001 erklärte die Nordatlantische Allianz erstmals in ihrer Geschichte den Bündnisfall. Fast zeitgleich klassifizierte Bundeskanzler Gerhard Schröder die terroristischen Angriffe auf New York – im Bild das brennende World Trade Center – und Washington als »Kriegserklärung gegen die gesamte zivilisierte Welt« und sicherte den Vereinigten Staaten Deutschlands »uneingeschränkte Solidarität« zu. Damit hatte der Kanzler die Weichenstellung auch für einen militärischen Beitrag zum US-geführten »War on Terror« vorgenommen.

Als Schröder nur wenige Wochen später die Mandatierung der deutschen Beteiligung zur Operation ENDURING FREEDOM (OEF) mit der Vertrauensfrage verbinden musste, um sich die Zustimmung der Regierungsfraktionen zu sichern, wurde der Unterschied zwischen deklamierter Bündnissolidarität und der tatsächlichen Bereitschaft offenkundig, diese auch durch den Einsatz von Streitkräften zu operationalisieren. In diesem Spannungsbogen nutzten seither unterschiedlich zusammengesetzte Bundesregierungen immer wieder die Ausgestaltung des deutschen OEF-Beitrages, das »Wie«, als Variable und Verhandlungsfeld, um die parlamentarische Zustimmung zum grundsätzlichen »Ob« zu erhalten. Im Gegensatz hierzu blieb die Beteiligung an der maritimen Operation ACTIVE ENDEAVOUR (OAE) bis heute ein unaufgeregtes Stiefkind des deutschen militärischen Beitrags zum Kampf gegen den internationalen Terrorismus.

Deutschlands militärischer Beitrag zum Kampf gegen den internationalen Terrorismus

Die Zielsetzung ihrer militärischen Reaktion auf die verheerenden Terrorangriffe des 11. September hatte die Regierung Bush mit Enduring Freedom auf eine griffige Formel gebracht. In einem Krisenbogen, der sich von der arabischen Halbinsel über Mittel- und Zentralasien bis nach Nordost-Afrika erstreckt, sollten Führungs- und Ausbildungseinrichtungen von Terroristen ausgeschaltet, diese bekämpft, gefangen genommen und vor Gericht gestellt sowie Sympathisanten dauerhaft von der Unterstützung terroristischer Aktivitäten abgehalten werden. Die am 7. Oktober 2001 begonnene Operation verfolgt das Ziel, extremistischen Gruppierungen ihre Bewegungs- und Handlungsfreiheit zu nehmen und sie mittel- bis langfristig so unter Druck zu setzen, dass ihnen die Ausplanung und Durchführung von Angriffen in den Dimensionen von New York und Washington unmöglich ist.

Bereits am Tag nach den Angriffen hatte der Sicherheitsrat der Vereinten Nationen die Terrorakte als Bedrohung für den Weltfrieden und die internationale Sicherheit qualifiziert. Mit der expliziten Bekräftigung des Rechts zur individuellen und kollektiven Selbstverteidigung stellte er auch das Vorliegen einer materiellen Angriffssituation fest. Seine bündnispolitische Entsprechung fand dieser Rückgriff auf Art. 51 der UN-Charta in der erstmaligen Erklärung des Bündnisfalls durch die NATO (12. September, präzisiert am 4. Oktober). Es handelte sich dabei um einen vorrangig politischen Akt, der auf Initiative der Allianz beruhte.

Unterstützt wird OEF jedoch nicht nur durch die Mitglieder der Nordatlantischen Allianz. So verweist das für die Operationsführung verantwortliche, in Tampa, Florida, ansässige U.S. Central Command (USCENTCOM) auf über 60 Koalitionspartner, von denen allerdings nur ca. 40 Nationen einen – qualitativ wie quantitativ sehr unterschiedlichen – militärischen Beitrag leisten. Umgekehrt bleibt die Bereitschaft der USA begrenzt, ihre Partner transparent und mitverantwortlich in die Operationsführung einzubinden. Bis heute besitzt ENDURING FREEDOM de facto den Charakter eines »we will call if we need you-war« der US-Streitkräfte. Die Führungsorganisation des Einsatzes ist an keiner Stelle mit den NATO-Strukturen verwoben.

Im Gegensatz hierzu erfolgt die Führung der Marineoperation OAE durch die dafür vorgesehenen militärischen NATO-Kommandobehörden. Die Entsendung der ständigen Marine-Einsatzverbände des Bündnisses (Standing NATO Maritime Group, SNMG) in das östliche Mittelmeer nach dem 11. September versteht sich ausdrücklich als Unterstützung für OEF zur See und begann bereits vor der »Schwesteroperation« am 6. Oktober 2001. OAE hat zum Ziel, den zivilen wie militärischen Schiffsverkehr vor terroristischen Angriffen zu schützen und besonders gefährdete Seewege zu überwachen. Einheiten des Bündnisses erhalten durch ihre Präsenz die stabile Sicherheitslage in einem Operationsraum aufrecht, der zunächst auf das östliche Mittelmeer beschränkt war. Im Februar 2003 wurde dieses Gebiet um das westliche Mittelmeer und die Straße von Gibraltar erweitert.

Der dort geografisch bedingten, besonderen Gefährdung durch terroristische Angriffe sollte mit der militärischen Eskortierung des Schiffsverkehrs begegnet werden. Die Teiloperation der Task Force Strait of Gibraltar in dieser kritischen Meerenge wurde im Mai 2004 wieder beendet. Nach der Ausdehnung des Operationsgebiets auf das gesamte Mittelmeer im März 2004 sind neben den Nationen des Mittelmeerdialogs sowie weiteren Partnerländern seit 2006 bzw. 2007 auch die Schwarzmeeranrainer Russland und Ukraine in OAE eingebunden. Dennoch wurde die vorgeschlagene Erweiterung des OAE-Operationsgebiets auf das Schwarze Meer durch die Allianz nicht weiter verfolgt.

Obwohl die Bundesregierung OAE zu Recht in einen inhaltlichen Zusammenhang mit OEF stellt, fanden die seit Oktober 2001 geleisteten deutschen OAE-Beiträge erst nach der Erweiterung des Einsatzes auf die Straße von Gibraltar und einer Veränderung der Einsatzaufgaben (2003) Aufnahme in das jährlich zu erneuernde Bundestagsmandat. Dieses bildet seitdem die nationale Rechtsgrundlage für die Durchführung beider Operationen.

Art und Umfang des deutschen Beitrags zu den Operationen Active Endeavour und Enduring Freedom

»Bündnisnormalität« spiegelt sich auch im Umfang der deutschen Beteiligung an ACTIVE ENDEAVOUR (eine Fregatte und/oder ein Tender) wider. Der Beitrag der Bundeswehr orientiert sich seit Operationsbeginn im Oktober 2001 an der generellen Ausplanung der jeweils eingesetzten Standing NATO Maritime Group (SNMG). Lageabhängig und zeitlich begrenzt werden deren Fähigkeiten u.a. auch durch deutsche U-Boote ergänzt. Darüber hinaus hatte die Bundeswehr für die Eskortieraufgaben durch die Straße von Gibraltar weitere Schnellboote und Tender eingesetzt. Je nach Aufgabenverteilung innerhalb der SNMG schwankt der personelle Umfang des deutschen Kontingents zwischen 25 und 250 Soldaten.

Seit Mitte 2008 entwickelt sich OAE zunehmend von einer plattform- zu einer netzwerkgestützten Operation weiter. Heute steht weniger die permanente physische Präsenz von Kriegsschiffen, sondern eher der komplexe Informationsaustausch über die Lageentwicklung in den betroffenen Seegebieten auch mit nicht-militärischen Organisationen und Nicht-NATO-Staaten im Mittelpunkt des Interesses. Zunehmend nutzen deutsche Einheiten Transfers, so etwa an das Horn von Afrika, um zeitlich begrenzt unter OAE-Mandat zu fahren und damit einen deutschen Beitrag zu leisten.

Wesentlich vielfältiger gestaltet sich der Anteil der Bundeswehr an der Operation ENDURING FREEDOM. Der bei der Erstmandatierung im November 2001 bewilligte Kontingentumfang von 3900 Soldaten hatte die Bereitstellung von Fähigkeiten zur ABC-Abwehr, zur sanitätsdienstlichen Versorgung, für die Durchführung von Operationen der Spezialkräfte und zum Lufttransport sowie von See- bzw. Seeluftstreitkräften und Unterstützungskräften vorgesehen. Unklar blieb damals, inwieweit es sich dabei um eine konkrete Anforderung seitens der US-Regierung, eine auf Arbeitsebene bereits vorabgestimmte Anfrage aus Washington oder ein Initiativangebot Berlins handelte. Die Bundesregierung hatte jedenfalls ein Paket geschnürt, das es immer

Deutsche und amerikanische Soldaten bei einer gemeinsamen ABC-Abwehrübung im Camp Doha, Kuwait, 4. März 2002.

picture-alliance/dpa/Yasser al-Zayyat

wieder ermöglichte, Umfang wie auch Art der OEF-Beteiligung flexibel außenpolitischer Erwartungshaltung und innenpolitischem Druck anpassen zu können.

Dass dabei selbst vorsichtiges Manövrieren zwischen den Klippen der Bündnissolidarität und der Abhängigkeit von Wählerstimmen dennoch ein hohes Risiko mit sich bringen kann, politisch zu stranden, zeigte exemplarisch die Debatte um den deutschen ABC-Abwehrverband im Vorfeld der Offensive IRAQI FREEDOM 2003. Hier hatte die Bundesregierung zunächst eine bündnispolitische »Neutralstellung« gewählt, indem sie eine hochspezialisierte Fähigkeit bereitstellte, die einerseits den USA hochwillkommen war, deren Profil jedoch ungeachtet der zunächst noch offenen deutschen Positionierung zur Irak-Frage stets als »defensive Fähigkeit« (Verteidigungsminister Rudolf Scharping) qualifiziert werden konnte. Allerdings erwies sich die Vorstationierung des deutschen Teilkontingentes im Februar 2002 im Camp Doha (Kuwait) als Bumerang, als Gerhard Schröder und sein Außenminister Joschka Fischer ab Sommer diesen Jahres versuchten, auf internationaler Bühne eine Gegenposition zur amerikanischen Interventionspolitik zu organisieren. Zwar erklärte der Bundeskanzler öffentlich, ein Abzug dieses Teilkontingentes im Falle eines amerikanisch geführten Feldzuges gegen Saddam Hussein läge »in der Konsequenz«. Intern gestand Schröder jedoch ein, dass ein deutscher Bundeskanzler »zwanzig Jahre lang« nicht nach Washington reisen könne, würde Deutschland seine Soldaten am Vorabend der Operation aus Kuwait zurückrufen. Zu diesem bündnispolitischen Eklat ließ es Berlin dann auch nicht kommen. Verteidigungsminister Peter Struck, der soeben sein Amt neu angetreten hatte, fand schließlich die argumentative Aushilfe der vom Mandat erfassten »humanitären Hilfe«, um die fortdauernde Stationierung des Verbandes zu begründen. Die ABC-Spezialisten, unmittelbar nach Kriegsbeginn bei einem irakischen Raketenangriff auf Kuwait im März 2003 einmal eingesetzt, wurden erst wenige Wochen nach dem offiziell erklärten Kriegsende im Sommer desselben Jahres rückverlegt.

Die inhaltlich und dem Umfang nach breite Rahmensetzung des OEF-Mandats diente in den Folgejahren auch der Großen Koalition immer wieder als Manövrierraum und Verhandlungsmasse, um trotz zunehmender Skepsis in Parlament und Öffentlichkeit durch schrittweise Zugeständnisse die mehrheitliche Zustimmung des Bundestags zur Fortführung des deutschen Engagements sicherzustellen. So beendete die Bundesregierung den Afghanistaneinsatz deutscher Spezialkräfte unter OEF-Mandat im Oktober 2005, nachdem die Kritik an der Operation zugenommen hatte und in der Öffentlichkeit (letztlich haltlose) Vorwürfe einer Misshandlung des Deutsch-Türken Murat Kurnaz durch KSK-Soldaten in Afghanistan erhoben worden waren. Und indem die Bundesregierung seit 2006 schrittweise die Mandatsobergrenze auf derzeit 800 Soldaten (Stand: 1. November 2009) reduzierte und die Möglichkeit des Spezialkräfteeinsatzes 2008 endgültig aus dem jährlich zu erneuernden Bundestagsmandat herausnahm, sollte dies den OEF-Kritikern Entgegenkommen demonstrieren und ihnen gleichzeitig die prinzipielle Zustimmung zur Fortsetzung des deutschen militärischen Engagements im Kampf gegen den internationalen Terrorismus »abkaufen«. Auch die mehrfach durch die Bundesregierung eingeführte, wenig plausible Koppelung zwischen einer Absenkung der personellen Obergrenze bei der deutschen OEF-Beteiligung und einer Anhebung beim ISAF-Mandat unterstreicht, dass die inhaltliche Ausgestaltung des OEF-Beitrags nicht selten eher politischem Kalkül als militärischen Überlegungen folgte.

Lediglich der deutsche Marineanteil an OEF bewegt sich seit Beginn der Operation mit festem Kurs und in vergleichsweise ruhigem politischem Fahrwasser. Seit Januar 2002 ist eine Task Force der Marine am Horn von Afrika sowie in den daran angrenzenden Seegebieten zur Seeraumüberwachung sowie zum Schutz der Verkehrswege gegen terroristische Angriffe eingesetzt (vgl. den Beitrag von L. Daniel Hosseus). Logistisch stützt sich

Bundeswehr/J.F. Holst

Blick aus dem Cockpit eines Hubschraubers vom Typ SEA LYNX auf die Fregatte »Emden«, 25. Mai 2008. Die »Emden« überwachte im Rahmen der Operation ENDURING FREEDOM das Arabische Meer und die Gewässer um das Horn von Afrika.

dieser Einsatz auf Dschibuti ab, bis Ende September 2003 starteten deutsche Flugzeuge vom kenianischen Flughafen Mombasa aus. Die Bundeswehr beteiligt sich an der maritimen OEF-Teiloperation in wechselndem Umfang mit Fregatten, Schnell- und Minensuchbooten, dem Flottendienstboot, Versorgungseinheiten sowie Seefernaufklärern. Die Zusammensetzung des deutschen Beitrags ändert sich im vier- bis sechsmonatigen Rhythmus. Regelmäßig steht der internationale Marineverband am Horn von Afrika (Task Force 150) auch unter deutschem Kommando (vgl. den Beitrag von Bernhard Chiari, Von der Escort Navy).

Ausblick

Acht Jahre nach den Anschlägen vom 11. September 2001 und mit Beginn der neuen Legislaturperiode stellt sich die Frage nach der weiteren deutschen militärischen Beteiligung am Kampf gegen den internationalen Terrorismus. Unumstritten bleibt sicherlich die Fortführung der Operation ACTIVE ENDEAVOUR. Diese erfüllt ihre – zugegebenermaßen begrenzten – operationellen Ziele und wird mit der Einbindung von Nicht-NATO-Staaten auch ihrem explizit militärpolitischen Zweck gerecht. Mit ihrem neuen Einsatzkonzept ist ACTIVE ENDEAVOUR zudem ausgesprochen »ressourcenfreundlich« angelegt. Hier steht in absehbarer Zeit lediglich die Entscheidung an, ob es für die weitere Beteiligung noch eines Bundestagsmandats (Kriterium: bewaffneter Einsatz) bedarf.

Im Gegensatz hierzu kommt der Frage nach dem weiteren deutschen OEF-Engagement unverändert hohe politische Brisanz zu. Das Mandat diente in den vergangenen Jahren immer wieder als »Steinbruch«, um mit Zugeständnissen beim ungeliebten, »bösen« OEF-Einsatz Entgegenkommen für die Ausgestaltung der »guten« ISAF-Mission bzw. die generelle Zustimmung zur Fortsetzung des OEF-Mandats zu erwirken. Das im Herbst 2008 verabschiedete Bundestagsmandat weist nun sowohl in Umfang wie auch inhaltlich, beim »Wie«, kaum noch Verhandlungsspielraum auf. Die frisch ins Amt gewählte Bundesregierung wird sich daher mit einer grundsätzlichen Diskussion um eine Fortführung des deutschen OEF-Beitrages, dem »Ob«, konfrontiert sehen. Dies geschieht zu einem Zeitpunkt, zu dem die US-Regierung konzeptionell wie begrifflich vom »War on Terror« abrückt, ihre Anstrengungen im Rahmen der OEF in Afghanistan in das ISAF-Engagement integriert und sich die internationale maritime Operationsführung am Horn von Afrika zunehmend auf die Bekämpfung der Piraterie konzentriert.

Aus operationeller Sicht gäbe es sicherlich Argumente, die internationale Akzentverschiebung von der Terrorismus- zur Piraterriebekämpfung nach- oder mitzuvollziehen. Anführen ließen sich beispielsweise eine klare Schwerpunktsetzung zugunsten der derzeit offensichtlicheren Bedrohung sowie effektivere Einsatzregeln. Dennoch ist auch von der konservativ-liberalen Bundesregierung eine Fortführung des deutschen OEF-Beitrages zu erwarten. Neben der Notwendigkeit, den Abschreckungseffekt im Sinne des ursprünglichen Operationsziels langfristig aufrechtzuerhalten, dürften hierfür allerdings vorrangig militärpolitische Aspekte den Ausschlag geben. Eine Beendigung des deutschen Engagements im Rahmen der OEF oder auch dessen Reduzierung auf die Gestellung von Verbindungskommandos zu den verantwortlichen US-Hauptquartieren würden die Vereinigten Staaten als neuerliches Zeichen deutschen bündnispolitischen Wankelmuts interpretieren. Einer Bundesregierung, die sich im Koalitionsvertrag die Stärkung des deutsch-amerikanischen Vertrauensverhältnisses auf die Fahnen geschrieben hat, kann hieran nicht gelegen sein.

Christian Freuding

Der Beitrag gibt ausschließlich die persönlichen Ansichten des Verfassers wieder und berücksichtigt die Entwicklungen bis Ende Oktober 2009.

Nach dem Zweiten Weltkrieg entwickelten sich zwei deutsche Staaten mit unterschiedlichen politischen und gesellschaftlichen Systemen. Die nationalsozialistische Vergangenheit und der Ost-West-Systemkonflikt blockierten die Übernahme außen- und sicherheitspolitischer Verantwortung durch die Bundesrepublik Deutschland und die Deutsche Demokratische Republik im Rahmen militärischer Einsätze. Das Ende des Kalten Krieges brachte für Deutschland zwei wichtige Zäsuren: die Vereinigung der beiden deutschen Staaten und die Auflösung des Warschauer Paktes.

Der Zusammenfall beider Ereignisse führte zu einer Neudefinition der NATO als politisches und militärisches Bündnis. Ohne Zweifel waren die gravierenden Veränderungen für Deutschland im Ergebnis positiv. Auch für die Bundeswehr brachten sie einschneidende Herausforderungen. Die NVA wurde aufgelöst, deren Personal und Material zum Teil in die Bundeswehr integriert. Gleichzeitig entwickelte man, wie auch die NATO dies tat, die nationalen strategischen und operativen Konzepte weiter und passte sie an die neue Realität an. Schließlich brach in Jugoslawien auch noch ein Bürgerkrieg aus: Das Foto zeigt den damaligen Bundesverteidigungsminister Volker Rühe am 13. Dezember 1996 im Bonner Bundestag mit Generälen seines Stabes. Der Bundestag billigte im Verlauf der Debatte mit breiter Mehrheit die deutsche Beteiligung an der neuen internationalen Bosnien-Friedenstruppe SFOR und nahm damit erstmals in der Geschichte der Bundeswehr eine direkte Verwicklung deutscher Soldaten in Kampfhandlungen in Kauf.

Die Bundeswehr auf dem Weg zur »Armee im Einsatz«

Nach 1990 machten die dramatisch veränderten politischen Rahmenbedingungen für Deutschland in mehrfacher Hinsicht eine Neudefinition seiner eigenen Rolle erforderlich. Der schlafende europäische Riese erwachte und kehrte auf die Weltbühne zurück. Gerade im Hinblick auf die Mitgliedschaften in den supranationalen Organisationen wurde dies mehr als deutlich: Das vereinigte Deutschland etikettierte sich zunächst selbst als Friedensmacht und beansprucht seither einen ständigen Sitz im Sicherheitsrat der Vereinten Nationen. In der Vergangenheit hatte die NATO-Mitgliedschaft vor allem dem Schutz vor der Sowjetunion gedient. Diese Aufgabe entfiel mit der Selbstauflösung des Warschauer Paktes. Bislang hatte die Bundesrepublik als Sicherheitsimporteur maßgeblich von der NATO profitiert, in den 1990er-Jahren wurde dagegen aus dem bisherigen Nutznießer ein – zunächst widerwilliger – Exporteur von Sicherheit.

Die außenpolitischen Veränderungen wirkten sich auch auf die innenpolitischen Verhältnisse aus. Die Gesellschaft der Bundesrepublik musste, anfangs widerstrebend und mit fast naivem Desinteresse, ihren Wehrwillen und ihre Wehrmotivation über die Landesverteidigung hinaus auf Interventions- und Stabilisierungsmissionen ausrichten. Dabei schien weniger das fundamental veränderte politische und militärische Umfeld die Öffentlichkeit zu bewegen, vielmehr standen vergangenheitspolitische und ethische Implikationen im Vordergrund. Teils stark emotional geführte Diskussionen offenbarten, dass auch nach mehr als 35 Jahren ein nicht unerheblicher Teil der Bevölkerung immer noch keinen Frieden mit ihren Streitkräften schließen konnte. Die damalige politische Leitung und militärische Führung entschloss sich vor diesem Hintergrund, einen Prozess der schrittweisen Gewöhnung an »Out-of-area-Einsätze« einzuleiten.

Das neue militärische Engagement außerhalb Deutschlands brachte nicht nur politische, soziale und moralische Belastungen, sondern ebenso nicht unwesentliche finanzielle Bürden. Neben der Entwicklungshilfe und den Mitgliedsbeiträgen an internationale Organisationen kam der Steuerzahler nun zudem für die Auslandseinsätze der Bundeswehr auf – auch wenn die Kosten aus dem Verteidigungshaushalt selbst erwirtschaftet werden mussten. Die Bundeswehrstärke ging seit 1990 kontinuierlich zurück, und die Höhe der zugewiesenen Finanzmittel reduzierte sich in den 1990er-Jahren erheblich, um erst Jahre später wieder leicht anzusteigen. Die Bundeswehrführung hatte somit kaum finanzielle Spielräume für höhere Investitionen, vielmehr schränkte die prekäre Lage die strategischen Fähigkeiten, operativen Möglichkeiten und taktischen Manövrierräume noch zusätzlich ein. Deutschland stand nach 1990 außen- und sicherheitspolitisch an einem Scheidepunkt.

Von der »alten« zu einer »neuen« Bundeswehr

Bis 1989/90 waren die politischen und militärischen Lager in der Welt eindeutig festgelegt. Zwar bestand während des Kalten Krieges mehrfach die Gefahr eines konventionellen und atomaren Krieges zwischen den Machtblöcken, aber stets beschwor das militärische Gleichgewicht die endzeitliche Vision der potenziellen eigenen Vernichtung herauf. Gewaltsame regionale Konflikte oder Stellvertreterkriege wurden in Afrika oder Asien, aber nicht mehr in Europa geführt. Hier herrschte eine stabilisierende Pattsituation, die den Krieg auf die weithin unsichtbare Ebene der Geheimdienste verlagerte. Die Bundesrepublik und die DDR arrangierten sich in einer phasenweise mehr oder weniger distanzierten Koexistenz.

Mit dem Ende dieser Ära und der Vereinigung beider deutschen Staaten änderte sich die Situation der Bundesrepublik in fast sämtlichen Politikfeldern und Lebensbereichen. Auch eine uneingeschränkte Übernahme der Verantwortung aus der Vergangenheit war damit verbunden. Die »Kohl-Doktrin« schrieb fest, keinen Einsatz deutscher Streitkräfte in den Ländern zu leisten, in denen nationalsozialistische Organisationen und die Wehrmacht während des Zweiten Weltkrieges gewütet hatten. Diese an der unseligen deutschen Vergangenheit orientierte Verhaltensweise sollte den europäischen Nachbarn wie der restlichen Welt demonstrieren, dass sich Deutschland seiner Verantwortung bewusst war und kein unnötiges Misstrauen durch neue militärische Kraftdemonstrationen erzeugen wollte.

Die sicherheitspolitische Situation in den 1990er-Jahren bestimmten vier Akteure: zum einen die Vereinten Nationen, die sich hauptsächlich in der Rolle der Friedenswahrung und der Erhaltung eines Status quo sahen; zum anderen die Europäische Union/WEU, die einen europäischen Beitrag bei der Konfliktlösung anstrebten. Kontaktgruppen fungierten als Konsultationsgremien, und schließlich übernahm die NATO im Wesentlichen die Durchsetzungsoptionen, um stabilisieren und intervenieren zu können. Deutschland war bei den Auslandseinsätzen der Bundeswehr Mitglied in allen Gremien und beteiligte sich intensiv an den Entscheidungsprozessen wie auch an den Durchsetzungsoptionen für die jeweiligen Krisengebiete.

Der Kosovo-Krieg als erneute Zäsur

Der Dayton-Vertrag von 1995 beendete zwar den Krieg in Bosnien und Herzegowina. Er schrieb aber auch in gewissem Maße die Grenzlinien ethnischer Säuberungen fest. Zudem klammerte man absichtlich das Kosovo aus den Verhandlungen mit den Bürgerkriegsparteien aus. Ein positiver Verlauf der Implementierung und Stabilisierung in Bosnien würde sich, so die Hoffnung, auch auf die serbische Unruheprovinz auswirken. Das mindestens seit 1980 eskalierende Kosovo-Problem blieb jedoch bestehen (zur Entwicklung in Bosnien, Herzegowina und Kosovo vgl. die Beiträge von Agilolf Keßelring). Die Folge war 1999 ein Krieg der NATO ohne UN-Mandat gegen die damalige Bundesrepublik Jugoslawien, die nur noch aus den Republiken Serbien und Montenegro bestand. Die Angriffe wurden von der Propaganda einer ausgedehnten Informations- und Medienkampagne eingeleitet und begleitet. Nach einem mehrwöchigen Luftkrieg, der vor allem die Infrastruktur Serbiens zerstörte, akzeptierte der jugoslawische Präsident Slobodan Milošević schließlich NATO-Truppen im Kosovo. Nach den umfangreichen militärischen Operationen im Rahmen der IFOR und SFOR in Bosnien zeigte sich die NATO innerhalb kurzer Zeit zu einem weiteren

picture-alliance/dpa/epa Srdjan Suki

Umstrittener Einsatz: Die Luftschläge der NATO, die die jugoslawische Regierung zum Rückzug aus der Provinz Kosovo bewegen sollten, trafen auch die Zivilbevölkerung. Einwohner von Belgrad versuchten, als lebender Schutzwall die zentrale Brücke über die Save vor der Zerstörung zu bewahren.

Interventions-, Implementierungs- und Stabilisierungseinsatz fähig. Und die Bundeswehr zählte nach der U.S. Army erneut zu den größten Truppenstellern, beteiligte sich diesmal jedoch von Beginn an am Luftkrieg und dann mit Kampfverbänden an Bodenoperationen. Die Übernahme eines eigenen Verantwortungsbereiches, einer »Area of Responsibilty« (AOR), trug diesem politischen und militärischen Gewicht innerhalb der NATO und in der Internationalen Gemeinschaft Rechnung.

Die neuen Einsätze erforderten eine Veränderung der außenpolitischen Orientierung. Die zunächst Anfang der 1990er-Jahre als Richtlinie geltende »Kohl-Kinkel-Doktrin« wurde durch den Anpassungsprozess mit IFOR und SFOR zu einer »Schröder-Fischer-Doktrin« bei KFOR. Die Begründung, dass es keinen Einsatz der Bundeswehr an den Orten geben könne, an denen Verbrechen des Nationalsozialismus verübt worden waren, veränderte sich zu einem Einsatz dort, wo ein Völkermord drohte oder bereits im Gange war. Zu beiden Orientierungen äußerte sich Bundeskanzler Gerhard Schröder 1999 in den Medien auf die

Frage, ob man deutsche Truppen in Regionen schicken dürfe, in denen Deutsche im Zweiten Weltkrieg grausam gewütet hatten: »Dass wir es nicht dürfen, ist eine These, die ich sehr ernst nehme. Aber für mich gilt das umgekehrte Argument: Weil wir dort in der Tat verbrecherisch tätig gewesen sind, ist es auch eine besondere Verantwortung der Deutschen, sich für die Menschenrechte, gegen Deportationen, gegen Brutalitäten einzusetzen. Unsere Vergangenheit, in der wir für die falschen politischen Ziele interveniert haben, gebietet für mich, dass wir nicht abseits stehen, wenn andere für die richtigen Ziele eintreten.«

Noch während des Zweiten Golf-Kriegs 1991 herrschte ein nationaler Konsens darüber, dass der Einsatz von Bundeswehrsoldaten außerhalb des Bündnisgebietes, noch dazu im Rahmen von Kampfhandlungen, nicht infrage kommen sollte. Der Kosovo-Krieg umfasste dagegen alle Optionen, selbst eine bewaffnete militärische Interventionsoperation innerhalb der NATO. Der hauptsächlich von der politischen Linken in Deutschland vorgetragene Vorwurf, es handele sich bei dem Kosovo-Krieg um einen Verstoß gegen geltendes Völkerrecht und eine kriminelle Handlung, offenbarte einen tief gehenden Dissens. Die NATO wurde im öffentlichen Diskurs nicht selten mit Westdeutschland und die Bundesrepublik Jugoslawien mit der ehemaligen DDR gleichgesetzt. Die entsprechende Analogie lautete: So wie die Treuhandgesellschaft die DDR zerschlagen habe, so zerschlage nun die NATO Restjugoslawien. Die Diskussion offenbarte, dass ein nationaler Kriegskonsens nur über humanitäre Ziele zu erreichen war. »Völkermord«, »Deportationen«, »Konzentrationslager«, »Hufeisenplan« oder alte nationale Vorurteile wurden genauso aktiviert wie eine »humanitäre Rechtfertigungsebene« oder eine »humanitäre Intervention«, die sich angeblich aus dem Völkerrecht ableiten ließen. Öffentliche und politische Debatten bestätigten, dass die Vergangenheitsbewältigung der Deutschen noch lange nicht abgeschlossen war. Die politischen Entscheidungsträger hegten begründete Zweifel, ob es gelänge, die deutsche Bevölkerung auf ihrem neuen außenpolitischen Weg mitzunehmen. Gleichwohl war die außen- und besonders die bündnispolitische Konstellation seit 1993 bereits eindeutig auf Teilhabe an der globalen Verantwortung wie an den entsprechenden Lasten ausgerichtet: Dem noch Anfang der 1990er-Jahre

Genozid – Völkermord

Die Bezeichnung Genozid, gebildet aus Griechisch génos (Herkunft, Abstammung, Volk) und Lateinisch caedere (hinmetzln, morden), wurde erstmals 1943 vom polnischen Anwalt Raphael Lemkin für einen Gesetzesentwurf zur Bestrafung von nationalsozialistischen Verbrechen an den europäischen Juden verwendet. Lemkin bezog sich dabei auch auf den Völkermord an den Armeniern im Osmanischen Reich während des Ersten Weltkriegs. Heute ist Völkermord ein im Völkerstrafrecht sowie in nationalen Rechtsordnungen verankerter Tatbestand. Eine am 12. Januar 1951 in Kraft getretene Konvention der UNO (beschlossen am 9. Dezember 1948) behandelt die Verhütung und Bestrafung des Völkermordes. Sie beschreibt als Genozid solche Handlungen, die nationale, ethnische, rassische oder religiöse Gruppen ganz oder teilweise zerstören sollen. Dazu zählen die direkte Gewaltanwendung, aber ausdrücklich auch die Auferlegung existenzbedrohlicher Lebensbedingungen, die Verhinderung von Geburten oder die Verschleppung von Kindern. Um den Tatbestand des Völkermords zu erfüllen, ist bereits die nachgewiesene Absicht ausreichend. *(bc)*

international geäußerten Verdacht des Mangels an Bündnistreue wollte sich das vereinigte Deutschland nicht mehr aussetzen, auch wenn nicht wenige Bürger des Landes die Militäreinsätze kritisch sahen oder ganz ablehnten.

Überlegungen über die neue Rolle der Bundesrepublik waren Teil einer breiteren, international wie national geführten Auseinandersetzung. Mit der Bundeswehr sollte und wollte man weltweit Verantwortung übernehmen. Der ehemalige Berater von US-Vizepräsident Richard Cheney, Robert Kagan, charakterisierte jedoch mangelnde europäische militärische Fähigkeiten und damit auch den deutschen Beitrag provokant: »Americans are from Mars and Europeans are from Venus.« Ähnlich kommentierte der renommierte Politologe John Petersen in der Überschrift eines Aufsatzes die Schwäche Europas: »America fights the wars, Europe does the dishes?«

Was die Deutschen und die Bundeswehr angeht, so mögen diese Bewertungen zum Teil aus amerikanischer Perspektive durchaus zutreffen. Jedoch muss eine Armee im Hinblick auf ihren Auftrag gemessen werden, und dieser wird in der Bundesrepublik Deutschland von der Bundesregierung vorgegeben und vom Deutschen Bundestag bestätigt. Die Soldaten der Bundeswehr konnten zweifellos schon während des Bürgerkrieges im ehemaligen Jugoslawien kämpfen. Denn sie wurden ausgebildet, um kämpfen zu können. Freilich durften und sollten sie es nicht, um vor allem die eigenen Verluste zu minimieren und die Bürger behutsam an die Wirklichkeit heranzuführen. In der Bundesrepublik Deutschland war es notwendig, über den Umweg des »Helfers in Uniform« auch wieder den »Kämpfer« zu etablieren. Schließlich können aber selbst auf dem militärischen Sektor die USA nicht ohne die Europäer und die Europäer schon gar nicht ohne die USA erfolgreich intervenieren. Beide bilden sowohl im Kampf als auch in der Durchhaltefähigkeit eine Art von Symbiose.

Anfangs wurde IFOR auf zwölf Monate ausgelegt, SFOR dann auf 18 Monate und immer wieder verlängert, um schließlich im Jahr 2004 mit der Operation ALTHEA der EU die Verantwortung für Bosnien-Herzegowina zu übertragen. Nunmehr engagiert sich Deutschland dort seit fast 15 Jahren militärisch, und ein Ende ist immer noch nicht in Sicht. Gleiches gilt für das Kosovo und für Afghanistan. Dort, wo nachhaltig interveniert, implementiert, stabilisiert und aufgebaut werden soll, kann eine »Exit Strategy« nur auf Jahre angelegt sein. (Für den überschaubaren

Ein deutscher Kampfpanzer LEOPARD passiert am 12. Juni 1999 im kosovarischen Han i Elezit (serb.: Djeneral Janković) die mazedonisch-jugoslawische Grenze.

picture-alliance/dpa/epa Licovski

Einsatz im Kongo 2006 galten andere Prämissen: Von einer nachhaltigen Stabilisierung, die nicht beabsichtigt worden war, konnte dort auch keine Rede sein. Vgl. den Beitrag von Magnus Pahl.) Militärisch-strategische Fähigkeiten allein garantieren beileibe keine Durchhaltefähigkeit, wenn sie nicht von einer Mehrheit der Gesellschaft getragen werden. Auch operative und taktische Maßnahmen stoßen schnell an ihre Grenzen, wenn sie nicht in ein gesamtstrategisches Konzept eingebettet sind. Dies wiederum umfasst vor allem eine gleichermaßen zivile wie militärische »Exit Strategy« und damit eine politische Gesamtaufgabe.

Immer wieder stellen die Medien die Frage, ob denn der Aufwand des militärischen Einsatzes dessen Nutzen lohne. Meist wird mit Blick auf militärische Operationen vorschnell resümiert, dass gemessen an den Kosten wenig Sichtbares herausgekommen sei. Ein auf den ersten Blick unschlagbares Argument, das aber schon in der Grundannahme hinkt. Moderne multinationale militärische Operationen haben niemals den Auftrag, den strukturellen und infrastrukturellen Wiederaufbau des Einsatzlandes zu gewährleisten. Vorgesehen sind lediglich – ohne daraus jedoch einen einklagbaren Automatismus ableiten zu können – begleitende und unterstützende Maßnahmen für zivile staatliche und nichtstaatliche Organisationen. Im Fall der zivilen Aufbauleistungen wäre die Kosten-Nutzen-Rechnung viel eher anzustellen.

Bei IFOR beispielsweise war die Aufgabe der in das ehemalige Jugoslawien entsandten Truppenteile, die Kräfte der multi-

Gespaltene Gesellschaft: Friedensaktivisten demonstrieren am 22. März 2008 beim traditionellen Ostermarsch in München.

nationalen Friedenstrupppe zu unterstützen. Die Beteiligung von IFOR-Truppenverbänden am Wiederaufbau war weder national noch im NATO-Rahmen vorgesehen, mehr noch durfte die Friedenstruppe nicht mit Aufgaben überlastet werden, die den zivilen Kräften zugerechnet wurden. Dies galt im Übrigen auch für »humanitäres Minenräumen«, das allein in der Verantwortung ziviler Organisationen und Unternehmen lag: Das deutsche IFOR-Kontingent beseitigte Minen hauptsächlich zum Eigenschutz.

Der militärische Auftrag der IFOR oder SFOR lautete, weitgehend stabile Rahmenbedingungen für die Arbeit der zivilen Organisationen herzustellen. Sicherheitsproduktion und Rüstungskontrolle konnten jedoch nicht so einfach medienwirksam präsentiert werden wie beispielsweise der Bau einer neuen Schule oder ein frisch gebohrter Brunnen. Moderne militärische Operationen der Bundeswehr waren hingegen nicht human, sie waren selten sichtbar produktiv und vor allem nicht billig – weder finanziell noch an menschlichen Verlusten. Wer Militär einsetzt, um außenpolitisch Macht zu projizieren, der nimmt nun einmal auch Verluste in Kauf.

Zusammenfassung

Das Koordinatensystem in der Bundesrepublik Deutschland, in der NATO und in der Bundeswehr veränderte sich in den 1990er-Jahren grundlegend: von der postheroischen Gesellschaft der alten Bonner zur neoheroischen der neuen Berliner Republik, von einem Beistandsbündnis im Kalten Krieg zu einer Interventionsallianz, von Ausbildungs- und Defensivstreitkräften zu einer internationalen Eingreif- und Stabilisierungstruppe. Die Bundeswehr schaffte den Sprung von der »kollektiven Verteidigung« zur »kollektiven Sicherheit«. Ihr blieb im gewandelten internationalem Umfeld auch nichts anders übrig, da nur die Wahl zwischen »Out of area« oder »Out of business« bestand.

Wenn auch die Thesen Kagans einer gewissen Logik folgen, so fehlt ihnen doch eine Auseinandersetzung mit der veränderten Rolle moderner Streitkräfte. Natürlich müssen Soldaten kämpfen können, aber dies ist nur eine Seite der Medaille. Es stellt sich vielmehr die Frage, was nach dem unmittelbaren Kampf kommt.

Den kleinen oder asymmetrischen Krieg gibt es nicht erst seit Kurzem. Auf den Kaiser der Franzosen Napoléon Bonaparte, dessen »Grande Armée« in Spanien in einem Guerillakrieg hohe Verluste erlitten hatte, geht der Spruch zurück: »Krieg ist leichter angefangen als beendet.« Moderne Streitkräfte müssen im Rahmen von multinationalen Militäreinsätzen genauso wie internationale Organisationen zur Prävention (Konfliktverhütung), Intervention (Konfliktbewältigung) und Postvention (Konfliktnachsorge: Stabilisierung, Wiederaufbau) fähig sein. So gesehen bringen die US-Streitkräfte und ihre europäischen Bündnispartner, hier vor allem die Bundeswehr, gleichsam symbiotische Fähigkeiten ein. Alle Seiten müssen aber in der Lage sein, die Rolle des anderen zumindest in Teilen übernehmen zu können.

Im Ergebnis bleiben die Teilhabe an politischen Entscheidungen sowie eine gerechte und den jeweiligen Fähigkeiten entsprechende Lastenteilung der zentrale Bündniszweck. In das Zentrum rücken jedoch zunehmend wieder die militärischen Fähigkeiten von Streitkräften, was eine große deutsche Tageszeitung für den deutschen Fall wie folgt sarkastisch umschreibt: »Jahrzehntelang sollte die Bundeswehr kämpfen können, um niemals kämpfen zu müssen. In Zukunft droht der Armee das Gegenteil: Kämpfen zu müssen, ohne es zu können.«

Für die Bundeswehr begann in den 1990er-Jahren die »Stunde der Wahrheit« zu schlagen; sie brachte auch vitale Veränderungen mit sich. Die Wandlung der außen- und innenpolitischen Prämissen erforderte eine neue Ausrichtung der Streitkräfte. Vier wesentliche Voraussetzungen dieser Dekade gilt es daher festzuhalten. Erstens war die Bundeswehr zu Beginn der 1990er-Jahre eine reine Verteidigungsstreitkraft innerhalb des NATO-Bündnisses, die aufgrund des bis dahin gültigen Aufgabenspektrums über sehr eingeschränkte strategische Fähigkeiten verfügte. Damit waren auch die operativen Möglichkeiten und die Durchhaltefähigkeit außerhalb der Landesgrenzen mehr als begrenzt. Erst mit der Anpassung der deutschen Außenpolitik an die neue Rolle im internationalen Machtgefüge mussten sich zweitens auch das Auftragsspektrum und das Fähigkeitsprofil der Bundeswehr wandeln. Die Verbrechen des nationalsozialistischen Regimes fungierten bei der außenpolitischen Standortbestimmung als Paradigma. Zwischen 1990 und 2000 entwickelte sich die Bundeswehr drittens von Krisenpräventions- über Krisenpostventionsstreitkräften zu einer Interventionsarmee. Solch eine fundamentale Umstellung von einer Abschreckungsarmee in der Lethargie des ausgehenden Kalten Krieges zu Streitkräften im Auslandseinsatz war in diesem kurzen Zeitraum nur durch den grausamen Bürgerkrieg auf dem Balkan möglich. Der Wandel der Bundeswehr erreichte schließlich viertens durch die gesellschaftlichen Vorbehalte und die Vorsicht der politischen Entscheidungsträger bis zum Jahr 1999 das Stadium einer Armee des »doing the dishes and not yet ready for cooking the dinner«. Spätestens seit dem Afghanistaneinsatz wurde diese Stufe überschritten.

Rudolf J. Schlaffer

SPIEGEL 10/1980

Das Hamburger Magazin »Der Spiegel« zeigte im März 1980 auf seinem Titel vier NVA-Soldaten in Großaufnahme und wählte, grafisch wie ein Ärmelband der Wehrmacht gestaltet, die Schlagzeile »Honeckers Afrika-Korps«. In seiner Titelgeschichte berichtete »Der Spiegel« über die militärischen Aktivitäten der DDR-Streitkräfte auf dem Schwarzen Kontinent.

Tatsächlich gibt es entgegen solcher zeitgenössischer Pressemeldungen westlicher Medien keine Hinweise auf Einsätze von Kampfeinheiten oder -verbänden der Nationalen Volksarmee (NVA) im Ausland. Im Wettstreit der sozialistischen und kapitalistischen Systeme agierte die DDR-Führung vorsichtig: Eine direkte Beteiligung von Soldaten der Volksarmee oder ganzer Einheiten an militärischen Auseinandersetzungen hätte vermutlich weitreichende politische Folgen gehabt. Dieses Wagnis wollten die DDR und ihre Streitkräfte – von den nachfolgend dargelegten Ausnahmen abgesehen – nicht eingehen. Gemessen an Umfang und Auftrag ihrer Personalabstellungen war die NVA keine »Armee im Einsatz«. Dennoch finden sich bis heute weltweit Spuren früherer militärischen Engagements der DDR vor allem in den Staaten der sogenannten Dritten Welt.

Historisches Erbe: Die Nationale Volksarmee der DDR und die »Dritte Welt«

Neben dem »Spiegel« widmete auch das amerikanische Magazin »Time« den militärischen Aktivitäten der Deutschen Demokratischen Republik im Jahre 1980 einen eigenen Bericht. Die New Yorker Redaktion wählte dafür den prägnanten Titel »Hier kommen Europas Kubaner«. Der »Time«-Artikel und die »Spiegel«-Titelgeschichte sind nur zwei von zahlreichen Pressemeldungen in den 1970er- und frühen 1980er-Jahren über DDR-Militärhilfen. Im Dezember 1978 druckte beispielsweise der Berliner »Tagesspiegel« unter Berufung auf den bayerischen Ministerpräsidenten und CSU-Vorsitzenden Franz Josef Strauß die Meldung, allein in Angola befänden sich 5000 »Soldaten der DDR-Armee«, vor allem »Elitetruppen wie etwa Fallschirmjäger«. 2000 von ihnen seien »gegenwärtig bei einer Offensive im Einsatz«. Die »Welt« hatte im Februar 1980 die Gesamtzahl der DDR-Militärexperten in Afrika mit rund 30 000 angegeben. Und schon der bekannte Spielfilm »Die Wildgänse kommen« aus dem Jahr 1977 mit Roger Moore, Richard Burton und Hardy Krüger zeigte eine in einem afrikanischen Land spielende Szene, in der bei einem Söldnerangriff ein Soldat der NVA auf einem Wachturm getötet wird – unschwer zu erkennen an seiner Uniformmütze. In dem gestürmten Camp treffen die Kämpfer neben Afrikanern und Kubanern auch auf zwei DDR-Offiziere. Waren die Streitkräfte der DDR tatsächlich im weltweiten Einsatz?

DDR und NVA als gesuchte Partner

Mehrfach erbaten afrikanische und arabische Staaten in Ostberlin den Einsatz von NVA-Personal – gewünscht wurden vor allem Militärberater, Ausbilder und Kampfpiloten. Sambias Präsident Kenneth Kaunda und sein Verteidigungsminister Gray Zulu baten beispielsweise 1979 und 1980 wiederholt um militärische Hilfe der DDR für ihr Land. NVA-Piloten sollten mit ihren Maschinen den sambischen Luftraum schützen. Der DDR-Verteidigungsminister, Armeegeneral Heinz Hoffmann, lehnte sofort ab: Er habe den Einsatz von Piloten und Flugzeugen als »nicht realisierbar« zurückgewiesen, meldete der Minister im Juni 1979 an Erich Honecker.

Ebenfalls 1979 äußerte der Vorsitzende der simbabwischen Befreiungsbewegung »Zimbabwe African Peoples Union« (ZAPU), Joshua Nkomo, bei seinem Besuch in der DDR den Wunsch nach dem Einsatz von NVA-Offizieren in den ZAPU-Camps Sambias. Dort bildete die ZAPU, unterstützt durch die UdSSR, China und Nordkorea, Guerilleros für den Kampf in Simbabwe (dem ehemaligen Rhodesien) aus. In seinem Bericht an Honecker verwarf Hoffmann in diesem Fall die Entsendung von Militär ebenfalls als »politisch nicht vertretbar«.

Auch über die Einzelfälle Sambia und Simbabwe hinaus stand die Regierung der DDR Bitten und Anfragen nach militärischem Personal durch Drittstaaten skeptisch gegenüber. Der Schriftverkehr zwischen Verteidigungsministerium und SED-Spitze belegt diese zurückhaltende Position. Die Staats- und Parteiführung sah ebenso wie ihre Spitzenmilitärs die – sicherlich nicht unbegründete – Gefahr, mit ihren Soldaten in regionale Konflikte und

Der Präsident der Republik Sambia, Kenneth David Kaunda, schreitet bei seinem Staatsbesuch in der DDR mit Erich Honecker am 24. August 1980 die Ehrenformation ab.

Kriege hineingezogen zu werden. Eine unmittelbare Beteiligung der NVA an Kampfhandlungen hätte vermutlich weitreichende Folgen gehabt, politische wie militärische. Derlei Auslandseinsätze stellten somit ein unkalkulierbares Risiko dar, ein derartiges Wagnis waren die DDR und die Führung ihrer Streitkräfte nicht bereit einzugehen.

Dennoch agierte die DDR in diesem Punkt widersprüchlich. Wenn auch nicht mit Kampfpiloten, stärkeren Einheiten oder gar Verbänden, zeigte die NVA durchaus militärische Präsenz im Ausland: Bis 1970 waren nach einer vertraulichen Meldung des DDR-Verteidigungsministers an Walter Ulbricht beispielsweise 15 Offiziere und Unteroffiziere der Volksmarine zum Aufbau einer Küstenverteidigung nach Sansibar entsandt worden. Einzelne – zumeist auf wenige Wochen begrenzte – Personalabstellungen von Beratern und »Spezialisten« erfolgten nach Angola und in den Irak. Größeren Umfang nahmen die Einsätze von Offizieren und Transportfliegern in Mosambik und Äthiopien an.

Berater und Transportflieger in Mosambik

Zu den wichtigsten Empfängern militärischer Hilfe der DDR zählte Mosambik – zunächst in Form von Material, später auch durch Ausbildungsunterstützung. In dem Land im Süden Afrikas tobten über drei Jahrzehnte hinweg Kriege und Bürgerkriege. Der junge mosambikanische Staat musste sich nach seiner 1975 erlangten Unabhängigkeit in einem langjährigen und blutigen Krieg der Angriffe einer bewaffneten Opposition erwehren. Dabei strahlte der Ost-West-Konflikt ideologisch bis ins südliche Afrika aus: Die Regierung Mosambiks positionierte sich an der Seite der sozialistisch regierten Staaten. Südafrika und – zumindest indirekt – die Vereinigten Staaten unterstützten die bewaffneten Rebellen. Im Dezember 1984 töteten oppositionelle Guerillakämpfer neben anderen Ausländern auch acht zivile Entwicklungshelfer aus der DDR. Die ostdeutschen Landwirtschaftsexperten waren auf dem Weg zur Arbeit auf einer Staatsfarm überfallen worden.

Als Reaktion darauf entsandte die NVA im Jahr 1985 mehrere Gruppen zum Teil hochrangiger Offiziere – darunter zwei Ge-

ullstein bild · Bildarchiv

Mosambik war einer der wichtigsten Partner der DDR in Afrika. Im Bild Erich Honecker und Präsident Samora Machel bei ihrem Treffen in Berlin 1983.

nerale – nach Mosambik, um den Generalstab sowie Kommandostäbe und Einheiten vor Ort zu beraten. Aufgabe der bis zu einem halben Jahr im Land eingesetzten Offiziere war vor allem die Verbesserung des Schutzes von mehr als 700 DDR-Entwicklungshelfern. Daneben sollte die militärische Leistungsfähigkeit der mosambikanischen Streitkräfte gesteigert werden. Ab Ende 1985 hielten sich ständig drei – dem Militärattaché zugeordnete – NVA-Offiziere als Berater in Mosambik auf. In diesem Zusammenhang stand der Einsatz eines Transportflugzeuges der DDR-Luftstreitkräfte von 1986 bis 1990: Die in der Hauptstadt Maputo stationierte Maschine versorgte die eingesetzten Entwicklungshelfer und sollte bei Verschärfung der Sicherheitslage deren Evakuierung sicherstellen.

Über den Einsatz von NVA-Offizieren in Mosambik hinaus trat die Regierung des Landes 1985 und 1986 mehrfach mit dem Wunsch nach Militärausbildern an die DDR heran. Im Juni 1986 ließ Armeegeneral Heinz Kessler, Hoffmanns Nachfolger als Verteidigungsminister, SED-Generalsekretär Honecker und Egon Krenz wissen, dass auch er ein derartiges Engagement ablehne: Die Tätigkeit von »Instrukteuren« bei der Schulung von Soldaten im Ausland bewertete er aus politischen Gründen als »nicht zweckmäßig«. Zuvor hatte bereits im Januar 1986 Krenz die Entsendung von NVA-Beratern nach Mosambik verworfen. Neben Bedenken hinsichtlich der Gefahr, in die dortigen Kämpfe und Kriege verwickelt zu werden, nahm Ostberlin Rücksicht auf das internationale Ansehen der DDR, weil es mögliche negative westliche Pressemeldungen und politische Reaktionen befürchtete. Über die Stationierung der Transportflieger und die Beratertätigkeit hinaus sind keine Einsätze der NVA in Mosambik bekannt.

Lufttransport- und Sicherungspersonal im Einsatz in Äthiopien

Transportflugzeuge der NVA kamen aber auch in Äthiopien zum Einsatz. Zwischen 1984 und 1988 wurden zunächst vier, später nur noch eine Maschine am Horn von Afrika stationiert. Zur Linderung der Folgen einer schweren Dürrekatastrophe hatte die Regierung in Addis Abeba im Oktober 1984 Hilfeersuchen an zahlreiche Länder gerichtet. Beginnend im November des Jahres beteiligte sich die DDR mit zunächst je zwei Maschinen der NVA-Transportfliegerkräfte sowie der zivilen Fluggesellschaft Interflug an einer internationalen Luftbrücke zur Bekämpfung der Hungersnot in Äthiopien. Zur Einsatzstaffel gehörten zunächst 41 Mann, davon 22 Offiziere und Unteroffiziere der NVA, sowie 19 Beschäftigte der Interflug. Geheimhaltung in dieser Sache genoss hohe Priorität; die Herkunft der Flugzeuge und Besatzungen sollte verschleiert werden. Ein Befehl des Kommandeurs der DDR-Luftstreitkräfte/Luftverteidigung legte dazu kurz und knapp fest, die Maschinen seien in der »Variante Zivile Luftfahrt« auf ihren Einsatz vorzubereiten, die Kennungsgeräte auszubauen und die Luftwaffensoldaten mit zivilen Dienstpässen auszustatten. Zwei leichte Militärtransporter des Typs Antonov AN-26 erhielten über Nacht die Lackierung der zivi-

Dietmar Plath/Aero International

Ungewöhnlicher Schnappschuss: Eine NVA-Transportmaschine vom Typ Antonov AN-26 und eine Transall der Luftwaffe 1985 im Einsatz in Äthiopien.

len DDR-Fluggesellschaft Interflug. Selbst auf dem Essgeschirr und der technischen Ausrüstung wurden die NVA-Kennzeichen übermalt. Das Personal führte keine Uniformen mit. Nichts durfte auf eine Zugehörigkeit zu den DDR-Streitkräften schließen lassen.

Fast zeitgleich mit den DDR-Flugzeugen starteten auch drei C-160 Transall der Luftwaffe der Bundeswehr nach Äthiopien. Sie wurden in Dire Dawa stationiert und beflogen die gleichen Gebiete wie die NVA-Staffel. Der gleichzeitige Einsatz von Transportfliegern aus beiden deutschen Staaten war wiederholt ein wichtiger Punkt in den Wochenmeldungen der NVA-Staffel sowie Anlass zu Fernschreiben und Meldungen des DDR-Botschafters und des Militärattachés aus Addis Abeba nach Ostberlin. Im Gegensatz zu ihren ostdeutschen Kameraden traten die Transportflieger der Bundeswehr in Äthiopien offen als solche auf.

Von ihrer Basis in Assab führten die Antonovs in den ersten Wochen Hilfsflüge vor allem nach Asmara, Axum und Makele (Mekele) durch. Später starteten sie zumeist in Richtung Addis Abeba, Dire Dawa, Gode und Kebre Dehar. Erschwert wurde der Einsatz durch Kriege und Bürgerkriege, die in mehreren Regionen Äthiopiens tobten: Mengistu Haile Mariam hatte 1974 zusammen mit anderen Offizieren Kaiser Haile Selassie gestürzt und stand seit 1977 als Staatsoberhaupt einem kommunistischen

Regime vor, das seine Gegner mit kompromissloser Brutalität verfolgte. Die Basis Assab und einige der Zielorte der Antonovs lagen sogar im besonders hart umkämpften Krisen- und Kriegsgebiet Eritrea. Die Maschinen transportierten Lebensmittel sowie Medikamente, Bekleidung, Wolldecken, Rohre, Kochgeschirr, Kfz-Reifen, Werkzeuge, Macheten und Zelte. Sie kamen jedoch auch im Rahmen umstrittener Umsiedlungsprogramme von Bauern zum Einsatz, mit denen die äthiopische Regierung die Landwirtschaft umzugestalten suchte. Die strikte Geheimhaltung hatte allerdings im Verlauf der Operation allmählich dem Bedürfnis zu weichen, die Hilfsaktionen vermehrt für die Presse- und Propagandaarbeit zu nutzen. Die Transportflüge der NVA endeten zunächst im Oktober 1985.

Auf Bitten der politischen Führung in Addis Abeba und nach persönlicher Entscheidung Erich Honeckers nahmen NVA-Transportmaschinen Anfang April 1986 ihre Tätigkeit in Äthiopien wieder auf. Im Unterschied zu ihrer ersten Mission waren zwei Maschinen des Typs AN-26 jedoch diesmal als »Einsatzstaffel der NVA der DDR« kenntlich. Das beteiligte Personal trat befehlsgemäß offen als Angehörige der DDR-Luftstreitkräfte/Luftverteidigung auf. Statt den Flugzeugen zivile Tarnung zu verpassen, zeigte man nunmehr – stationiert auf einem Luftstützpunkt in der Hauptstadt Addis Abeba – militärische Präsenz.

Die dritte Äthiopien-Mission eines Antonov-Transporters setzte im Juni 1987 ein. Von Addis Abeba aus hatten vier Mann Besatzung und zwei Mann Bodenpersonal mit dieser Maschine die Betreuung und Versorgung von DDR-Entwicklungshelfern und Ärzteteams im Landesinneren sicherzustellen. Zudem wurden 1987/88 NVA-Offiziere in geringer Zahl als Sicherungsgruppe für eine von der DDR betriebene Krankenstation in Metema eingesetzt.

Ausbildung in der DDR statt Einsätze vor Ort

Entgegen den eingangs als Beispiele aufgeführten westlichen Pressemeldungen fehlen – sieht man von den genannten Fällen sowie vereinzelten Beratungs- und Ausbildungsmissionen ab – Hinweise auf weitere Operationen von NVA-Kampfeinheiten oder -verbänden in der Dritten Welt. Gemessen an Umfang und Auftrag der Personalabstellungen war die NVA in der Tat keine »Armee im Einsatz«.

Statt, wie von den Regierungen in Brazzaville, Maputo, Lusaka und Tripolis gewünscht, Soldaten der Dritten Welt an Ort und Stelle auf den Einsatz vorzubereiten, bot die NVA dagegen Ausbildungsleistungen in der DDR an. Die Partner nahmen solche Offerten dankend an. Beginnend ab Mitte der 1970er-Jahre wurden afrikanische, arabische, südostasiatische und lateinamerikanische Militärs in den DDR-Streitkräften geschult. Das größte Kontingent stellte die damalige Volksrepublik Kongo, gefolgt von Vietnam, Syrien und Nicaragua. Auch Äthiopien, Libyen, Mosambik, Sambia und Simbabwe schickten – wenn auch in geringerem Umfang – angehende Offiziere in die DDR. In der großen Mehrzahl wurden Offizieranwärter ausgebildet, daneben auch Unteroffizierschüler mit technischem Profil, vereinzelt auch Offiziere bis zum Dienstgrad Major und Spezialisten wie Kampfschwimmer. Hinter der Betreuung ausländischer Militärs stand nicht zuletzt die politische Absicht, Multiplikatoren zu gewinnen, die nach Rückkehr in ihre Heimatländer Erfahrungen und erworbenes Wissen – auch um die Vorzüge und Leistungsfähigkeit des sozialistischen Systems in der DDR – weitergeben sollten.

»Erbe« der NVA nach 1990?

Die engen Verbindungen des Militärs in der DDR zu bestimmten afrikanischen, arabischen, südostasiatischen und lateinamerikanischen Armeen pflegte die Bundeswehr nach 1990 nicht weiter. Schon wegen der grundlegend veränderten Weltlage nach Ende des Ost-West-Konflikts fehlte der hierfür notwendige politische Wille. Erst im Zuge der nach dem 11. September 2001 deutlich gestiegenen Aufmerksamkeit gegenüber Afrika wurden die Beziehungen zu dortigen Streitkräften wiederbelebt oder intensiviert. Im Juli 2009 empfing beispielsweise Verteidigungsminister Franz Josef Jung seinen angolanischen Amtskollegen in Berlin und unterstrich damit die sicherheitspolitische Perspektive bilateraler Beziehungen.

Im Zuge ihrer weitweiten militärischen Verpflichtungen könnte die Bundeswehr mancherorts durchaus an ein »Erbe« der NVA anknüpfen. Die vor 1990 in der DDR ausgebildeten Offiziere sind in ihren Heimatländern zwischenzeitlich vielfach in gehobene oder höhere Führungspositionen aufgestiegen. Sie entwickelten während ihrer bis zu fünf Jahre dauernden Aufenthalte oftmals eine bis heute währende Affinität zu Deutschland, zu deutscher Kultur und nicht zuletzt zum deutschen Militär. Dies und die damalige fundierte Sprachausbildung schaffen Gemeinsamkeiten bis in die Gegenwart. Möglicherweise treffen Bundeswehrangehörige bei aktuellen oder künftigen Begegnungen im Einsatz auf afrikanische oder arabische Offiziere, die Ausbildungsgänge in der NVA durchlaufen haben. Ganz konkret profitierte bereits das deutsche ISAF-Kontingent in Afghanistan vom »Erbe« der DDR: Mehrere seinerzeit in den ostdeutschen Streitkräften ausgebildete afghanische Offiziere waren dort als Sprachmittler eingesetzt.

Klaus Storkmann

Die Bundeswehr sieht in der Interkulturellen Kompetenz (IK) eine der Schlüsselqualifikationen für die Streitkräfte des 21. Jahrhunderts. Ein der jeweiligen Kultur angemessener Umgang mit der Bevölkerung der Einsatzgebiete wirkt stabilisierend und verbessert den Schutz der stationierten Soldaten. Interkulturelle Störungen und Probleme führen demgegenüber dazu – dies belegen zahlreiche Beispiele der Vergangenheit und Gegenwart –, dass die Durchführung des Auftrags und Menschenleben gefährdet sind.

Projekte scheitern beispielsweise aufgrund mangelnder Vertrautheit mit komplexen soziokulturellen Gegebenheiten wie auch an der Unkenntnis örtlicher Kommunikationsformen. Misstrauen und Ablehnung gegenüber als »Besatzern« empfundenen Soldaten können dabei fatale Folgen haben. Es kann geschehen, dass Handlungen von Individuen strategische Relevanz erlangen und den Gesamterfolg oder -misserfolg eines Einsatzes mitbestimmen. Ereignisse auf der Mikroebene (z.B. die »Totenkopffotos« deutscher Soldaten in Afghanistan) vermögen einen direkten Einfluss auf die Makroebene auszuüben.

▰▰▰ Interkulturelle Kompetenz im Auslandseinsatz

Im Kontakt mit der – häufig verschiedene Kulturen und Ethnien umfassenden – Bevölkerung der Einsatzregionen sollten Soldaten, um kompetent handeln zu können, Eigenschaften wie (Ambiguitäts-)Toleranz, Einfühlungsvermögen, Rollendistanz, Kommunikationsfähigkeit und die Fähigkeit zum Mitgefühl, Kontaktfreudigkeit, Verhaltensflexibilität, Unvorgenommenheit, Respekt, Offenheit sowie einen geringen Ethnozentrismus mitbringen – d.h. die Fähigkeit, über den eigenen kulturellen Tellerrand hinauszudenken. Sie müssen sich obendrein ihrer eigenen kulturellen Prägung bewusst sein, um sich fremdkulturellen Wert- und Deutungsmustern sowie Verhaltensweisen gegenüber öffnen zu können. Angesichts eines derart komplexen Anforderungsprofils, das *zusätzlich* zu militärischen Fähigkeiten erworben oder mitgebracht werden muss, stellt sich die berechtigte Frage, ob die Soldaten der Bundeswehr solchen Anforderungen überhaupt gerecht werden können und müssen.

Für das Konzept der Interkulturellen Kompetenz existiert eine große Vielfalt an Definitionen. Übereinstimmung besteht weitestgehend darin, dass IK als eine Subkompetenz sozialer Kompetenz anzusehen ist. Erstere befähigt einen Menschen, Fremdes nicht nur aus dem eigenen Blickwinkel bzw. vor dem eigenen kulturellen Hintergrund zu betrachten, sondern wertneutral an Begegnungen mit dem Fremden heranzugehen. Menschen mit unterschiedlichen Orientierungssystemen treffen aufeinander, die aufgrund der eigenen kulturellen Prägung ihre Umwelt und Mitwelt unterschiedlich wahrnehmen und deuten. Probleme in interkulturellen Überschneidungssituationen kommen dann auf, wenn die kulturelle Orientierung beider Seiten deutlich voneinander abweicht, und sich beide Seiten ihrer eigenen kulturellen Prägung nicht bewusst sind. Bei Interkultureller Kompetenz handelt es sich also nicht nur um einen Zugang zu fremden Kulturen, sondern auch immer wieder um die bewusste Auseinandersetzung mit der eigenen kulturellen Prägung. Nachfolgende IK-Definition lässt sich aus dieser Einsicht ableiten: Interkulturelle Kompetenz ist die in einem längerfristigen

Lernprozess erreichte Fähigkeit, im mittelbaren oder unmittelbaren Umgang mit Menschen anderer Kulturkreise einen möglichst hohen Grad an Verstehen und Verständnis zu erreichen.

Sollen Interkulturelle Kompetenzen ausgebildet werden, muss auf drei Ebenen gearbeitet werden: auf der Ebene der Kognition (Wissensvermittlung, so etwa Bewusstsein der eigenen Kultur, Kenntnisse der fremden Kultur, Sprachkenntnisse), der Konation (Verhaltensübungen, z.B. im Bereich Flexibilität, Körpersprache, Ambiguitätstoleranz) und auf der Ebene des Affekts (Erhöhung der Motivation, Einfühlungsvermögen, Interesse am Fremden, geringer Ethnozentrismus). Es liegt auf der Hand, dass diese komplexen Fähigkeiten nicht in kürzester Zeit entwickelt werden können, sondern im Verlauf eines längeren Lernprozesses erworben werden müssen. Dabei gilt es, gleichermaßen kulturallgemeine als auch kulturspezifische, also auf eine bestimmte Kultur ausgerichtete Wissensinhalte und Kompetenzen zu vermitteln.

Für die IK-Lehre in der Bundeswehr bedeutet dies, dass sich die interkulturelle Vorbereitung auf Auslandseinsätze nicht in der Bereitstellung kulturspezifischen Wissens oder von Handlungsanweisungen (»dos and don'ts«) erschöpfen darf. Vielmehr

Bundeswehr/Dieter Baumann

Frauen in Afghanistan, Aufnahme von 2009.

sollten schon von einem frühen Zeitpunkt an die kulturallge-
meinen Fähigkeiten bei Soldaten in einem längerfristigen Aus-
bildungsprozess gefördert werden. In der Praxis fragen Männer
und Frauen, die in den Einsatz gehen, freilich eher nach schnell
zu erfassenden Lehrinhalten, wie sie etwa Taschenkarten vermitteln. Sogenannte Kultur-Taschenkarten sind jedoch umstritten,
da sie den Soldaten eine (falsche) Handlungssicherheit vortäu-
schen, die kulturelle Kurzinformationen über ein Land gar nicht
bieten können. Befürworter der Taschenkarten führen andererseits ins Feld, es sei besser, wenigstens ein gewisses Basiswissen
zu vermitteln, auf das die Spezialisten dann aufbauen können.
Diese Diskussion verweist auf eine grundlegende Frage: Kann
allen Einsatzsoldaten ein breites Verständnis von Kultur im Allgemeinen und eine differenzierte Sichtweisen auf lokale Kulturen im Besonderen vermittelt werden oder erfordert die Auseinandersetzung mit Kultur einen längerfristigen Prozess, der beim
Militär auf mehreren Ebenen durchlaufen werden muss?

Interkulturelle Ausbildung in der Bundeswehr

Um Interkulturelle Kompetenz innerhalb der Streitkräfte als eigenständiges Lehrfach einzuführen, entwarf der Psychologische
Dienst der Bundeswehr bereits 1998 ein IK-Sensibilisierungs-
und Orientierungstraining, das allerdings nie in die Praxis umgesetzt wurde. Ende der 1990er-Jahre war die Zeit offensichtlich
noch nicht reif für die Erkenntnis, wie relevant sogenannte »soft
skills« für den Erfolg von Auslandseinsätzen sein können. Es
handelte sich um kein typisches Bundeswehr-Phänomen; auch
in anderen Streitkräften wurden die Brisanz und Notwenigkeit
der Auseinandersetzung mit diesem Thema erst in den letzten
Jahren erkannt. Seither fand IK schrittweise Eingang in die offiziellen Lehr- und Ausbildungspläne.

Seit 2005 bilden IK-Lehre und -Trainings einen (wenn auch
kleinen) Bestandteil der »Modularen Truppenausbildung«. Das
»Konzept für einsatzvorbereitende Ausbildung für Konfliktverhütung und Krisenbewältigung (EAKK)« liefert hierfür die
Grundlage (vgl. Weißbuch 2006). Inhalte dieses Konzepts fließen
erstmals (stundenweise) in die Unterrichte der Grundausbildung

mit ein, vertieft in der einsatzvorbereitenden Aufbauausbildung EAKK, in der Führerschulung und im Rahmen spezialisierter Module. Ferner bieten Ausbildungseinrichtungen wie die Führungsakademie der Bundeswehr, die Akademie der Bundeswehr für Information und Kommunikation und das Zentrum Innere Führung einschlägige Lehrveranstaltungen an. Weitere Dienststellen wie das Amt für Geoinformationswesen der Bundeswehr, das Militärgeschichtliche Forschungsamt, die Gruppe Wehrpsychologie, das Sozialwissenschaftliche Institut der Bundeswehr sowie das Zentrum Operative Information setzen sich mit IK in Form von Lehre, Forschung und IK-Beratung auseinander oder liefern hierfür einschlägige Grundlagen. Da innerhalb der Bundeswehr die bisher vorhandenen Trainings- und Lehransätze nicht in einer vereinheitlichten Gesamtplanung aufeinander abgestimmt sind, wurde Ende 2008 am Zentrum Innere Führung die »Zentrale Koordinierungsstelle Interkulturelle Kompetenz« eingerichtet. Sie soll in Zukunft als Ansprechpartner für alle IK-Fragen in der Bundeswehr fungieren und zu einer Professionalisierung und Harmonisierung entsprechender Anstrengungen beitragen.

Vorhandene Konzepte verstehen IK bislang weitestgehend nicht als Ergebnis eines längerfristigen Lernprozesses, sondern als einen im Crashkurs vermittelbaren, kulturspezifischen Lerninhalt. In der Praxis beschränken sich IK-Ausbildungen nicht selten auf die Aufzählung allgemeiner landeskundlicher Daten, die dann häufig auch noch einen langen Ausbildungstag beenden. Oft fehlen kompetente Ausbilder oder IK-Experten, sodass Lerninhalte nicht fachkundig weitervermittelt werden können. Obwohl die Bedeutung der IK in der Bundeswehr weitestgehend erkannt zu sein scheint, steht dieses »weiche Thema« – vielfach aus nachvollziehbaren praktischen Überlegungen und Zwängen – von seiner Priorität her deutlich hinter anderen militärischen Ausbildungsinhalten wie »riot control«, »mine awareness« oder Schießübungen entlang international geltender »rules of engagement« zurück. Schon vor diesem Hintergrund stellt sich die Frage, inwieweit eine kulturallgemeine IK-Lehre bereits vorher vermittelt werden sollte, anstatt sie als Teil der ohnehin überfrachteten Kontingentvorbereitung »abzuarbeiten«. Die Zeit der Offiziersausbildung und insbesondere die des Studiums bietet bei entsprechender Schwerpunktsetzung die Chance, um beim militärischen Nachwuchs Interkulturelle Kompetenzen Schritt für Schritt aufzubauen.

Ein weiterer Problemkreis betrifft das »kulturelle Gedächtnis« der Auslandskontingente. Erfahrungen werden weder strukturiert gesammelt noch ausgewertet. Kontakte mit der Bevölkerung in einer Einsatzregion lassen sich später oft nicht mehr nachvollziehen. Kritische Begegnungssituationen in der Vergangenheit gehen als Lernbeispiele oder prototypische Szenarien verloren. Ein reicher Schatz an informellem IK-Wissen, das sich die Einsatzsoldaten vor Ort aneignen, unterliegt keiner systematischen Auswertung.

IK im Einsatzland: Umgang mit vielfachen Herausforderungen

Einsatzsoldaten stehen insbesondere vor der Notwendigkeit, theoretisch Erlerntes anzuwenden und in einen ihrer Kultur angemessenen Umgang mit der Bevölkerung münden zu lassen. Generell muss dabei zwischen einem indirekten und direkten Kulturkontakt unterschieden werden. Lediglich zehn bis 40 Prozent der Soldaten (je nach Einsatzgebiet) verlassen täglich das Feldlager und stehen im Kontakt mit ihrem lokalen Umfeld. Es fällt schwer zu beurteilen, welche Situation mehr belastet: Die Monotonie eines Feldlagers, die von Routine oder (Horror-)Geschichten über vergangene Kriege und Bürgerkriege geprägt ist, oder die Erfahrung von Soldaten, die direkt mit deren Folgen, unterschiedlichen Kulturen, Gefahren, Not und Elend konfrontiert sind. In beiden Fällen kommt Interkulturellen Kompetenzen jedoch erhebliche Bedeutung zu. So bestätigen kursierende Erzählungen über laufende oder abgeschlossene Konflikte, aber auch über die angeblichen Eigenschaften der Gesellschaft des Einsatzlandes bei Militärangehörigen mit mangelnder IK-Vorausbildung Vorurteile und negative Einstellungen gegenüber Lebensweisen fremder Kulturen. Fehlende Verbindungen zur »Gesellschaft außerhalb des Zauns« tragen – gepaart mit Unwis-

Bundeswehr/Martin Stollberg

Feier zur Einweihung einer neuen Schule in Sarjangl, Afghanistan, August 2008.

sen – zum Teufelskreis zwischen einem erhöhten Bedrohungsgefühl sowie mangelnder Selbst- und Fremdreflexion bei.

Jene Kontingentangehörigen, die außerhalb des Feldlagers tätig sind, werden selbstredend in einem besonderen Maße durch interkulturelle Überschneidungssituationen gefordert. Es bleibt eine Herausforderung, mit dem Fremden umzugehen: erst recht, wenn nicht klar ist, wer Freund und Feind ist, und wie die Gefahrenlage aussieht. Soldaten fehlt (im Gegensatz zu NGO-Mitarbeitern) während einer viermonatigen Kontingentzeit oftmals die Zeit, um sich in die lokale(n) Kultur(en) intensivst hineinzufinden. Patrouillen kommen in ein Dorf, müssen Gespräche führen und sich gleichzeitig um die Sicherheit ihrer Kameraden sorgen. Angesichts überdehnter Einsatzräume fehlen häufig die Voraussetzungen, um durch regelmäßige Präsenz Vertrauen aufzubauen und die »richtigen« Leute und Ansprechpartner zu identifizieren. Einsatzsoldaten erleben wirtschaftliche und technologische Entwicklungsunterschiede sowie kriminelle und korrupte Strukturen, geprägt durch jahrzehntelangen Krieg. Selbst Gesellschaften gegenüber, in denen der geringe Wert eines menschlichen Lebens zu den täglichen

Erfahrungen zählt, gilt es einen kulturoffenen Blick zu bewahren. Fremde Gesprächsmuster (indirekt, umschreibend, informell) aufzugreifen, fällt Soldaten aus Deutschland schwer, wo direkte, geradlinige, gleichzeitig aber auch formelle Kommunikationsformen vorherrschen.

Der Einsatz geht einher mit zahlreichen Herausforderungen und fundamentalen Fragen: Wie offen muss ich gegenüber dem Fremden sein, wenn ich von den Einheimischen immer wieder beschossen oder betrogen werde? Wie kann ich mich auf die fremde Kultur einlassen, wenn ich als Bundeswehrsoldat den Eid geschworen habe, »Recht und Freiheit des deutschen Volkes« zu verteidigen? Welche Ziele verfolgt Deutschland in einem kulturell so fremden und komplexen Land wie etwa Afghanistan, und was kann die Bundeswehr dort eigentlich leisten?

Soldaten aus Deutschland werden in den multinational ausgerichteten Friedensmissionen zu denjenigen gezählt, die am ehesten die »Köpfe und Herzen« der Menschen vor Ort gewinnen. Für manche von ihnen bleibt es jedoch unverständlich, warum sie überhaupt Interkulturelle Kompetenz aufweisen und damit in »Vorleistung« gegenüber der einheimischen Bevölkerung treten müssen. In ihrer Selbstwahrnehmung opfern sie unter Umständen solchen Ländern (Lebens-)Zeit und Kraft, die von Krieg, Korruption und »mittelalterlichen« Traditionen geprägt sind. Unverständlich bleibt, warum zusätzlich zur erbrachten Hilfeleistung auch noch interkulturelle Sensibilität erwartet wird, wo doch andererseits die Gegenseite ihre Helfer und deren eigene Werte oft nicht beachtet.

Die Tatsache, dass Bundeswehrsoldaten ein relativ hohes Ansehen bei der einheimischen Bevölkerung genießen, gründet sich nicht nur auf die – wie gezeigt – bislang nicht gerade optimale IK-Vorausbildung. Mindestens drei weitere Umstände beeinflussen das Handeln der Soldaten. Erstens lässt sich »sensibles« Auftreten mit der Angst erklären, »etwas vor Ort falsch zu machen und dadurch Probleme in Deutschland zu bekommen«. Zweitens trägt die Last »historischer Schuld« aus der Zeit des Nationalsozialismus zu dem Wunsch bei, nicht als Besatzer, sondern als »Helfer« aufzutreten. Drittens erkennen die Soldaten durch einen guten, unterstützenden Kontakt zur einheimischen Bevölkerung einen Sinn auch in teilweise problematischen Einsätzen.

Bundeswehr/Markus Kurczyk

Weibliche Soldaten im Gespräch mit afghanischen Frauen, Aufnahme von 2007.

Dieses Bündel an Motivationen trägt – zusammen mit der IK-Ausbildung – zu kultursensiblem Verhalten bei.

Interkulturelle Kompetenz: Eine Anforderung an alle Ebenen

Alle Soldaten müssen – auch wenn sie oder die Führung es eigentlich nicht wollen – ein gewisses *Grundwissen* an Interkultureller Kompetenz sowie Verständnis für die Kultur(en) des Einsatzlandes mitbringen. Ansonsten laufen sie Gefahr, kulturelle Besonderheiten zu missachten, ihre Sicherheit ernsthaft zu gefährden und/oder im (in-)direkten Kontakt Vorurteile und Unverständnis zu entwickeln. Bisher konzentriert sich die IK-Ausbildung auf die Zeit *vor* dem Dienst im fremden Land. Im Einsatz selbst wird nur die Führung der Truppe durch Interkulturelle Einsatzberater (IEB) unterstützt und in kulturelle Besonderheiten eingewiesen. Eine derartige Beratung hätten jedoch auch viele Soldaten nötig, die tagtäglich mit der örtlichen Bevölkerung zu tun haben.

Dem einzelnen Einsatzsoldaten wird ein hohes Maß an Interkultureller Kompetenz abverlangt, ohne dass IK tatsächlich auf allen Ebenen der militärischen Hierarchie die gebotene Wertschätzung und Unterstützung erführe. Männer und Frauen vor Ort befinden sich in einer »interkulturellen Zwittersituation«: Sie sollen IK unter Beweis stellen – aber nur so viel, wie in Kurzveranstaltungen vor dem Einsatz vermittelt werden kann und für den Erhalt der eigenen Sicherheit notwendig erscheint. Auf der politisch-strategischen Makroebene, welche die Zielvorgaben und Inhalte des Mandats definiert und damit den Rahmen für die Soldaten im Einsatzland absteckt, spielt der »kulturelle Blick« demgegenüber häufig gar keine Rolle. Einsätze wurden und werden eher von Strategen und Technokraten geplant, für die Informationen über lokale Lebenswelten, Strukturen und Bedürfnisse bestenfalls zweitrangig sind. Für die Nachhaltigkeit von Stabilisierungsmaßnahmen reicht es jedoch nicht, wie es u.a. das Beispiel Afghanistans auf schmerzhafte Weise aufzeigt, nur oberflächlich die »Herzen und Köpfe« der Menschen vor Ort zu gewinnen. Der Erfolg hängt vielmehr davon ab, die lokale Bevölkerung in die Planung und Durchführung zukünftiger Einsätze einzubinden und eine Übereinstimmung zwischen der politisch-strategischen sowie der individuellen Ebene des Einsatzsoldaten zu erreichen. Interkulturelle Kompetenz stellt somit eine Fähigkeit dar, die nicht nur im Einsatzland auf der Mikroebene, sondern auch auf der Makroebene über die Sicherheit der Soldaten vor Ort und letztlich über den Erfolg von Stabilisierungsoperationen entscheidet.

Maren Tomforde

»Den Toten unserer Bundeswehr«, so beginnt die Inschrift am neuen »Ehrenmal« im Berliner Bendlerblock, das am 8. September 2009 eingeweiht wurde. Das Ehrenmal soll allen Bundeswehrangehörigen gewidmet sein, die in den letzten 50 Jahren in Ausübung ihres Dienstes »für Frieden, Recht und Freiheit« gestorben sind. Ein zentrales Dank- und Erinnerungszeichen hatte es für die »Staatsbürger in Uniform« in der langen, über 50-jährigen Geschichte der Bundeswehr bisher nicht gegeben. Mit dem Großprojekt reagierte das Bundesministerium der Verteidigung auf Wünsche und Bedürfnisse in der Truppe. In Liegenschaften der deutschen Streitkräfte fanden sich nämlich bislang nur kleinere Erinnerungsorte, zumeist ebenfalls »Ehrenmale« genannt. Dieser Gedenkbrauch wurde seit den 1990er-Jahren auch in die deutschen Feldlager an Einsatzorten im Ausland getragen. Jetzt, da das »Ehrenmal der Bundeswehr« eingeweiht ist, lohnt sich ein kurzer Blick auf seine Entstehungsgeschichte, auf Formen bundeswehrspezifischen Gedenkens, aber auch auf soldatische Erinnerungsorte in den Kasernen der Republik.

Einsatzarmee und Erinnerung: Gedenkkulturen in der Bundeswehr

Nachdem der Bundesminister der Verteidigung zu Beginn des Jahres 2006 Überlegungen zu einem »Firmendenkmal« öffentlich kundgetan hatte, entwickelte sich rasch eine rege Debatte. Allerdings lässt sich feststellen, dass es in der fast vierjährigen Diskussion um das Bundeswehr-Ehrenmal zumeist nicht um die Toten ging, derer gedacht werden sollte. In Artikeln, Reden und Interviews jedweder politischer Couleur wurde gerungen um die Rolle der Bundeswehr in der Demokratie, um Sinn und Zweck der Auslandseinsätze, um Ängste vor einer möglichen Militarisierung der Gesellschaft oder vor einer Heroisierung des Soldatentods. Befürchtet, gelegentlich gar eindringlich gefordert, wurde ein soldatischer bzw. bürgerlicher »Totenkult«, der den Tod instrumentalisieren und künftige Kampfeinsätze legitimieren sollte. Der Streit um den geeigneten Standort der neuen Gedenkstätte, um Prestige und Design schien mitunter wichtiger als aktuelle Probleme der Einsatzarmee, wie etwa eine angemessene Versorgung von Versehrten und Hinterbliebenen, wie Fragen nach dem Rechtsschutz der Soldaten in einem Krisenszenario oder der Sicherstellung einer angemessenen materiellen Ausstattung.

Die Bundeswehr, die unter Parlamentsvorbehalt steht, führt keinen Krieg. Denn im rechtstheoretischen Sinne zeichnet sich ein legitimer Krieg dadurch aus, dass souveräne Staaten allein über das Gewaltmonopol verfügen und zwischenstaatliche Konflikte mit regulären Streitkräften ausgetragen werden. Nichtstaatlichen Akteuren wird daher auch das Recht zur Gewaltausübung abgesprochen. Die Bundeswehr nimmt an internationalen Friedens- und Hilfsmissionen teil oder unterstützt im Rahmen eines UN-Mandats auch der Stabilisierung dienende Operationen im Einsatzgebiet, wie beispielsweise die jüngst von der afghanischen Armee geführte Operation OQAB, eine gegen die Taliban in der Region um Kundus gerichtete Offensive. Verteidigungsminister Franz Josef Jung (CDU) wies am 2. Juli 2009 im ZDF-Morgenmagazin darauf hin, dass es sich hierbei um ein Vorgehen der afghanischen Regierung gegen Aufständische im Innern handle, von einem Krieg daher keine Rede sein könne, und die Gegner keine Kombattanten, sondern »Verbrecher« und »Terroristen« seien.

Da sich deutsche Einsatz-Kontingente rechtlich gesehen nicht im Krieg befinden, hat das Bundesministerium der Verteidigung bis zum Oktober 2008 die im Auslandseinsatz ums Leben gekommenen Bundeswehrangehörigen folgerichtig nicht als »Gefallene« bezeichnet. Der Parlamentarische Staatssekretär beim Bundesminister der Verteidigung Christian Schmidt (CSU) hatte sich darüber hinaus mit deutlichen Worten gegen einen emotional aufgeladenen Sprachgebrauch gewandt, wie er von einigen Verbandsvertretern oder Politikern zu hören war, die vom »Krieg«, in dem wir uns befänden, vom »höchsten Opfer«, das erbracht worden sei, und einer »Wahrheit«, die verschleiert würde, redeten. Solch heldisches Pathos, das immer wieder nicht nur durch die Gazetten der Republik geistert, erscheint angesichts der Trauer, der Nöte und Bedürfnisse der Betroffenen in der Tat fehl am Platz.

Nach dem Anschlag vom 20. Oktober 2008 in Kundus, dem zwei Bundeswehrsoldaten des ISAF-Kontingents zum Opfer fielen, änderte die politische Führung ihre bisherige Sprachregelung. Seit Ende Oktober 2008 gilt offiziell derjenige Soldat als »im Einsatz für den Frieden gefallen«, der im Rahmen militärischer Einsätze durch Einwirkung eines Gegners getötet wird. Allerdings wird das Verb »fallen« in und außerhalb der Bundeswehr derzeit nicht in diesem engeren Sinne verwandt: Der Begriff »Gefallene« bezeichnet in Wort und Schrift unterschiedslos alle im Auslandseinsatz verunglückten, verstorbenen oder getöteten Bundeswehrangehö-

rigen. Dieser Sprachgebrauch weicht übrigens von gängigen Praktiken in der deutschen Militärgeschichte ab, wurde doch in Wortwahl und

picture-alliance/dpa/Franz-Peter Tschauner

Angehörige nehmen am 29. Juni 2005 auf dem militärischen Teil des Flughafens Köln-Wahn Abschied von zwei in Afghanistan getöteten Bundeswehrsoldaten.

Symbolik immer strikt zwischen Kriegs- und Friedenszeiten unterschieden. Ein Soldat galt entweder als »im Krieg gefallen« oder »im Dienst verunglückt«. Und selbst im Krieg wurden diejenigen nicht als »gefallen« bezeichnet, die Tage später ihren im Gefecht erlittenen Verwundungen erlagen, sondern als »verstorben« vermerkt.

Das Erinnerungszeichen in Berlin ist jenen rund 3000 Soldatinnen, Soldaten und zivilen Angehörigen der Armee gewidmet, die seit 1955 während ihres Dienstes oder durch ihren Einsatz im In- und Ausland zu Tode gekommen sind. Es handelt sich nicht, wie oft fälschlich in der Presse verbreitet wird, um ein Soldatendenkmal für die Gefallenen der Bundeswehr. Und nur derer symbolisch zu gedenken, die im Ausland getötet wurden, würde in der Tat bedeuten, die »Staatsbürger in Uniform«, die zum Beispiel bei einem Hilfseinsatz im Innern, etwa der Flutkatastrophe in Hamburg 1962, ihr Leben verloren haben, als »Tote zweiter Klasse« zu diffamieren. Ein von manchen Interessengruppen gefordertes Ab- und Ausgrenzen, Hierarchisieren oder Aufrechnen könnte zu einem bedenklichen Sonderbewusstsein in der Armee führen, das nur bestimmten Toten Verehrung zugesteht. Im Tod wären dann nicht alle gleich, was das Gedenken angeht: Die in der Iller ertrunkenen 15 Rekruten des Luftlandejägerbataillons 19 aus der Anfangszeit der Bundeswehr etwa stünden gegen die Soldaten, die in Afghanistan Selbstmordanschlägen zum Opfer fielen. Auch die Forderung des Volksbundes Deutsche Kriegsgräberfürsorge e.V. nach einem »ewigen Ruherecht« für die Toten der Einsätze auf eigens angelegten Soldatenfriedhöfen, deren Auflösung sich nach derzeitigem Verständnis grundsätzlich verbietet, ist der Sache nicht dienlich und würde in der Öffentlichkeit nur das Bild von einer Sonderrolle des Militärs befördern. Zudem ist fraglich, ob die Familienangehörigen eines Getöteten oder Verunglückten einem solchen Ansinnen zustimmen würden.

Totengedenken in der Bundeswehr

Bei Betrachtung der Gedenkpraxis in der Bundeswehr fällt auf, dass die bereits bestehenden Formen in der Truppe selbst, die ja vielfach auf Eigeninitiative zurückgehen, sehr schlicht gehalten sind. In bundesdeutschen Standorten existieren zahlreiche Beispiele gelebter Erinnerung. Neben christlichen Ritualen wie etwa der Gedenkandacht oder dem militärischen Zeremoniell wie dem Gedenkappell zu Jahrestagen finden sich Formen, die bisweilen auch auf die Wertorientierung der deutschen Streitkräfte verweisen: Als identitätsstiftend wird seit jeher die Benennung von Kasernen nach verstorbenen Vorbildern angesehen. Die Bundeswehr besitzt zumindest einen Kasernenpatron aus den eigenen Reihen: Im sächsischen Delitzsch ist die Unteroffizierschule des Heeres seit 1992 nach dem Feldwebel Erich Boldt (1933–1961, Panzerpionierkompanie 70) benannt. Erich Boldt starb, als er während der Ausbildung zwei Soldaten vor einer detonierenden Sprengladung schützen wollte. Der Jahrgangsbeste der Feldwebellehrgänge an der Pionierschule erhält zudem den »Feldwebel-Boldt-Gedächtnis-Preis«, gestiftet 1982 vom Bund Deutscher Pioniere e.V. Nach Oberleutnant Ludger Hölker (1934–1964, Jagdbombergeschwader 32) ist 1977 das Auditorium Maximum der Offizierschule der Luftwaffe im bayerischen Fürstenfeldbruck benannt (»Ludger-Hölker-Saal«). Sein Geschwader ehrte ihn 1984 mit einer Straßenbenennung in der Schwabstadl-Kaserne in Lechfeld. Der Pilot hatte sein Leben eingesetzt, um eine Flugkatastrophe in Straßberg zu verhindern.

Eine gängige Form militärischer Erinnerungskultur ist zum einen der Findling, zum anderen der obeliskartige Gedenkstein. Diese Wahl ist so neu nicht, folgen doch die Soldaten den bekannten Beispielen aus Städten und Gemeinden. Der einfache Stein, der zumeist nur eine Tafel mit Namen der Verstorbenen aufweist, lenkt nicht von seiner eigentlichen Funktion des Trauern und Erinnerns ab. Diese Form verweist darüber hinaus auf einen grundsätzlichen Umstand: Das moderne Totengedenken in der Bundeswehr dient nicht dazu, den Einsatz militärischer Mittel politisch zu legitimieren, auch wenn dies in der Presse bisweilen mit Blick auf das Ehrenmal in Berlin eingefordert oder geargwöhnt wird. Eine solche Zielsetzung wäre zweifelsohne bedenklich, würde es doch bedeuten, dass erst der Tod des Soldaten dem jeweiligen Auftrag einen Sinn geben oder gar die Existenz einer Armee rechtfertigen würde. Auf das »Wofür« des militärischen Dienens hat nicht ein Ehrenmal Antwort zu geben, denn dies hieße, den Tod von Soldaten zu instrumentalisieren.

Das internationale Engagement der Bundeswehr als einer Armee im Bündnis, das von humanitären bis zu bewaffneten Einsätzen reicht, gründet auf einem Verteidigungskonzept unter dem Primat der Politik, das die Wahrung von Frieden, Recht und Freiheit als verfassungsmäßigen Auftrag fordert. Im Soldatengesetz heißt es: »Der Soldat hat die Pflicht, der Bundesrepublik Deutschland treu zu dienen und das Recht und die Freiheit des deutschen Volkes tapfer zu verteidigen« (ZDv 14/5 § 7). Sinn und Notwendigkeit des Auftrags müssen vermittelt werden, dies hat aber im Rahmen der Politisch-Historischen Bildung und nicht im Dunkel einer Ehrenhalle zu erfolgen.

Seit 1993 starben im Auslandseinsatz mehr als 80 Soldaten. Sie kamen im Wesentlichen durch Fremdeinwirkung ums Leben oder waren Opfer von Terroranschlägen. Der erste bei einem Auslandseinsatz (UNTAC) getötete Soldat war der 26-jährige Sanitätsfeldwebel Alexander Arndt, der am 14. Oktober 1993 in Phnom Penh auf offener Straße erschossen wurde. In der Bundeswehr-Publizistik wird die Erinnerung an ihn bis heute wachgehalten. In der Berliner Blücher-Kaserne steht zudem seit Oktober 2007 ein Gedenkstein zur Erinnerung an Arndt, den das jetzige Lazarettregiment 31 gestiftet hat. Auf dem Gelände der Burgwald-Kaserne im hessischen Frankenberg erinnert das Bataillon Elektronische Kampfführung 932 mit einem Basaltstein an vier Soldaten des ISAF-Kontingents, die bei einem Sprengstoffattentat am 7. Juni 2003 in Kabul getötet wurden. Auf dem Stein findet sich eine Tafel mit den Namen der Toten.

In den Einsatzgebieten selbst wurden ebenfalls angemessene Gedenkformen gefunden, die sich dem Pathos verweigern: Im deutschen Feldlager Rajlovac (Camp Capitaine Carreau) in Bosnien-Herzegowina entstand auf dem »Europaplatz« ein Erinnerungszeichen an die im Einsatzland gestorbenen Angehörigen der Bundeswehr. Nach der Truppenreduzierung der EUFOR und der Aufgabe des Lagers fand der Stein im August 2007 auf dem Gelände der deutschen Botschaft im nahen Sarajevo einen neuen Standort. Eine Straße im kosovarischen Feldlager Prizren trägt den Namen des ersten im KFOR-Einsatz verunglückten Soldaten, Oberstabsarzt Dr. Sven Eckelmann (1999). In diesem Feldlager befindet sich außerdem ein Gedenkstein, auf dem neben Bundeswehrangehörigen auch Soldaten aus anderen Nationen aufgeführt werden, die während des Dienstes im Kosovo ums Leben kamen. Die Widmung lautet: »In memory of the soldiers who gave their lives for the mission in Kosovo.« In Afghanistan schließlich stehen zur Zeit mehrere Erinnerungszeichen, darunter eines im Feldlager Camp Warehouse in Kabul mit der Inschrift »Den Toten zu Ehren«, eines im Feldlager Camp Marmal in Masar-e Scharif oder das Mal mit einer von der Stadt Berlin gestifteten Plastik, dem Berliner Bären, der sich seit 2003 auf dem Gedenkstein des deutschen ISAF-Kontingents am Kabul International Airport befindet.

Die Inschrift des Bundeswehr-Denkmals lautet in goldener Schrift auf goldenem Grund: »Den Toten unserer Bundeswehr / Für Frieden, Recht und Freiheit«. Die Wortwahl erinnert an eine Gedenkformel am »Ehrenmal des deutschen Heeres«, das 1972 auf der Festung Ehrenbreitstein in Koblenz errichtet wurde. Gedachte die Bundeswehr an diesem Ort bis 1994 ausschließlich der Gefallenen früherer deutscher Heere, wurde die Stätte schließlich umgestaltet und als zentrale Widmung die ganzheitliche Formel geprägt: »Den Toten des Deutschen Heeres«. Seit 2006 wird vor Ort mit einer schlichten Stele zusätzlich an die »im Dienst und Einsatz zu Tode gekommenen Angehörigen des Heeres der Bundeswehr« gedacht. Folgende Inschrift steht auf dem kleinen, hellen Stein geschrieben: »Den Heeressoldaten / der Bundeswehr, / die für Frieden, Recht und Freiheit / ihr Leben ließen«. Das Kuratorium hatte am 17. November 2005 beschlos-

Fabrice Sohler

Das Ehrenmal für die verstorbenen und getöteten ISAF- und Polizeiangehörigen aller beteiligten Nationen im Feldlager Camp Warehouse bei Kabul. Der Marmorblock trägt die Inschrift »Den Toten zu Ehren«. An der Ziegelsteinmauer dahinter sind Gedenktafeln mit Namen und Nationalität angebracht.

sen, dass »das Ehrenmal durch eine Stele zu erweitern [sei], um Angehörigen und Kameraden Gefallener des Heeres der Bundeswehr im Rahmen des Ehrenmals einen Ort des Gedenkens, Besinnens und der Identifikation zu schaffen«.

Angesichts einer 50-jährigen Erfolgsgeschichte sind demgegenüber im Ehrenmal der Bundeswehr die Toten vergangener deutscher Armeen zu Recht nicht einbezogen. Längst überfällig mag es dem Betrachter erscheinen, dass sich die Streitkräfte der Bundesrepublik endlich auf sich selbst besinnen, zumal ihre Toten in vielen alten Denkmalen – vor allem in den drei Nachkriegs-Ehrenmalen der Teilstreitkräfte Heer, Luftwaffe und Marine – erst spät überhaupt einbezogen und auch dann immer nur »mitgedacht« wurden. »Mitgedacht« werden Bundeswehrsoldaten übrigens seit einigen Jahren nun auch auf alten wie neugesetzten Kriegerdenkmälern für »Helden« des Ersten und »Opfer« des Zweiten Weltkriegs wie beispielsweise im bayerischen Freyung oder Reischach. Der Anstoß zur Erweiterung entsprechender Widmungen scheint sowohl aus dem kirchlichen wie militärischen Umfeld zu kommen. So regte etwa das Kommando Schnelle Einsatzkräfte Sanitätsdienst im ostfriesischen Leer Anfang Juli 2009 bei der Stadtverwaltung an, das alte Weltkriegsmal um eine Gedenktafel für im Dienst umgekommene Bundeswehrsoldaten zu ergänzen. Erinnerungszeichen von Bundeswehreinheiten, die losgelöst sind vom Weltkriegsgedenken, scheint es in Städten und Gemeinden bisher nicht zu geben.

Allein an diesen Beispielen zeigt sich, wie wichtig Historisch-Politische Bildung ist, denn nur das Wissen um Geschichte kann späteren Generationen helfen, zwischen einem Siegesmal der kaiserlichen Armee, den Nachkriegs-Denkmälern für Wehrmachtsoldaten und den Erinnerungsstätten einer Parlamentsarmee zu unterscheiden.

Das Berliner »Ehrenmal der Bundeswehr«

Die Bundeswehr gedenkt ihrer Toten – aber wird das Ehrenmal des Architekten Andreas Meck, das, so die Broschüre des Bundesministeriums der Verteidigung, öffentliches Erinnern und persönliches Trauern ermöglichen soll, dieser Parlamentsarmee gerecht?

picture-alliance/dpa/Christian Hager

Kieler Förde, im Hintergrund das Marine-Ehrenmal in Laboe.

Einen Sakralkörper aus Gold und Bronze, ähnlich einem griechischen Tempel klassischer Zeit, stellt das Ehrenmal dar: Elf Pfeiler besitzt es an seinen 32 Meter langen Seiten, keine jedoch an seiner Schmalseite, aber immerhin fünf Fahnenstangen, und, wie der Architekt in der offiziellen Broschüre ausführt, eine »Cella«. Im antiken Tempel war die Cella zumeist ein fensterloser Raum, in dem das überlebensgroße Götterbild thronte. Die moderne Cella ist ebenfalls ohne Fenster und ganz in Schwarz gehalten. Von einem Oberlicht beleuchtet, dient nach der im Sommer 2008 überarbeiteten Konzeption nunmehr eine Bruchsteinkante als Ablage für Blumen und Kränze. Namen von Toten werden über eine LED-Projektion fünf Sekunden lang an die Wand geworfen. Über diese Menschen, die Umstände ihres Todes, erfahren wir hingegen nichts. Der Architekt sucht auf der sakralen Klaviatur von Licht und Dunkel zu spielen. Dem schwarzen Raum wird eine goldschimmernde Wand gegenübergestellt, der Besucher soll aus dem Dunkel der Cella in das helle Gold der »Hoffnung« treten, das nach Meck allen Kulturen eigen sein soll. Bei näherer Betrachtung erweist sich die scheinbar glatte, geschlossene Bronzehaut des Baukörpers als ein Netz von ausgestanzten, gebrochenen, seltsamerweise auch einigen ganzen Erkennungsmarken. Sie sollen so den Soldatentod symbolisieren. In den Grundstein wurde neben der Urkunde, dem Faksimile des Grundgesetzes, einem Ehrenkreuz in Gold, Geldmünzen und Tageszeitungen auch eine Erkennungsmarke eingelassen.

Was die Symbolik des Gefallenentodes, die somit bis in den Grundstein wirkt, mit den mehr als 3000 Toten der Bundeswehr zu tun hat, bleibt offen. Die toten Soldaten und zivilen Bundeswehrangehörigen, derer nunmehr in und mit einem Denkmal in Berlin gedacht werden soll, sind nicht auf einem Schlachtfeld »gefallen« oder haben gar, wie es in früheren Kriegen hieß, in Schützengräben »den Heldentod erlitten«. Anders verhält es sich diesbezüglich mit Erinnerungszeichen in den Vereinigten Staaten: In Atlantic City (New Jersey) steht seit dem Jahr 2000 das »Korean War Memorial«. Als Teil eines größeren Ensembles hält dort eine überlebensgroße Plastik, »The Mourning Soldier«, in ihrer linken Hand mehrere Erkennungsmarken. Wohlgemerkt, es handelt sich bei diesem Denkmal um eine Erinnerungsstätte für die Gefallenen einer kriegerischen Auseinandersetzung.

Als eine »Armee ohne Pathos« haben sich aufgeschlossene Militärreformer der Gründerphase wie Wolf Graf von Baudissin die Bundeswehr gedacht. »Grundlegend Neues« sollte geschaffen werden, so die klassisch gewordene Forderung der »Himmeroder Denkschrift« aus dem Jahre 1950. Goldenes Gepränge vergangener Zeiten passt folglich nicht zu einer nüchternen Parlamentsarmee, daher ist zu begrüßen, dass statt des ursprünglich geplanten Goldkleides ein »feldgraues« Äußeres für das »Ehrenmal der Bundeswehr« gewählt wurde. Über Geschmack lässt sich bekanntlich streiten: Was dem einen eine ästhetische Pein, ist dem anderen eine angemessene Form des Erinnerns. Dennoch scheint der Entwurf für ein gewisses Unvermögen zu stehen, sich dem Soldatentod auf zeitgemäße Art anzunähern. Wie tröstlich mag wohl für jemanden ein »Kleid« gebrochener, gar ganzer Erkennungsmarken sein, der ein Familienmitglied durch Unfall, Freitod oder bei einem Terroranschlag verloren hat?

In der Luftlande-/Transportschule in Altenstadt wurde im September 2008 ein schlichter Gedenkstein enthüllt. Auf ihm stehen die Namen der 19 Soldaten, die seit 1958 bei Sprungunfällen und im Flugeinsatz ums Leben gekommen sind. Den Lebenden und den Toten wurde hier ein angemessener Ort der Erinnerung geschaffen, der sich auf das Wesentliche konzentriert. In der modernen Bundeswehr existieren vielfältige Erinnerungskulturen, deren steinerne Formen vor allem für eines stehen: Sie würdigen die Toten, sie nennen ihre Namen – nicht mehr und nicht weniger.

Loretana de Libero

Die Bundeswehr unternimmt heute weltweit Friedens- und Stabilisierungseinsätze im Rahmen der NATO, der Vereinten Nationen und der Europäischen Union (EU). Im Oktober 2009 standen fast 7600 Soldatinnen und Soldaten im Auslandseinsatz. Davon dienten mehr als 2100 im Kosovo (KFOR) und alleine knapp 4300 im Rahmen der International Security Assistance Force (ISAF) in Afghanistan – im Bild Bundeskanzlerin Angela Merkel bei einer Videokonferenz mit Soldaten im Camp Marmal in Masar-e Scharif (Einsatzführungskommando der Bundeswehr, 26. Juli 2006).

Der militärische Wandlungs- oder Modernisierungsprozess, zusammengefasst unter dem Begriff der »Transformation«, hat weitreichende Auswirkungen auf die Struktur der Bundeswehr, auf die Art und Weise ihrer Auftragserfüllung, aber auch auf die Form ihres »historischen Gedächtnisses«. Für das Bundesarchiv-Militärarchiv, das Schriftgut aus dem Verteidigungsressort dauerhaft sichert und nutzbar macht, stellt dies eine große Herausforderung dar: Wurde Schriftverkehr in den Streitkräften bis in die 1990er-Jahre hinein vorwiegend in Papierform erstellt, weitergegeben und schließlich aufbewahrt, erfolgt dies im Zeitalter der Auslandseinsätze zunehmend elektronisch – verbunden mit erheblichen Herausforderungen für die Archivierung.

Historisches Gedächtnis: Die archivische Überlieferung der Auslandseinsätze

Die im Jahre 2003 vom damaligen Verteidigungsminister Peter Struck vorgelegten Verteidigungspolitischen Richtlinien (VPR) knüpfen zwar an den in Art. 87a des Grundgesetzes niedergelegten Auftrag der Landesverteidigung an, erweitern ihn aber auch um militärische Einsätze zur Prävention von Krisen und Konflikten, zu deren Eindämmung wie auch zu ihrer Nachsorge. »Verteidigung« kann dieser Definition nach an jedem Platz der Welt stattfinden, von dem aus Gefahren für die Sicherheit Deutschlands drohen.

Ausgehend von dem in den VPR niedergelegten Aufgabenspektrum gibt die am 9. August 2004 erlassene Konzeption der Bundeswehr (KdB) den Rahmen für die Anpassung der Streitkräfte an das neue Auftragsprofil vor. Diese dauerhaft angelegte und deshalb von früheren Reformen zu unterscheidende Transformation zielt auf die Verbesserung und den dauerhaften Erhalt der Einsatzfähigkeit der Bundeswehr ab.

Rüstungspolitische Großvorhaben verdeutlichen den fundamentalen Wandel deutscher Streitkräfte. So beförderte am 22. Juli 2008 eine russische Trägerrakete den letzten von fünf deutschen Radarsatelliten in eine 500 Kilometer hohe Umlaufbahn und vervollständigte damit das seit 2006 im Aufbau befindliche deutsche Satellitenaufklärungssystem SAR-Lupe 5. Die SAR-Technik (Synthetic Aperture Radar) ermöglicht von Licht- und Wetterverhältnissen unabhängige Aufnahmen von der Erdoberfläche. Gemeinsam mit dem französischen optischen Satelliten Helios II bildet SAR-Lupe 5 den Kern des europäischen Satellitenaufklärungsverbundes. Das System wird durch eine zum Kommando Strategische Aufklärung gehörende Bodenstation in Gelsdorf bei Bonn gesteuert. Die Gesamtkosten belaufen sich auf schätzungsweise eine dreiviertel Milliarde Euro. Mit der vollständigen Inbetriebnahme von SAR-Lupe kann die Bundeswehr innerhalb kurzer Zeit an jedem Punkt der Erde Objekte von weniger als einem Meter Größe aufklären.

Des Weiteren erfolgte im Juni dieses Jahres der »Roll-out« des ersten Airbus A400M. Nach vielfältigen Verzögerungen sollen nun ab 2011 60 Stück des Militärtransporters an die Bundeswehr ausgeliefert werden. Das neue Flugzeug kann Hubschrauber, mehrere Rad- oder Panzerfahrzeuge sowie Soldatinnen und Soldaten in Kompaniestärke in einem Radius von über 3000 Kilometern ohne Zwischenstopp befördern. Mehrere Maschinen werden als Lufttanker ausgerüstet, um den unabhängigen Einsatz deutscher Luftstreitkräfte in großer Entfernung von der heimatlichen Basis sicherzustellen (derzeitiges Beschaffungsvolumen des deutschen A400M-Programms: 9 Milliarden Euro). Auch die Beschaffung von etwa 600 allwettertauglichen Luft-Boden-Marschflugkörpern vom Typ Taurus ist in der Geschichte der Bundeswehr ein qualitativ neues Rüstungsprojekt. Sie können aus einer Entfernung von bis zu 350 km abgefeuert und mit ihrer 500 kg schweren Gefechtsladung selbst stark verbunkerte Ziele zerstören (Beschaffungskosten: ca. 0,57 Milliarden Euro).

Während nach der Bundestagswahl 2009 die Diskussion um die Wehrpflicht im Mittelpunkt der öffentlichen Wahrnehmung steht, nähert sich das Fähigkeitsprofil der Bundeswehr schrittweise jenem amerikanischer, britischer oder französischer Einsatz- und Interventionstruppen an. Dieser Prozess hat weitreichende Auswirkungen auf die Struktur der deutschen Armee und auf die Art und Weise ihrer Aufgabenwahrnehmung. Auch das »historische Gedächtnis« der Streitkräfte befindet sich im radikalsten Umbruch ihrer Geschichte. Die damit verbundenen Herausforderungen für die archivischen Kernaufgaben, die dauerhafte Sicherung und die Nutzbarmachung militärischen Schriftgutes, werden hier in ihren Grundzügen beschrieben.

Alltägliche Stabsarbeit im Camp Warehouse bei Kabul 2004. Die in Papierform entstehenden Akten rücken gegenüber den elektronisch abgelegten Daten zunehmend in den Hintergrund.

Umgestaltung der IT-Technik:
Eine Herkulesaufgabe

Ein Kernelement der Transformation bildet die (Weiter-)Entwicklung adäquater Kommunikations- und IT-Strukturen. Das im Jahre 2006 zwischen dem Bund, Siemens Business Services und IBM Deutschland geschlossene Vertragswerk »Herkules« dient der Modernisierung und Standardisierung des Grundbetriebes der IT innerhalb der Bundeswehr und der Wehrverwaltung. Das Ziel besteht darin, ein medienbruchfreies, flächendeckendes und leistungsstarkes Kommunikationsnetz aller festen und mobilen Teile der Bundeswehr zu schaffen. Es handelt sich dabei um das derzeit größte Projekt in Public-Private-Partnership in Europa mit einem Finanzierungsvolumen von 7,1 Milliarden Euro bei einer Vertragslaufzeit von zehn Jahren.

Das parallel dazu im Aufbau befindliche IT-System der Bundeswehr setzt sich funktional aus zwei Subsystemen zusammen, dem Informationssystem Unterstützung BW (»weiße IT«) und dem Führungsinformationssystem BW (»grüne IT«). Für das Informationssystem Unterstützung BW wird auf der Basis kommerzieller Softwareprodukte für alle administrativen und logistischen Prozesse eine Standard-Anwendungs-Produkt-Familie (SASPF) entwickelt. SASPF soll – in Kombination mit marktüblichen Fabrikaten für Zentrale Dienste (Intranet, Mail-/Kommunikationsdienste, Office-Pakete usw.) – die derzeit rund 300 im Einsatz befindlichen älteren Fachanwendungssysteme ablösen, die in den wenigsten Fällen untereinander kompatibel sind und deren Wartungs- und Regenerationsaufwand hoch ist.

Bis 2016 sollen in den Hauptprozessen Bundeswehrplanung, Controlling, Rechnungswesen, Personal, Organisation, Rüstung/Logistik, Infrastruktur/Umwelt, Individualausbildung und Gesundheitsversorgung für insgesamt 90 Teilprojekte SASPF realisiert werden. Mit geschätzten 425 000 Personaldatensätzen für Soldatinnen und Soldaten sowie zivile Mitarbeiter wird das entstehende System zur Personalbearbeitung eines der größten Personalbewirtschaftungssysteme weltweit sein. Zudem halten elektronische Vorgangsbearbeitungssysteme Einzug. Die DOMEA-konforme Softwarelösung FAVORIT befindet sich in der

Pilotierung für das Bundesministerium der Verteidigung. Sie soll dort schon bald die in hohem Maße unstrukturierten Arbeitsprozesse effizienter gestalten und bestehende Defizite in der Schriftgutverwaltung überwinden. Diese äußern sich nicht zuletzt in Gestalt von unzähligen, parallel zu den Registraturen bestehenden Bearbeiterablagen mit einem File-Server-Speicherbedarf von über 18 Terabyte (Stand 2006).

Integrierte Informationssysteme, dezentrale Daten

Vernetzte Operationsführung (NetOpFü) liegt als Leitidee dem Aufbau des Führungsinformationsystems BW (FüInfoSysBW) zugrunde. Damit sind tiefgreifende Auswirkungen auf Führungsprozesse, Aufbau- und Ablauforganisationen sowie Technologie verbunden, deren Konsequenzen für die militärische Überlieferungsbildung kaum absehbar sind.

Die Vernetzung von Aufklärungs-, Führungs- und Waffensystemen soll überall und zu jeder Zeit Echtzeitinformationen bereitstellen und dadurch einen entscheidenden Beitrag zur Einsatzeffizienz der Streitkräfte liefern. Die Bundeswehr schreitet zügig beim Aufbau eines streitkräftegemeinsamen, führungsebenenübergreifenden und wegen der multinationalen Einbindung der deutschen Streitkräfte interoperablen Kommunikations- und Informationsverbundes voran. Allein um mit den modernen Armeen der Bündnispartner Schritt zu halten, wird diese Dynamik eher zu- denn abnehmen. Das Ziel der Vernetzten Operationsführung ist die Integration von Personen, Stellen, Truppenteilen und Einrichtungen sowie Aufklärungsmitteln und Waffensystemen in einen statisch wie mobil zur Verfügung stehenden Kommunikationsverbund, der sich auf redundante, breitbandige (d.h. übertragungsstarke) und global verfügbare Verbindungen stützt. Schon jetzt kommunizieren beispielsweise deutsche Marineeinheiten, die im Rahmen der Operation ENDURING FREEDOM vor dem Horn von Afrika patrouillieren, über das NATO-Führungsinformationsystem Maritime Command and Control Information System mit dem Flottenkommando in Glücksburg, das wiederum als Knotenpunkt

Künftig ist selbst der Einzelschütze in die »Vernetzte Operationsführung« eingebunden – im Bild ein Soldat an der Infanterieschule Hammelburg, der seinen »Personal Data Assistant« bedient (Sommer 2006).

des Wide Area Network (WAN) der Bundeswehr die Verbindung an die nationalen Hauptquartiere (Einsatzführungskommando in Potsdam, Kommando Operative Führung Eingreifkräfte in Ulm) herstellt.

Die Überlieferung aus der Vernetzten Operationsführung, d.h. die dauerhafte Sicherung von Informationen, beruht auf dezentraler Datenhaltung. Die Datenübertragung erfolgt verschlüsselt, der Zugang zum Führungsinformationssystem ist abhängig von den Erfordernissen der Geheimhaltung und der Datensicherheit. Das Netzwerk soll den Austausch unterschiedlicher Daten gewährleisten (Bild, Video, Text, Sprache, Geoinformationen) und eine umfangreiche Palette von Fachanwendungen und standardisierten Werkzeugen integrieren. Datenbanken und Geoinformationssysteme sind seine tragenden Säulen. Um die Interoperabilität des Führungsinformationssystems mit den Systemen, Einheiten und Dienststellen verbündeter Streitkräfte sicherzustellen, lehnt sich die Bundeswehr bei der Modellierung der IT-Architekturen eng an das NATO Architecture Framework (NAF) an. Das Kerndatenmodell Bundeswehr (KDMBw) stützt sich auf internationale Standardisierungsergebnisse und dient als Grundlage für die Beschreibung von Datenelementen in Architekturen.

Zwang zur Standardisierung – neue Informationsstrukturen

Der interoperabilitätsbedingte Zwang zur Standardisierung arbeitet den spezifischen Belangen der Archivare zu. Gleichzeitig sehen diese sich aber mit der Herausforderung konfrontiert, wie in einem bundeswehrüberspannenden digitalen Informations- und Kommunikationsverbund die in kaum vorstellbarem Umfang anfallenden digitalen Informationen überhaupt strukturiert und vorgehalten werden sollen. Das eingangs gezeigte Foto aus der Operationszentrale des Einsatzführungskommandos in Schwielowsee macht deutlich: die Zukunft ist längst in der Gegenwart angekommen.

Die Palette der offenen Fragen mit archivischer Relevanz ist breit gefächert: Die Hürden deutscher, EU-, NATO- sowie weiterer nationaler Geheimhaltungsvorschriften, kurzlebige Organisationsstrukturen und ein im Vergleich zu nicht-militärischen Dienststellen extremes Maß an personeller Fluktuation lassen erahnen, welchen überdurchschnittlichen personellen, zeitlichen und materiellen Aufwand die systematische und zielorientierte Sammlung produzierten »Schriftgutes« erfordert. Bislang liegen kaum entsprechende Erfahrungen vor.

Eine weitere Besonderheit unterscheidet die Überlieferung der Bundeswehr von jener des zivilen Bereichs. Multinationalität bildet das bestimmende Prinzip der deutschen Sicherheits- und Verteidigungspolitik. Auslandseinsätze der Bundeswehr erfolgen im multinationalen Rahmen, d.h. innerhalb von NATO oder EU oder unter der Führung der Vereinten Nationen. Die Bundesrepublik stellt Heeres-, Luftwaffen- und Marineeinheiten für die NATO Response Force sowie als Beitrag zum Battlegroup-Konzept der Europäischen Union. Als Folge dieser Entwicklungen verschmelzen nationale militärische Organisationsstrukturen zu multinationalen Komplexen, Zuständigkeiten und Verantwortliche wechseln turnusgemäß oder ad hoc, insgesamt aber unbeständig und ohne festes Muster. Die Führung multinationaler Einsatzverbände wechselt, die nationalen Kontingente wechseln ebenso.

Wie kann sichergestellt werden, dass späteren Benutzern kein »Flickenteppich« historischer Quellen, sondern eine aus deutscher Perspektive homogene und geschlossene Überlieferung vorgelegt werden kann? Wo und wie ist innerhalb des Hierarchie- und Organisationsgefüges überhaupt der archivwürdige Teil einer Überlieferung auszumachen? Zur Verdeutlichung: Erschließen sich die Ursachen für den Beinahe-Beschuss israelischer Einheiten durch die vor der libanesischen Küste patrouillierende Fregatte »Niedersachsen« im Frühjahr 2007 hinreichend aus den zusammengefass-

Bundeswehrsoldaten arbeiten auf dem Truppenübungsplatz in Stetten am kalten Markt während der vom Kommando Operative Führung Eingreifkräfte geleiteten multinationalen Stabsrahmenübung EUROPEAN ENDEAVOUR 2008 an ihren Dienstrechnern.

picture-alliance/dpa/Patrick Seeger

ten Meldungen und Berichten der politischen Führungsebene? Welche Quellen werden benötigt um zu klären, warum die KFOR-Truppe im Kosovo im März 2004 vom Ausbruch öffentlicher Gewalt bis hin zur Handlungsunfähigkeit überrascht wurde? Die Sicherung freier Wahlen in der Demokratischen Republik Kongo durch 780 Bundeswehrsoldaten in einem EU-geführten Einsatz, die öffentliche Kontroverse über die Form militärischen Engagements Deutschlands in Afghanistan oder die aktuelle Diskussion um eine aktive Rolle der Deutschen Marine bei der Bekämpfung von Piraterie in internationalen Gewässern machen deutlich, wie komplex die Ereignisse sind, die Historiker später aus der Rückschau zu bewerten haben.

Welches sind die Standards für die Überlieferung von Operationen, die im Zusammenhang mit dem Einsatz militärischer Gewalt erfolgen, wie sie das Zentrum für Transformation der Bundeswehr in seiner Zukunftsanalyse bis zum Jahre 2035 vorzudenken versucht? Nie waren die konzeptionellen, organisatorischen, rechtlichen und inhaltlichen Anforderungen höher, was die dauerhafte Sicherung der militärischen Überlieferung angeht. Es geht darum, die Transformation der Bundeswehr als Armee im Einsatz für die Nachwelt in aussagekräftiger und benutzbarer Form zu dokumentieren.

Andreas Kunz

Auslandseinsätze der Bundeswehr

Zeitraum	Land/Region	Operation
Jan. bis März 2009	Tschad	EUFOR Tschad
seit Dez. 2008	Horn von Afrika	Atalanta
seit Jan. 2008	Sudan (Darfur)	UNAMID
seit Sept. 2006	Libanon	UNIFIL II
Juli 2006 bis Dez. 2006	Kongo	EUFOR RD Congo
Okt. 2005 bis Dez. 2007	Sudan	AMIS
seit April 2005	Sudan	UNMIS
seit Dez. 2004	Bosnien-Herzegowina	EUFOR Althea
Febr. 2004 bis Juli 2008	Äthiopien/Eritrea	UNMEE
Juli 2003 bis Sept. 2003	Kongo	Artemis
seit März 2002	Afghanistan	UNAMA
Febr. 2002 bis Juli 2003	Kuwait	Enduring Freedom
seit Jan. 2002	Afghanistan	ISAF
seit Nov. 2001	Deutschland (Basis)	STRATAIRMEDEVC
seit Nov. 2001	Horn von Afrika	Enduring Freedom
seit Okt. 2001	Mittelmeer	Active Endeavour
Aug. 2001 bis Dez. 2003	Mazedonien	Essential Harvest/Amber Fox/ Allied Harmony/Concordia
Okt. 1999 bis Febr. 2000	Ost-Timor	Interfet
seit Juni 1999	Kosovo	KFOR
März 1999 bis Juni 1999	Kosovo	Allied Force
April bis August 1999	Albanien	AFOR
Dez. 1998 bis Juni 1999	Mazedonien	EXFOR
März 1997	Albanien	Libelle
Aug. 1995 bis Dez. 2004	Bosnien-Herzegowina	UNPROFOR/IFOR/SFOR
Juli 1995 bis Dez. 1995	Kroatien	UNPF
Juli 1994 bis Dez. 1994	Ruanda	UNAMIR
März 1994 bis Juni 2009	Georgien	UNOMIG
Aug. 1993 bis März 1994	Somalia	UNOSOM II
Juli 1992 bis Jan. 1996	Bosnien-Herzegowina	Luftbrücke/Deny Flight
Juni 1992 bis Juni 1996	Jugoslawien/Adria	Sharp Guard
Okt. 1991 bis Nov. 1993	Kambodscha	UNAMIC/UNTAC
Aug. 1991 bis Sept. 1996	Irak	UNSCOM
Juli 1991	Persischer Golf	Minenräumoperation
Jan. 1991 bis März 1991	Türkei	AMF Air
1990 bis 1991	Jordanien, Saudi-Arabien, Katar	ABC-Abwehr

Humanitäre Hilfseinsätze im In- und Ausland

Jahr	Land/Region	Grund
2005	Pakistan	Erdbeben
2004	Sudan	Hilfsflüge
2004	Südostasien	Tsunami
2002	Deutschland	Hochwasser Elbe
2000	Mosambik	Hochwasser
1999	Albanien	Flüchtlingshilfe
1999	Mazedonien	Flüchtlingshilfe
1999	Türkei	Erdbeben
1999	Griechenland	Erdbeben
1999	Österreich	Lawinenunglück
1998	Eritrea/Äthiopien	Evakuierung
1998	Sudan	Hungerhilfe
1998	Griechenland	Brandbekämpfung
1998	Kroatien	Brandbekämpfung
1998	Österreich	Grubenunglück
1997	Deutschland	Hochwasser Oder
1997	Türkei	Brandbekämpfung
1997	Polen	Hochwasser Oder
1995	Deutschland	Hochwasser Rhein
1994	Griechenland	Brandbekämpfung
1994	Albanien	Flutkatastrophe
1994	Türkei	Erdbeben
1993	Griechenland	Brandbekämpfung
1992	Russland	Winterhilfe
1992	Türkei	Erdbeben
1992	Somalia	Hungerhilfe
1991	Albanien	Humanitäre Hilfe
1991	Kenia	Humanitäre Hilfe
1991	Türkei	Kurdenhilfe
1991	Iran	Kurdenhilfe
1990	Portugal	Ölverschmutzung
1990	Rumänien	Hungerhilfe
1990	Tunesien	Überschwemmung
1990	Liberia	Bürgerkrieg

Jahr	Land/Region	Grund
1990	Iran	Erdbeben
1990	Griechenland	Brandbekämpfung
1990	UdSSR	Hungerhilfe
1989	Namibia	Wahlunterstützung
1989	Sudan	Dürre
1989	Uganda	Dürre
1989	Panama	Hungerhilfe
1989	Rumänien	Humanitäre Hilfe
1989	Namibia	Wahlunterstützung
1988	UdSSR [Armenien]	Erdbeben
1987	Kenia	Humanitäre Hilfe
1987	Dschibuti	Hilfe nach Bombenanschlag
1986	Kamerun	Hilfe nach Vulkangas-Katastrophe
1986	Griechenland	Erdbeben
1986	El Salvador	Erdbeben
1985	Sudan	Dürre
1985	Türkei	Busunglück
1985	Kolumbien	Vulkanausbruch
1984	Äthiopien	Dürre
1983	Uganda	Hungerhilfe
1983	Mauretanien	Hungerhilfe
1983	Italien	Brandbekämpfung auf Sardinien
1982	Jemen	Dürre
1982	Uganda	Hungerhilfe
1982	Pakistan	Hungerhilfe
1981	Italien	Erdbeben
1981	Pakistan	Hungerhilfe
1981	Uganda	Hungerhilfe
1981	Griechenland	Erdbeben
1980	Nicaragua	Hungerhilfe
1980	Somalia	Hungerhilfe
1980	Mali	Hungerhilfe
1980	Uganda	Hungerhilfe
1980	Pakistan	Hungerhilfe
1980	Sudan	Hungerhilfe
1980	Algerien	Erdbeben
1980	Somalia	Erdbeben
1980	Mosambique	Dürre

Jahr	Land/Region	Grund
1980	Italien	Erdbeben
1979	Uganda	Hungerhilfe
1979	China	Notstand
1979	Nicaragua	Erdbeben
1979	Malaysia	Hurrikan
1979	Deutschland	Schneekatastrophe
1978	Mali	Hungerhilfe
1978	Syrien	Hungerhilfe
1978	Israel	Notstand
1978	Algerien	humanitäre Hilfe nach Unruhen
1978	Malaysia	humanitäre Hilfe nach Unruhen
1978	Spanien	Explosionsunglück
1978	Sudan	Überschwemmung
1978	Iran	Erdbeben
1977	Rumänien	Erdbeben
1977	Tschad	Dürre
1977	Indien	Unwetterkatastrophe
1976	Guatemala	Erdbeben
1976	Italien	Erdbeben
1976	Türkei	Erdbeben
1975	Pakistan	Hungerhilfe
1975	Deutschland	Brandbekämpfung
1975	Angola	Hungerhilfe
1975	Ghana	Hungerhilfe
1975	Portugal	Erdbeben
1974	Ägypten	Transport von UN-Truppen
1974	Tschad	Dürre
1974	Äthiopien	Dürre
1974	Niger	Dürre
1974	Mali	Dürre
1974	Sudan	Dürre
1974	Mauretanien	Dürre
1974	Obervolta (Heute: Burkina Faso)	Dürre
1974	Honduras	Dürre
1974	Somalia	Dürre
1974	Zypern	Notstand
1974	Brasilien	Hungerhilfe
1974	Deutschland	Schwalbenrettung

Jahr	Land/Region	Grund
1973	Ägypten	Transport von UN-Truppen
1973	Sudan	Dürre
1973	Äthiopien	Dürre
1973	Mali	Dürre
1973	Algerien	Dürre
1973	Tunesien	Dürre
1973	Niger	Dürre
1973	Tschad	Dürre
1973	Obervolta (Heute: Burkina Faso)	Dürre
1973	Mauretanien	Dürre
1973	Senegal	Hungerhilfe
1973	Pakistan	Hungerhilfe
1973	Nigeria	Hungerhilfe
1973	Somalia	Hungerhilfe
1972	Nicaragua	Humanitäre Hilfe
1971	Türkei	Erdbeben
1971	Chile	Hochwasser
1971	Italien	Fährunglück
1971	Indien	Hungerhilfe
1971	Pakistan	Hungerhilfe
1970	Tunesien	Hochwasser
1970	Nicaragua	Hochwasser
1970	Algerien	Hochwasser
1970	Türkei	Hochwasser
1970	Peru	Hochwasser
1970	Jemen	Hochwasser
1970	Pakistan	Dürre
1970	Nigeria	Hochwasser
1969	Algerien	Hilfsaktion
1969	Tunesien	Hilfsaktion
1968	Iran	Erdbeben
1968	Italien	Erdbeben
1968	Biafra	Hungerhilfe
1966	Türkei	Erdbeben
1966	Italien	Hochwasser
1966	Griechenland	Notstand
1965	Algerien	Hilfsaktion
1963	Südjemen	Dürre

Jahr	Land/Region	Grund
1963	Algerien	Überschwemmung
1962	Deutschland	Hochwasser Hamburg
1961	Niger	Hungerhilfe
1961	Zypern	Notstand
1960	Angola	Hungerhilfe
1960	Marokko	Erdbeben

Soweit vorhanden, sind bei Buchtiteln die deutschen Übersetzungen aufgeführt. Die genannten Werke sind zum Teil im Buchhandel vergriffen. Bitte wenden Sie sich in diesem Fall an Bibliotheken oder suchen Sie nach antiquarischen Ausgaben (z.B. bei www.zvab.com oder www.eurobuch.com). Angehörige der Bundeswehr können Publikationen des MGFA wie den »Wegweiser zur Geschichte« kostenlos anfordern (Bezugsquellen und weitere Informationen auf http://www.mgfa.de/html/einsatzunterstuetzung/).

Allgemeines ....

Abenheim, Donald, Bundeswehr und Tradition. Die Suche nach dem gültigen Erbe des deutschen Soldaten, München 1989

Armee im Einsatz. Grundlagen, Strategien und Ergebnisse einer Beteiligung der Bundeswehr. Hrsg. von Hans-Joachim Gießmann und Armin Wagner, Baden-Baden 2009

Auslandseinsätze der Bundeswehr: Leitfragen, Entscheidungsspielräume und Lehren (= SWP-Studie S 27/2007). Hrsg. von Stefan Mair, Berlin 2007

Beck, Daniel, Auslandseinsätze deutscher Streitkräfte, Hamburg 2008

Bernecker, Arabelle, Internationales Konfliktmanagement am Beispiel des Krieges in Bosnien, 1992–1995, Frankfurt a.M. 2001

Die Blauhelme. Im Einsatz für den Frieden. Hrsg. von Ernst Koch, Frankfurt a.M., Bonn 1991

Bundeswehr und Tradition. Zur Debatte um das künftige Geschichts- und Traditionsverständnis in den Streitkräften. Hrsg. von Andreas Prüfert, Baden-Baden 2000

Bundeswehr – Die nächsten 50 Jahre. Anforderungen an deutsche Streitkräfte im 21. Jahrhundert. Hrsg. von Joachim Krause und Jan C. Irlenkaeuser, Opladen 2006

Die Bundeswehr 1955–2005. Rückblenden – Einsichten – Perspektiven. Hrsg. von Frank Nägler, München 2007

Bundeswehr im Einsatz. Katalog zur Ausstellung anlässlich des 15. Jahrestages der ersten Parlamentsmandatierung von bewaffneten Einsätzen der Bundeswehr im Ausland. Hrsg. vom Bundesministerium der Verteidigung, Berlin 2009

Burghardt, Diana, Für ein effizientes Friedensengagement: Das Konzept der Integrierten Missionen, Bonn 2007 (= BICC Konzeptpapiere)

Chauvistré, Eric, Wir Gutkrieger. Warum die Bundeswehr im Ausland scheitern wird, Frankfurt a.M., New York 2009

Conze, Eckhart, Die Suche nach Sicherheit. Eine Geschichte der Bundesrepublik Deutschland von 1949 bis in die Gegenwart, München 2009

Deutsche Sicherheitspolitik. Herausforderungen, Akteure und Prozesse. Hrsg. von Sven Böckenförde und Bernhard Gareis, Opladen, Farmington Hills, MI 2009

Doyle, Michael, und Nicholas Sambanis, Making War and Building Peace: United Nations Peace Operations, Princeton, NJ 2006

Einsatz der Bundeswehr im Ausland. Rechtsgrundlagen und Rechtspraxis. Hrsg. von Dieter Weingärtner, Baden-Baden 2006

Eisele, Manfred, Die Vereinten Nationen und das internationale Krisenmanagement, Frankfurt a.M. 2000

Entschieden für Frieden. 50 Jahre Bundeswehr. Hrsg. von Klaus-Jürgen Bremm u.a., Freiburg 2005

Europa ohne Sicherheit. Chancen und Risiken der Europäischen Sicherheits- und Verteidigungspolitik. Hrsg. von Erich Reiter, Wien 2007

Die Europäische Union im Kampf gegen den Terrorismus: Sicherheit vs. Freiheit? Hrsg. von Erwin Müller und Patricia Schneider, Baden-Baden 2006

Flechtner, Stefanie, In neuer Mission. Auslandseinsätze und die deutsche Sicherheitspolitik, Berlin 2007 (= Kompass 2020. Deutschland in den internationalen Beziehungen: Ziele, Instrumente, Perspektiven)

Forsteneichner, Günter F.C., Auslandseinsätze der Bundeswehr, Sulzbach, Ts., Bonn 2006 (= isp-Sonderheft IV)

Freuding, Christian, Streitkräfte als Instrument deutscher Außen- und Sicherheitspolitik seit Mitte der neunziger Jahre, Hamburg 2007

Den Frieden gewinnen: Zur Konsolidierung von Friedensprozessen in Nachkriegsgesellschaften. Hrsg. von Mir A. Ferdowski und Volker Matthies, Bonn 2003

Friedensethik im Einsatz: ein Handbuch der Evangelischen Seelsorge in der Bundeswehr. Hrsg. von Hartwig von Schubert, Gütersloh 2009

Friedensgutachten 2009. Hrsg. von Jochen Hippler u.a., Münster 2009

Geschichte der Bundesrepublik Deutschland, 5 Bde in 6 Teilen. Hrsg. von Karl Dietrich Bracher u.a., Stuttgart, Wiesbaden 1983–1987

Görtemaker, Manfred, Geschichte der Bundesrepublik Deutschland: Von der Gründung bis zur Gegenwart, Frankfurt a.M. 2004

Hacke, Christian, Die Außenpolitik der Bundesrepublik Deutschland. Von Konrad Adenauer bis Gerhard Schröder, 2., aktualisierte Aufl., Berlin 2004

Haftendorn, Helga, Deutsche Außenpolitik zwischen Selbstbeschränkung und Selbstbehauptung, Stuttgart 2001

Handbuch Militär und Sozialwissenschaft. Hrsg. von Sven Bernhard Gareis und Paul Klein, Wiesbaden 2004

Hoffmann, Oskar, Deutsche Blauhelme bei UN-Missionen. Politische Hintergründe und rechtliche Aspekte, München 1993

Der Islam in der Gegenwart. Hrsg. von Werner Ende und Udo Steinbach, Bonn 2005

Jünemann, Annette, und Niklas Schöring, Die Sicherheits- und Verteidigungspolitik der »Zivilmacht Europa«. Ein Widerspruch in sich?, Frankfurt a.M. 2002 (= HFSK-Report 13/2002)

Kaldor, Mary, Neue und alte Kriege: Organisierte Gewalt im Zeitalter der Globalisierung, Frankfurt a.M. 2007

Kennedy, Paul, Parlament der Menschheit. Die Vereinten Nationen und der Weg zur Weltregierung, München 2007

Krüger, Heiko, Kosovo, Abchasien, Südossetien und das internationale Sezessionsrecht, Berlin 2009

Kümmel, Gerhard, Asymmetrische Konflikte und Terrorismusbekämpfung. Prototypen zukünftiger Kriege, Baden-Baden 2003

de Libero, Loretana, Tradition in Zeiten der Transformation: Zum Traditionsverständnis der Bundeswehr im frühen 21. Jahrhundert, Paderborn u.a. 2006

Limpert, Martin, Auslandseinsatz der Bundeswehr, Berlin 2002

Limpert, Martin, Parlamentsheer unter exekutivem Befehl, Berlin 2008

Münkler, Herfried, Der Wandel des Krieges: von der Symmetrie zur Asymmetrie, Weilerswist 2006

Naumann, Klaus, Einsatz ohne Ziel? Die Politikbedürftigkeit des Militärischen, Hamburg 2008

Ooyen, Robert Christian van, Die neue Welt des Krieges und das Recht. Out-of-area-Einsätze der Bundeswehr im verfassungsfreien Raum. In: Internationale Politik und Gesellschaft, 5 (2002), S. 90–110

Philippi, Nina, Bundeswehrauslandseinsätze als außen- und sicherheitspolitisches Problem des geeinten Deutschland, Frankfurt a.M. 1997

Rauch, Andreas M., Auslandseinsätze der Bundeswehr, Baden-Baden 2006

Regelsberger, Elfriede, Gemeinsame Außen- und Sicherheitspolitik der EU (GASP): Konstitutionelle Angebote im Praxistest 1993–2003, Baden-Baden 2004

Schöllgen, Gregor, Die Außenpolitik der Bundesrepublik Deutschland. Von den Anfängen bis zur Gegenwart, München 1999

Schröder, Florian, Das parlamentarische Zustimmungsverfahren zum Auslandseinsatz der Bundeswehr in der Praxis, Köln u.a. 2005

Schröder, Stephanie, Zwischen Anspruch und Wirklichkeit: Krisenprävention in der europäischen Außen-, Sicherheits- und Verteidigungspolitik. Konzepte, Kapazitäten, Kohärenzprobleme, Berlin 2006

Sicherheit versus Freiheit? Hrsg. von Andreas von Arnauld und Michael Starck, Berlin 2008

Sicherheits- und verteidigungspolitisches Meinungsklima in der Bundesrepublik Deutschland. Hrsg. von Thomas Bulmahn u.a., Strausberg 2008 (= Sozialwissenschaftliches Institut der Bundeswehr; Forschungsbericht 84)

Die Sicherheitspolitik der EU im Werden. Bedrohungen, Aktivitäten, Fähigkeiten. Hrsg. von Hans-Georg Erhart und Burkard Schmitt, Baden-Baden 2004

Sigloch, Daniel, Auslandseinsätze der deutschen Bundeswehr. Verfassungsrechtliche Möglichkeiten und Grenzen, Hamburg 2006

Streitkräfte zähmen, Sicherheit schaffen, Frieden gewinnen. Hrsg. von Hans J. Gießmann und Götz Neuneck, Baden-Baden 2008

Vereint marschieren – Marcher uni. Die deutsch-französische Sicherheitskooperation als Paradigma europäischer Streitkräfte? Hrsg. von Sven Bernhard Gareis und Nina Leonhard, Wiesbaden 2008

Volger, Helmut, Geschichte der Vereinten Nationen, München 2008

Von Kambodscha bis Kosovo. Auslandseinsätze der Bundeswehr seit Ende des Kalten Krieges. Hrsg. von Peter Goebel, Frankfurt a.M., Bonn 2000

Weber, Matthias, Der UNO-Einsatz in Somalia – Die Problematik einer humanitären Intervention, Denzlingen 1997

Wiefelspütz, Dieter, Der Auslandseinsatz der Bundeswehr und das Parlamentsbeteiligungsgesetz, Frankfurt a.M. 2008

Wizelman, Leah, Wenn der Krieg nicht endet. Schicksale von traumatisierten Soldaten und ihren Angehörigen, Bonn 2009

Wölfle, Markus, Die Auslandseinsätze der Bundeswehr und die Auswirkungen auf die Rolle der Bundesrepublik Deutschland im internationalen System. Ein Vergleich von Rollenkonzept und Rollenverhalten unter besonderer Berücksichtigung des Zivilmachtskonzepts, Bonn 2005

Wolfrum, Edgar, Die geglückte Demokratie. Geschichte der Bundesrepublik Deutschland von ihren Anfängen bis zur Gegenwart, Stuttgart 2006

Zentralasien (Afghanistan und Usbekistan) ....

Afghanistan – A Country Without a State? Hrsg. von Christine Nölle-Karimi, Conrad Schetter und Reinhard Schlagintweit, Frankfurt a.M. u.a. 2002

Afghanistan Research and Evaluation Unit (AREU). The A to Z Guide to Afghanistan Assistance, 2nd ed., Kabul 2003

The Afghanistan Challenge: Hard Realities and Strategic Choices. Ed. by Hans-Georg Erhart und Charles Pentland, Montreal 2009

Binder, Franz, Mittelasien. Tor zwischen zwei Welten, München 2004

Böhm, Peter, Tamerlans Erben. Zentralasiatische Annäherungen, Wien 2005

Dupree, Louis, Afghanistan, Princeton, NJ 1973

Elger, Ralf, Kleines Islam-Lexikon. Geschichte – Alltag – Kultur, Bonn 2003

Ende, Werner, Udo Steinbach und Renate Laut, Der Islam in der Gegenwart, München 2005

Fundamentalism Reborn? Afghanistan and the Taliban. Ed. by William Maley, New York 2001

Giese, Ernst, und Jenniver Sehring, Destabilisierungs- und Konfliktpotenzial prognostizierter Umweltveränderungen in der Region Zentralasien bis 2020/2050, Gießen, Berlin 2006

Grötzbach, Erwin, Afghanistan. Eine geographische Landeskunde, Darmstadt 1990

Grützmacher, Christoph, Islamistischer Terrorismus als Sicherheitsproblem in Asien. Kampf im Namen Allahs?, Hamburg 2008

Halbach, Uwe, Usbekistan als Herausforderung für westliche Zentralasienpolitik, Berlin 2006 (= SWP-Studie, 26)

Haussig, Hans-Wilhelm, Die Geschichte Zentralasiens und der Seidenstraße in islamischer Zeit, Darmstadt 1994

Höllmann, Thomas O., Die Seidenstrasse, München 2004

Kaim, Markus, ISAF ausbauen – OEF beenden. Zur Debatte um die Bundeswehr-Mandate in Afghanistan, Berlin 2007 (= SWP-Aktuell 43)

Lange, Sascha, Die Bundeswehr in Afghanistan: Personal und technische Ausstattung in der Einsatzrealität, Berlin 2008 (= SWP-Studie S 09/2008)

List, Dörthe, Regionale Kooperation in Zentralasien. Hindernisse und Möglichkeiten, Gießen 2005

Machtmosaik Zentralasien. Traditionen, Restriktionen, Aspirationen. Hrsg. von Manfred Sapper, Volker Weichsel und Andrea Huterer, Berlin 2007 (= Osteuropa, 8/9); unter gleichem Titel erschienen in der Schriftenreihe der Bundeszentrale für politische Bildung, Bd 656, Bonn 2007

Maley, William, Rescuing Afghanistan, London 2006

Merey, Can, Die afghanische Misere: warum der Westen am Hindukusch zu scheitern droht, Weinheim 2008

Noetzel, Timo, und Martin Zapfe, Aufstandsbekämpfung als Auftrag. Instrumente und Planungsstrukturen für den ISAF-Einsatz, Berlin 2008 (= SWP-Studie S 13/2008)

Pierce, Richard A., Russian Central Asia, 1867–1917. A Study in Colonial Rule, Berkeley, Los Angeles, CA 1960

Rashid, Ahmed, Descent Into Chaos: How the War Against Islamic Extremism Is Being Lost in Pakistan, Afghanistan and Central Asia, London 2008

Rashid, Ahmed, Taliban: Afghanistans Gotteskrieger und der Dschihad, München 2002

Sadyrbek, Mahabat, Die Zentralasienstrategie der EU. Neues »Great Game« oder Chance für die Region?, Hamburg 2009

Schetter, Conrad, Kleine Geschichte Afghanistans, München 2004

Schmunk, Michael, Die deutschen Provincial Reconstruction Teams. Ein neues Instrument zum Nation-Building, Berlin 2005 (= SWP-Studie S 033/2005)

Sehring, Jenniver, Kooperation bei Wasserkonflikten. Die Bemühungen um nachhaltiges Wassermanagement in Zentralasien, Mainz 2002

Wegweiser zur Geschichte. Afghanistan. Hrsg. von Bernhard Chiari, 3., überarb. und erw. Aufl., Paderborn u.a. 2009

Wegweiser zur Geschichte. Usbekistan. Hrsg. von Bernhard Chiari und Magnus Pahl, Paderborn u.a. 2009

Wegweiser zur Geschichte. Pakistan. Hrsg. von Bernhard Chiari und Conrad Schetter, Paderborn u.a. 2010

Zentralasien. Hrsg. von Gavin Hambly, Frankfurt a.M. 1966

Zentralasien und Islam. Hrsg. von Andrea Strasser, Hamburg 2002

Zentralasien. 13. bis 20. Jahrhundert. Hrsg. von Bert Fragner und Andreas Kappeler, Wien 2006

Zentralasien. Geschichte, Politik, Wirtschaft. Ein Lexikon. Hrsg. von Marie-Carin von Gumppenberg und Udo Steinbach, München 2007

Kaukasus ....

Auch, Eva-Maria, und Uwe Halbach, Kaukasus-Region, München 2003 (= Informationen zur politischen Bildung, aktuell)

Baberowski, Jörg, Der Feind ist überall. Stalinismus im Kaukasus, München 2003

The Baku-Tbilisi-Ceyhan Pipeline. Oil Window to the West. Ed. by Frederick Starr and Svante Cornell, Washington, DC 2005

Brennpunkt Südkaukasus. Aufbruch trotz Krieg, Vertreibung und Willkürherrschaft? Hrsg. von Gerhard Mangold, Wien 1999

Coppieters, Bruno, Westliche Sicherheitspolitik und der Konflikt zwischen Georgien und Abchasien, Köln 1999 (= Bericht des Bundesinstituts für ostwissenschaftliche und internationale Studien, 12)

Grobbe-Hagel, Karl, Tschetschenien. Russlands langer Krieg, Köln 2001

Gruska, Ulrike, Separatismus in Georgien. Möglichkeiten und Grenzen friedlicher Konfliktregelung am Beispiel Abchasien, Hamburg 2005

Halbach, Uwe, Erdöl und Identität im Kaukasus. Regionalkonflikte zwischen ethnischer Mobilisierung und ökonomischem Interesse, Bonn 2002

Hoffmann, Joachim, Kaukasien 1942/43. Das deutsche Heer und die Orientvölker der Sowjetunion, Freiburg i.Br. 1991 (= Einzelschriften zur Militärgeschichte, 35)

Kappeler, Andreas, Russland als Vielvölkerreich. Entstehung, Geschichte, Zerfall, München 2001

Der Kaukasus. Geschichte – Kultur – Politik. Hrsg. von Marie-Carin von Gumppenberg und Udo Steinbach, München 2008

Der Krieg im Schatten. Russland und Tschetschenien. Hrsg. von Florian Hassel, Frankfurt a.M. 2003

Russland und der postsowjetische Raum. Hrsg. von Roland Götz und Uwe Halbach, Baden-Baden 2003.

Torke, Hans-Joachim, Einführung in die Geschichte Russlands, München 1997

Wegweiser zur Geschichte. Kaukasus. Hrsg. von Bernhard Chiari, Paderborn u.a. 2008

Naher Osten ....

Achcar, Gilbert, und Michael Warschawski, Der 33-Tage-Krieg. Israels Krieg gegen die Hisbollah im Libanon und seine Folgen, Hamburg 2007

Asseburg, Muriel, Die EU und der Friedensprozess im Nahen Osten, Berlin 2003 (= SWP-Studie)

Beck, Martin, Friedensprozess im Nahen Osten. Rationalität, Kooperation und politische Rente im Vorderen Orient, Wiesbaden 2002

Clauss, Manfred, Das alte Israel. Geschichte, Gesellschaft, Kultur, München 1999

Fiedler, Heinz, und Karl-Heinz Volkert, Deutschland, Europa und der Nahe Osten, Frankfurt a.M. 2003

Flores, Alexander, Die arabische Welt: Ein kleines Sachlexikon, Stuttgart 2003

Geschichte der arabischen Welt. Hrsg. von Heinz Halm, 5. Aufl., München 2004

Göksel, Timur, UNIFIL – Peacekeepers in the Line of Fire, Beirut 2007

Hourani, Albert, Die Geschichte der arabischen Völker, Frankfurt a.M. 2000

Kleines Islamlexikon. Geschichte, Alltag, Kultur. Hrsg. von Ralf Elger, München 2006

O'Ballance, Edgar, Civil War in Lebanon, 1975–1992, New York 1998

Rotter, Gernot, und Schirin Fahti, Nahostlexikon. Der israelisch-palästinensische Konflikt von A–Z, Heidelberg 2001

Schreiber, Friedrich, und Michael Wolffsohn, Nahost. Geschichte und Struktur des Konflikts, Opladen 1995

Segev, Tom, Es war einmal in Palästina. Juden und Araber vor der Staatsgründung Israels, München 2005

Steininger, Rolf, Der Nahostkonflikt, Frankfurt a.M. 2003

Wegweiser zur Geschichte. Naher Osten. Hrsg. von Bernhard Chiari und Dieter H. Kollmer, 2. Aufl., Paderborn u.a. 2009

Wolffsohn, Michael, Wem gehört das Heilige Land? Die Wurzeln des Streits zwischen Juden und Arabern, München 2002

Wullkopf, Frank, Die UNIFIL (1978–1998) als Beispiel für mangelhafte Effizienz friedenssichernder Operationen der Vereinten Nationen, Münster 2001

Balkan (Bosnien-Herzegowina und Kosovo)

Albanien zwischen Kreuz und Halbmond. Hrsg. von Werner Daum, München 1998

Am Rande Europas? Der Balkan – Raum und Bevölkerung als Wirkungsfelder militärischer Gewalt. Hrsg. von Bernhard Chiari und Gerhard P. Groß, München 2009

Bartl, Peter, Albanien. Vom Mittelalter bis zur Gegenwart, Regensburg 1995

Biermann, Rafael, Lehrjahre im Kosovo. Das Scheitern der internationalen Krisenprävention vor Kriegsausbruch, Paderborn u.a. 2006

Boeckh, Katrin, Serbien. Montenegro. Geschichte und Gegenwart, Regensburg 2009 (= Ost- und Südosteuropa. Geschichte der Länder und Völker)

Bosnien und Herzegowina. Europas Balkanpolitik auf dem Prüfstand. Hrsg. von Erich Reiter und Predrag Jureković, Baden-Baden 2006

Die Bundeswehr im Kosovo. Auftrag und Ausrüstung. Hrsg. von Thomas A. Meuter, Bonn 2002

Calic, Marie-Janine, Krieg und Frieden in Bosnien-Hercegovina, erw. Neuausg., Frankfurt a.M. 1996

Dayton. Perspektiven europäischer Sicherheit. Hrsg. von der Stiftung Wissenschaft und Politik. Forschungsinstitut für internationale Politik und Sicherheit, Ebenhausen 1996 (= SWP-IP 2946, Februar 1996)

Džihič, Vedran, und Helmut Kramer, Der Kosovo nach der Unabhängigkeit. Hehre Ziele, enttäuschte Hoffnungen und die Rolle der internationalen Gemeinschaft, Berlin 2008

Drakulić, Slavenka, Keiner war dabei. Kriegsverbrechen auf dem Balkan vor Gericht, Wien 2004

Friedrich, Roland, Die deutsche Außenpolitik im Kosovo-Konflikt, Wiesbaden 2005

Fritzler, Marc, Stichwort Bosnien, München 1994

Gerolymatos, André, The Balkan Wars. Conquest, Revolution and Retribution from the Ottoman Era to the Twentieth Century and Beyond, New York 2002

Glenny, Misha, The Balkans. Nationalism, War and the Great Powers, 1804–1999, New York 2000

Hösch, Edgar, Geschichte der Balkanländer von der Frühzeit bis zur Gegenwart, 4. Aufl., München 2000

Jertz, Walter, Krieg der Worte – Macht der Bilder. Manipulation oder Wahrheit im Kosovo-Konflikt?, Bonn 2001

Der Jugoslawien-Krieg. Handbuch zu Vorgeschichte, Verlauf und Konsequenzen. Hrsg. von Dunja Melčić, 2. akt. und erw. Auflage, Wiesbaden 2007

Kosovo, Kosova. Mythen, Daten, Fakten. Hrsg. von Karl Kaser, Wolfgang Petritsch und Robert Pichler, Klagenfurt u.a. 1999

Der Kosovo-Konflikt. Ursachen, Akteure, Verlauf. Hrsg. von Konrad Clewing und Jens Reuter, München 2000

Kramer, Helmut, und Vedran Džihič, Die Kosovo-Bilanz. Scheitert die internationale Gemeinschaft?, Münster 2005

Lexikon zur Geschichte Südosteuropas. Hrsg. von Edgar Hösch, Karl Nehring und Holm Sundhaussen, Wien 2004

Loquai, Heinz, Der Kosovo-Konflikt. Wege in einen vermeidbaren Krieg. Die Zeit von November 1997 bis März 1999, Baden-Baden 2000

Malcolm, Noel, Geschichte Bosniens, Frankfurt a.M. 1996

Malcolm, Noel, Kosovo. A Short History, London 1998

Münster – Versailles – Dayton. Konfliktlösung gestern – heute – morgen. Hrsg. von Günter Gehl, Weimar 2000

Peacebuilding and Civil Society in Bosnia-Herzegovina: Ten Years after Dayton. Ed. by Martina Fischer, Berlin 2007

Schmider, Klaus, Partisanenkrieg in Jugoslawien 1941–1944, Hamburg u.a. 2002

Schmitt, Jens Oliver, Kosovo. Kurze Geschichte einer zentralbalkanischen Landschaft, Köln u.a. 2008

Sundhaussen, Holm, Geschichte Jugoslawiens 1918–1980, Stuttgart 1982

Sundhaussen, Holm, Geschichte Serbiens. 19.–21. Jahrhundert, Wien u.a. 2007

Wegweiser zur Geschichte. Bosnien-Herzegowina. Hrsg. von Agilolf Keßelring, 2. Aufl., Paderborn u.a. 2007

Wegweiser zur Geschichte. Kosovo. Hrsg. von Bernhard Chiari und Agilolf Keßelring, 3., durchges. und erw. Aufl., Paderborn u.a. 2008

Subsahara-Afrika (Horn von Afrika, Demokratische Republik Kongo, Tschad und Sudan)

Afrika I. Hrsg. von der Bundeszentrale für Politische Bildung, Bonn 2001 (= Informationen zur Politischen Bildung, 264)

Afrika. Mythos und Zukunft. Hrsg. von Katja Böhler und Jürgen Hoeren, Freiburg i.Br. 2003

Das Afrika-Lexikon. Ein Kontinent in 1000 Stichwörtern. Hrsg. von Jacob E. Mabe, Wuppertal, Weimar 2004

Ansprenger, Franz, Geschichte Afrikas, München 2002

Bitterli, Urs, Die »Wilden« und die »Zivilisierten«. Grundzüge einer Geistes- und Kulturgeschichte der europäisch-überseeischen Begegnung, München 1991

Debiel, Thomas, UN-Friedensoperationen in Afrika. Weltinnenpolitik und die Realität von Bürgerkriegen, Bielefeld 2003

Islamism and its Enemies in the Horn of Africa. Ed. by Alex de Waal, Bloomington, IN 2004

Edgerton, Robert, The Troubled Heart of Africa: A History of the Congo, New York 2002

Ehrhart, Hans-Georg, EUFOR Tchad/RCA: Zwischenbilanz und Empfehlungen für eine effektivere Konfliktlösung. In: Integration, 1 (2009), S. 399–404

Ehrhart, Hans-Georg, Nichts wie weg? Zum Ende des EU-Militäreinsatzes im Kongo, Hamburg 2006 (= Hamburger Informationen zur Friedensforschung und Sicherheitspolitik, 41)

Krisenmanagement in Afrika. Erwartungen – Möglichkeiten – Grenzen. Hrsg. von Walter Feichtiger und Gerald Hainzl, Wien u.a. 2009

Ghebresillasie, Girma, Kalter Krieg am Horn von Afrika. Regional-Konflikte. Äthiopien und Somalia im Spannungsfeld der Supermächte 1945–1991, Baden-Baden 1999

Grimm, Sven, Die Europäische Afrikapolitik – Europas Rolle in einer randständigen Region, Hamburg 2003

Grimm, Sven, und Nina Kielwein, Die Afrika-Strategie der Europäischen Union – Kohärenz gegenüber einem vielschichtigen Kontinent im Wandel?, Bonn 2005

Harding, Leonhard, Geschichte Afrikas im 19. und 20. Jahrhundert, München 1999

Iliffe, John, Geschichte Afrikas, München 2003

Johnson, Dominic, Kongo: Kriege, Korruption und die Kunst des Überlebens, Frankfurt a.M. 2008

Kleines Afrika-Lexikon. Politik – Wirtschaft – Kultur. Hrsg. von Rolf Hofmeier und Andreas Mehler, Bonn 2005

Krisenregion Horn von Afrika. Hrsg. von Stefan Brüne und Volker Matthies, Hamburg 1990

Marx, Christoph, Geschichte Afrikas. Von 1800 bis zur Gegenwart, Paderborn 2004

Matthies, Volker, Äthiopien, Eritrea, Somalia, Djibouti. Das Horn von Afrika, 3., überarb. und erw. Aufl., München 1997

Matthies, Volker, Kriege am Horn von Afrika. Historischer Befund und friedenswissenschaftliche Analyse, Berlin 2005 (= Bewaffnete Konflikte nach dem Ende des Ost-West-Konfliktes, 19)

Münkler, Herfried, Die neuen Kriege, 5. Aufl., Reinbek bei Hamburg 2002

Das nachkoloniale Afrika. Politik, Wirtschaft, Gesellschaft. Hrsg. von Rainer Tetzlaff und Cord Jacobeit, Wiesbaden 2005 (= Grundwissen Politik, 35)

Öhm, Manfred, Sudan. Politischer Übergang ohne Machtwechsel, Bonn 2006 (= FES-Analyse)

Pabst, Martin, Tschad: EUFOR im Wilden Osten. In: Europäische Sicherheit, 57 (2008), H. 4, S. 31–34

Reiter, Erich, Der Kongoeinsatz der EU, Wien 2003

Schreiber, Wolfgang, Kongo-Kinshasa (Kivu, Ituri). Bewaffnete Konflikte, Hamburg 2003

Tull, Denis M., Die Tschad-Krise und die Operation EUFOR Tschad/ZAR. In: SWP Aktuell A15 (2008)

Wegweiser zur Geschichte. Demokratische Republik Kongo. Hrsg. von Bernhard Chiari und Dieter H. Kollmer, 3., überarb. Aufl., Paderborn u.a. 2008

Wegweiser zur Geschichte. Horn von Afrika. Hrsg. von Dieter H. Kollmer und Andreas Mückusch, Paderborn u.a. 2007

Wegweiser zur Geschichte. Sudan. Hrsg. von Bernhard Chiari, Paderborn u.a. 2007

Erinnerungsliteratur ....

Barschow, Boris, Kabul, ich komme wieder, Lüneburg 2007 [Schilderung der Einsatzrealität von ISAF. Barschow, ZDF-Redakteur und Reporter, war 2007 als Chefredakteur verantwortlich für die Herausgabe der NATO-Zeitung Sada-e-Azadi, Stimme der Freiheit]

Bauer, Herbert R., Medizinmann auf Friedensmission: Erlebnisse eines Bundeswehrsoldaten im Kaukasus, Leipzig 2007 [der Autor war mehrfach im Rahmen der UNOMIG im Einsatz in Georgien und zählte zu den 2003 im Kodori-Tal entführten UN-Beobachtern]

Buwitt, Detlef, Erfahrungen des Bundesgrenzschutzes aus der UNTAG-Friedens-
mission in Namibia. In: Die Blauhelme. Im Einsatz für den Frieden. Hrsg. von
Ernst Koch, Frankfurt a.M., Bonn 1991, S. 229–245

Carew, Tom, In den Schluchten der Taliban – Erfahrungen eines britischen
Elitesoldaten in geheimer Mission, Bern u.a. 2001 [Erzählung in der Art eines
Abenteuerromans]

Conte, Carl, Treffpunkt Kabul. Reisen durch das neue Afghanistan, Norderstedt
2006 [erzählt die Suche eines Vaters nach seinem Sohn, den Rahmen bilden
das heutige Afghanistan und die ISAF-Mission]

Erös, Reinhard, Tee mit dem Teufel. Als deutscher Militärarzt in Afghanistan,
Hamburg 2004 [Geschichte eines Bundeswehrarztes, der vor 15 Jahren nach
Afghanistan ging, um Kriegsopfern zu helfen]

Erös, Reinhard, Unter Taliban, Warlords und Drogenbaronen. Eine deutsche
Familie kämpft für Afghanistan, Hamburg 2008 [Einblick des früheren Sani-
tätsoffiziers der Bundeswehr in die Praxis der Aufbauarbeit]

Groos, Heike, Ein schöner Tag zum Sterben. Als Bundeswehrärztin in Afghanistan,
Frankfurt a.M. 2009 [Groos berichtet von ihren Einsätzen in Afghanistan,
bei denen sie u.a. verwundete Soldaten nach einem Selbstmordanschlag versor-
gen musste. Kritisiert Politik, Bundeswehrführung, Gesellschaft und Behörden]

Hörstel, Christoph R., Sprengsatz Afghanistan: Die Bundeswehr in tödlicher
Mission, München 2007 [umstrittene Analyse zur Lage in Afghanistan,
die auch einen »Friedensfahrplan« beinhaltet. Der Autor, der sich seit den
1980er-Jahren in Afghanistan aufgehalten hat, war 2001 während des Sturzes
der Taliban als Journalist in Kabul und ist Gründer einer Regierungs- und
Unternehmensberatung]

Holl, Norbert Heinrich, Mission Afghanistan. Erfahrungen eines UNO-Diploma-
ten, München 2002 [autobiografischer Rückblick]

Karbe von Stünzner, Karl-Christoph, Erfahrungen einer Beobachtermission
– UNOMIG. In: Von Kambodscha bis Kosovo. Auslandseinsätze der Bundes-
wehr seit Ende des Kalten Krieges. Hrsg. von Peter Goebel, Frankfurt a.M.,
Bonn 2000, S. 308–315

Karich, Christoph, Bewährung im Grünen Meer, Berlin 2009 [Thriller, der Autor ist
Marineoffizier: Im Jahr 2015 läuft Lena Jensen, Erste Schiffseinsatzoffizierin der
hochmodernen Fregatte »Stuttgart«, auf eine Einsatzfahrt ins Rote Meer aus]

Koelbl, Susanne, und Olaf Ihlau, Krieg am Hindukusch: Menschen und Mächte
in Afghanistan. München 2009 [aktualisierte und überarbeitete Ausgabe des
Buches »Geliebtes, dunkles Land. Menschen und Mächte in Afghanistan«
von einer Auslandsreporterin und dem ehem. Auslandschef des »Spiegel«-
Magazins]

Kozlowski, Gunnar, Erfahrungen eines Militärbeobachters der Vereinten
Nationen aus dem südlichen Sudan. In: Europäische Sicherheit, 58 (2009), 11,
S. 74–77

Kuhlen, Kay, Um des lieben Friedens willen. Als Peacekeeper im Kosovo, 4., überarb.
Aufl., Eschede 2009 [Stabsoffizier erzählt anschaulich und mit Humor über Alltag und dienstliche Tätigkeit in einem multinationalen NATO-Hauptquartier]

Petersen, Britta, Einsatz am Hindukusch. Soldaten der Bundeswehr in Afghanistan, Freiburg i.Br., Basel, Wien 2005 [legt den Schwerpunkt auf den Alltag
deutscher ISAF-Soldaten]

Randnotizen – Hundert Mann und ein Befehl: Als Berufssoldat in Afghanistan, als
Mensch in der Heimat – ein Tagebuch zweier Welten. Hrsg. von Uwe D. und

Simone Uetz, Isny im Allgäu 2008 [Einsatztagebuch mit persönlichen Notizen, Fotos und Interviewaussagen eines Hauptfeldwebels der Feldjägertruppe]

Ritter, Markus, Das Kodori-Tal als »Hot Spot« der UNOMIG. In: Europäische Sicherheit, 57 (2008), 9, S. 14–19

Schulze, Helmut R., Afghanistan. Bilder aus einer anderen Welt, Speyer 2007 [Katalog einer Ausstellung im Historischen Museum der Pfalz, u.a. mit Fotos, die den Alltag deutscher ISAF-Soldaten zeigen]

Wenzel, Susanne, Das Kosovo entdecken. Kultur und Natur zwischen Amselfeld und Albanischen Alpen, Berlin 2005 [Reiseführer, informiert umfassend über das Land, stellt Einsatz KFOR, UNMIK und beginnende Selbstverwaltung dar]

Winner, Erwin, Abgerissene Tage …, Frankfurt a.M. 2001 [Romanautor zeichnet die Auslandseinsätze der Bundeswehr nach]

Wohlgethan, Achim, mit Dirk Schulze, Endstation Kabul: Als deutscher Soldat in Afghanistan – ein Insiderbericht [top secret], Berlin 2008 [Fallschirmjäger-Stabsunteroffizier über seinen Einsatz in Kabul. Wohlgethan übt Kritik an Ausrüstung und Führung]

Wohlgethan, Achim, Operation Kundus: Mein zweiter Einsatz in Afghanistan. Berlin 2009 [Insiderbericht über den zweiten Afghanistan-Einsatz des Autors im Raum Kundus]

Filme...

Die 9. Kompanie (9 rota), Russland 2005. Regie: Fjodor Bondartschuk [kommerziell äußerst erfolgreicher Film über das Scheitern des Afghanistan-Feldzugs; zeigt in schonungsloser Weise junge Rekruten, die in der Ausbildung geschunden werden und dann als Zielscheiben für afghanische Mudschaheddin dienen]

Bestie Krieg (The Beast), USA 1988. Regie: Kevin Reynolds [erschütternder Anti-Kriegsfilm, der die sowjetische Besatzung Afghanistans sowie die Gräuelta-ten beider Parteien thematisiert]

Black Hawk Down, Regie: Ridley Scott, USA 2001 [umstrittener Kriegsfilm über die Ereignisse des 3. Oktober 1993 in Mogadischu, als amerikanische GI's versuchten, somalische Funktionäre gefangen zu nehmen]

Guerreros, Spanien 2002. Regie: Daniel Calparsoro [junge spanische KFOR-Solda-ten erleben 1999 im Grenzgebiet zwischen Kosovo und Serbien die Schrecken des offiziell beendeten Krieges]

Im Fadenkreuz (Behind Enemy Lines), USA 2001. Regie: John Moore [bei einem Aufklärungsflug an der Grenze von Bosnien-Herzegowina wird ein amerika-nischer Kampfjet abgeschossen. Spannender, aber nur bedingt realistischer Kriegsfilm mit Schauplatz Bosnien]

Das Jahr nach Dayton, Österreich 1997. Regie: Nikolaus Geyrhalter [preisgekrön-ter Dokumentarfilm über den Beginn des Wiederaufbaus]

Das Kommando, Deutschland 2005. Regie: Thomas Bohn [Fernsehdrama mit Robert Atzorn und Iris Berben, das sich kritisch mit der Rolle des KSK im Afghanistankonflikt auseinandersetzt]

Mörderischer Frieden, Deutschland 2007. Regie: Rudolf Schweiger [nach Tho-mas Bohns Fernsehdrama »Das Kommando« mit Robert Atzorn, das eine Spezialeinheit bei einer Kommando-Aktion im Kaukasus zeigt, ist »Mörde-rischer Frieden« der erste Kinofilm über Auslandseinsätze der Bundeswehr: Feldwebel und Unteroffizier geraten 1999 in einem fiktiven Kosovo-Dorf zwischen die Fronten der albanisch-serbischen Auseinandersetzungen, eine Liebesgeschichte mit der schönen Serbin Mirjana darf nicht fehlen. Die Kritik rügte den Streifen als »schlechtes Filmchen«, das den Kosovo-Konflikt stark vereinfache, lobte Schweiger aber dafür, in Deutschland endlich die Erfahrung der Auslandseinsätze mit filmischen Mitteln greifbar zu machen.]

Nacht vor Augen, Deutschland 2007/2008. Regie: Brigitte Bertele [beklemmende Studie über einen aus Afghanistan heimkehrenden Bundeswehrsoldaten, der unter dem Posttraumatischen Stresssyndrom leidet]

Operation Afghanistan – Die Bundeswehr im Einsatz, Deutschland 2008. Regie: Bernd Bussman [schildert in sechs Episoden – »Die Ausbildung«, »Der Aufbruch«, »Die Patrouille«, »Der Anschlag«, »Auf gefährlichen Wegen«, »Die Heimkehr« – den Einsatz der Bundeswehrangehörigen und thematisiert den Umgang der Soldatenfamilien damit]

Der Preis für den Frieden, Frankreich 2004, Regie: Paul Cowan [preisgekrönter Dokumentarfilm über die UNO-Mission MONUC]

Soldatenglück und Gottes Segen, Deutschland 2002. Regie: Ulrike Franke und Michael Loeken [Langzeitbeobachtung des Alltags deutscher KFOR-Soldaten im Kosovo]

Der Stern des Soldaten, Frankreich/Deutschland/Afghanistan 2008. Regie: Christophe de Ponfilly [der junge russische Wehrpflichtige Nikolai fällt in die Hände der Mudschaheddin]

Warriors, Großbritannien 1999. Regie: Gareth Neame [englische UNPROFOR-Soldaten erleben die Auswirkungen des Krieges und haben Probleme, nach dem Einsatz zu einem normalen Leben zurückzufinden]

Willkommen zuhause, Deutschland 2009. Regie: Andreas Senn [Fernsehproduktion für die ARD: Die Geschichte eines durch einen Anschlag traumatisierten Afghanistan-Heimkehrers feierte »Die Welt« als »Sternstunde des Fernsehens«]

Internettipps

Bitte nutzen Sie für die Internetrecherche die ständig aktualisierten Webtipps des Militärgeschichtlichen Forschungsamtes: http://www.mgfa.de/html/einsatzunterstuetzung/

Neben nützlichen Weblinks finden Sie auf diesen Seiten auch die Beiträge der Reihe »Wegweiser zur Geschichte« sowie Karten und Diagramme im PDF-Format. Bitte beachten Sie: Wir haben keinerlei Einfluss auf die Gestaltung und die Inhalte verlinkter Seiten. Trotz sorgfältiger Auswahl können wir nicht immer für die Ausgewogenheit der angebotenen Fremdbeiträge garantieren. Für entsprechende Hinweise sowie alle Anregungen, Korrekturen und Ergänzungsvorschläge an MGFAMEU@bundeswehr.org sind wir dankbar.

Nicht aufgenommen wurden häufige Begriffe wie Afghanistan, Afrika, Asien, Bundesministerium für Verteidigung, Bundesrepublik Deutschland, Bundeswehr, Europäische Union, NATO oder UN.